教育部人文社会科学研究规划基金项目"城乡教育一体化公平配置量化研究"（19YJA880043）的最终成果。

经管文库·管理类

前沿·学术·经典

我国区域基础教育
资源公平配置量化研究

Quantitative Research on Equitable Allocation of
Regional Basic Education Resource

罗贵明 著

经济管理出版社

ECONOMY & MANAGEMENT PUBLISHING HOUSE

图书在版编目（CIP）数据

我国区域基础教育资源公平配置量化研究/罗贵明著.—北京：经济管理出版社，2022.12
ISBN 978-7-5096-8479-5

Ⅰ.①我… Ⅱ.①罗… Ⅲ.①基础教育—教育资源—资源配置—研究—中国
Ⅳ.①G639.2

中国版本图书馆 CIP 数据核字（2022）第 249298 号

组稿编辑：杨国强
责任编辑：杨国强
责任印制：许　艳
责任校对：陈　颖

出版发行：经济管理出版社
　　　　　（北京市海淀区北蜂窝 8 号中雅大厦 A 座 11 层　100038）
网　　址：www.E-mp.com.cn
电　　话：（010）51915602
印　　刷：唐山玺诚印务有限公司
经　　销：新华书店
开　　本：720mm×1000mm/16
印　　张：13.75
字　　数：262 千字
版　　次：2022 年 12 月第 1 版　　2022 年 12 月第 1 次印刷
书　　号：ISBN 978-7-5096-8479-5
定　　价：98.00 元

序　言

对我国社会公众来说，义务教育优质均衡发展是很熟悉的话题，但对于基础教育优质均衡发展，则基本上是陌生的话题。《中华人民共和国国民经济和社会发展第十四个五年规划和 2035 年远景目标纲要》提出，建设高质量教育体系，要推进基本公共教育均等化，巩固提升高中阶段教育普及水平，鼓励高中阶段学校多样化发展，高中阶段教育毛入学率提高到 92% 以上。从这段内容，我们可以认为，包括普通高中阶段在内的基础教育优质均衡发展将是我国公共教育均等化的重要内容，是我国教育高质量发展的必然要求。

从基础教育资源配置的数量看。2012 年以来，我国各省份财政性教育经费占地区生产总值比例开始超过 4%。2011 年是 3.93%，2012 年是 4.28%，2013～2018 年分别为 4.16%、4.10%、4.26%、4.22%、4.14%、4.11%。地方政府财政性教育经费大幅增加，随之基础教育办学条件得到极大改善，尤其中西部地区基础教育阶段的生均教学及辅助用房建筑面积、生均计算机台数、生均多媒体教室、生均图书数量、生均教学仪器设备资产值等出现大幅提升。

以生均计算机为例。2012 年，中部地区小学阶段 26 人共用一台计算机，至 2017 年为 11 人共用一台计算机；西部地区小学阶段 2012 年 20 人共用一台计算机，至 2017 年为 8 人共用一台计算机；东北地区小学阶段 2012 年 14 人共用一台计算机，至 2017 年为 7 人共用一台计算机。初中和普通高中阶段变化更大，至 2017 年，东部、中部、西部和东北地区普通高中阶段单台计算机共用人数分别为 3 人、7 人、5 人、6 人。小学、初中和普通高中阶段的基本办学条件差距在进一步缩小，区域差距较 2012 年前明显得到缩小。

从生均教育经费看。我国各省份小学阶段生均教育事业费的基尼系数从 2004 年的 0.33 降为 2018 年的 0.19，生均公用经费的基尼系数从 2004 年的 0.54 降为 2018 年的 0.23。我国各省份初中阶段生均教育事业费的基尼系数从 2004 年的 0.32 降为 2018 年的 0.22，生均公用经费的基尼系数从 2004 年的 0.52 降为 2018 年的 0.26。我国各省份普通高中阶段生均教育事业费的基尼系数从 2004 年的 0.32 降为 2018 年的 0.26，生均公用经费的基尼系数从 2004 年的 0.51 降为 2018

年的 0.32。小学、初中和普通高中阶段生均教育经费的基尼系数下降趋势明显，区域差距在逐步缩小。

从基础教育资源配置的结构看。在基本办学条件大幅改善的同时，可以看到高学历教师占比存在巨大的区域差距。自 2013 年起，小学阶段研究生毕业的专任教师数占比最小值的省份一直是贵州，2013～2017 年分别为 0.05%、0.09%、0.08%、0.10%、0.10%。从极差值和极差率看，与最大值的北京的差距越来越大。至 2017 年，北京占比为 7.01%，高出贵州 6.91 个百分点，是贵州的 70.10 倍。2012 年，小学阶段研究生毕业的专任教师数占比小于均值数的省份有 22 个，至 2017 年增加为 24 个。

自 2012 年起，全国初中阶段研究生毕业的专任教师数占比最小值的省份一直是贵州，2012～2017 年分别为 0.27%、0.32%、0.33%、0.41%、0.47%、0.62%。从极差值和极差率看，尽管极差率自 2015 年起开始逐渐缩小，但贵州与最大值北京的绝对差距越来越大。至 2017 年，北京高出贵州 16.98 个百分点，是贵州的 28.39 倍。从全国平均值看，2012 年，初中阶段研究生毕业的专任教师数占比小于均值数的省份有 21 个，至 2017 年增加为 23 个。

2013～2017 年普通高中阶段研究生毕业的专任教师数占比最低的省份一直是新疆，2013～2017 年分别为 2.01%、2.20%、2.60%、3.20%、3.50%。从极差值看，新疆与最大值的北京的绝对差距越来越大，但极差率则连续下降。至 2017 年，北京高于新疆 16.98 个百分点，是新疆的 3.06 倍。从全国平均值看，2012 年，普通高中阶段研究生毕业的专任教师数占比小于均值数的省份有 18 个，至 2017 年上升为 20 个。

综上所述，基础教育资源公平配置是一个长期的过程。本书立足从数量上分析基础教育资源公平配置，以量化分析为主，结合定性分析，希冀通过量化分析，揭示我国基础教育资源配置中存在的问题与需要克服的障碍，探寻基础教育资源配置的规律与机制，进而对我国基础教育资源公平配置提出相应的对策与建议。

本书共八章。第一章绪论。本章主要介绍本书背景、研究目的和意义，对国内外研究进展进行了述评，介绍了公共资源配置的相关理论。第二章区域基础教育资源配置现状。一是从生均教学及辅助用房建筑面积、生均计算机台数、生均多媒体教室数、生均图书数量和生均教学仪器设备资产值等分析我国基础教育基本办学条件的区域差异；二是以研究生毕业的专任教师数占比为标的，对基础教育高学历教师的区域差异进行比较分析。第三章基础教育生均教育经费的区域差异。本章主要采用变异系数、基尼系数、极差率和箱线图，对我国基础教育生均教育经费的区域差异进行比较分析。第四章基础教育资源公平配置的区域效应。

本章以生均教育经费为替代变量，分析了基础教育资源配置中存在的区域效应。第五章基础教育资源公平配置的空间效应。本章以财政性教育经费支出为被解释变量，分析了基础教育资源配置中存在的空间效应。第六章基础教育资源公平配置的影响因素。本章以基础教育行业固定资产投资为例，分析了基础教育资源配置的影响因素。第七章基础教育资源公平配置的决策机制。本章通过对我国财政性教育经费支出体制和财政性教育经费支出的溢出效应进行分析，探讨了基础教育资源公平配置的决策机制。第八章研究结论与政策建议。

　　本书是教育部人文社会科学研究规划基金项目（项目编号：19YJA880043）"城乡教育一体化下我国区域基础教育资源公平配置量化研究"的最终成果。同时，本书还得到国家社会科学基金项目（项目编号：21BGL208）"农村基础教育优质资源分布的政策评估与助推机制研究"、全国教育科学规划教育部重点项目（项目编号：DFA180309）"城乡一体化下我国公共教育资源公平配置量化研究"和江西省高校人文社会科学研究项目（项目编号：JY17129）"城乡一体化下公共教育资源公平配置量化研究——以江西为例"的支持。在此一并表示感谢！

目　录

第一章　绪论

第一节　选题背景

制度及其变迁是影响经济绩效的最重要因素，以诺思、托马斯为代表的经济学家认为，对经济增长起决定作用的是制度性因素而非技术性因素。科斯认为，经济制度的运作效率由分工所决定，但只有存在交易时，专业分工才有可能，交易成本越低，制度的生产效率越高；但是，交易成本依赖于一国的制度，如法律制度、政治制度、社会制度以及教育文化等诸方面的制度。[①] 教育制度是制度的一种，优化教育资源配置，降低教育资源配置成本，实现教育资源配置的公平与均等，既是制度经济学研究的范畴，更是教育经济学及相关学科研究的核心内容之一。

从制度经济学的角度分析，公共教育是一种制度型公共产品，即社会公共品，是以法律、规则等一系列制度保证全社会公民均能公平、均等接受的公共品。[②] 教育的不同发展阶段，其公共属性不一样。从当前全球各国教育发展形态看，一般而言，教育发展阶段越高，公共性越低，对于多数国家而言，高等教育属于稀缺品，具有明显的排他性和激烈的竞争性，只有部分人能够接受；发展阶段越低，其公共性越高，如小学教育和普通初中教育的公共性很高，基本上属于公共品（不过，学前教育的公共性还存在很大疑问）。[③] 从目前看，我国义务教育属于纯公共品，普通高中阶段教育属于准公共品。因此，公众接受基础教育的受教育权是社会公民必须享受的一项最基本的权利。基础教育作为公共品，决定了不同教育机构之间和教育群体之间都有权公平、均等地分享基础教育资源，并

---

① 科斯等. 制度、契约与组织 [M]. 刘刚等译，北京：经济科学出版社，2003.
② 王善迈. 社会主义市场经济条件下的教育资源配置方式 [J]. 教育与经济，1997（3）：1-6.
③ 厉以宁. 关于教育产品的性质和对教育的经营 [J]. 教育发展研究，1999（10）：3-5.

最终使每个受教育者能公平、均等地接受基础教育资源的分配和使用。然而，长期以来，出于历史和现实原因，以及各地区经济社会发展的不均衡，我国不同省份之间，同一省份下不同地市、县、镇之间，以及城市与乡村之间，在基础教育资源的分配和使用上，出现了明显的倾斜，使不同省份之间，同一省份下不同地市、县之间，以及城市与乡村之间的基础教育资源配置不均衡，教育差距不断拉大，威胁到了社会的公平与正义。

我国政府早就意识到了基础教育资源均衡配置的重要性，为此一再出台相关政策和文件来保证基础教育资源均衡配置。《国家中长期教育改革和发展规划纲要（2010—2020年）》明确指出，"教育公平是社会公平的重要基础，教育公平的关键是机会公平，基本要求是保障公民依法享有受教育的权利，重点是促进义务教育均衡发展和扶持困难群体，根本措施是合理配置教育资源，向农村地区、边远贫困地区和民族地区倾斜，加快缩小教育差距"。国务院在《关于深入推进义务教育均衡发展的意见》中，把均衡发展义务教育确定为战略性任务，强调要"推动优质教育资源共享""均衡配置办学资源""合理配置教师资源"等。党的十八届三中全会决议《中共中央关于全面深化改革若干重大问题的决定》把"统筹城乡义务教育资源均衡配置"作为深化教育领域综合改革的重要内容之一。党的十九大报告提出，"推动城乡义务教育一体化发展，高度重视农村义务教育，努力让每个孩子都能享有公平而有质量的教育"。2019年2月23日，中共中央、国务院印发了《中国教育现代化2035》和《加快推进教育现代化实施方案（2018—2022年）》，提出要加快"提升义务教育均等化水平，建立学校标准化建设长效机制，推进城乡义务教育均衡发展"，提出要"推进城乡义务教育均衡发展，加快城乡义务教育一体化发展"。从这些文件和政策中，我们可以发现，推进义务教育均衡发展，实现义务教育资源均衡配置，进而实现基础教育资源均衡配置，是办好我国义务教育和基础教育，实现教育现代化的前提和基础。

经济是教育发展的基础，经济增长能够提高教育投入。随着我国经济高速增长，我国教育投入不断加大，国家财政性教育支出（主要包括公共财政预算安排的教育经费，政府性基金预算安排的教育经费，企业办学中的企业拨款，校办产业和社会服务收入用于教育的经费等）2010年为14670.07亿元，而2015年达到了29221.45亿元，增加了14551.38亿元，绝对增长了1.99倍。尽管我国在不断增大财政性教育投入，2010年国家财政性教育支出占国内生产总值的比例为3.66%，但直到2012年，财政性教育支出占国内生产总值比例才达到4%，2015年财政性教育支出占GDP的比例为4.26%，2016年是4.22%，2019年是4.04%，反而有所下降。其中，中央财政教育经费占15%~20%，地方财政教育经费占 80%~85%。以 2020 年为例，全国一般公共预算教育经费为 36310.47 亿元，其中，中央财政教育经费为 5413.71 亿元。

教育不但能够提高劳动者掌握新技术以及适应不断变化的生产环境的能力，也能提升劳动者的技术创新和技术模仿能力，进而提高劳动者合理配置资源的能力，最终促进经济平稳快速发展。尤其是随着社会快速发展，知识淘汰越来越快，人工智能逐渐占据越来越多的就业岗位，这些均对个体的受教育水平提出了新要求。在教育投入的过程中，社会经济发展水平决定了不同区域的教育资源配置存在区域差异，特别是人均收入总量增长决定了该区域的教育经费投入总量，从而决定着教育水平的提高；反过来，教育的发展对整个社会经济发展有至关重要的作用。党的十九大报告提出："建设教育强国是中华民族伟大复兴的基础工程，必须把教育事业放在优先位置，加快教育现代化，办好人民满意的教育。要全面贯彻党的教育方针，落实立德树人根本任务，发展素质教育，推进教育公平，培养德智体美全面发展的社会主义建设者和接班人。"《中华人民共和国国民经济和社会发展第十四个五年规划和 2035 年远景目标纲要》提出"建设高质量教育体系，强调要推进基本公共教育均等化，巩固提升高中阶段教育普及水平，鼓励高中阶段学校多样化发展，高中阶段教育毛入学率提高到 92%以上"。实现教育资源公平配置，尤其推进区域基础教育资源配置均等化，是我国当前基础教育走向优质均衡发展，推进基本公共教育均等化，建设高质量教育体系的关键。

实现区域基础教育资源配置均等化，是指在满足各地区基础教育资源需求且获得相应教育资源供求均衡效率的基础上，保证受教育者获得相对公平（在一个可承受范围内的相对非公平）的教育机会与权利（享受相同的教育条件和保证基本相同的教育质量），从而对国家总体基础教育资源在各地区间进行合理分配。基础教育资源配置所包括的主体、方式、效率、制度等，不但是教育学领域的研究主题，更是经济学、社会学等学科研究的重大问题。

基础教育资源如何配置，一直以来都是我国教育发展的难点问题。由于历史原因所造成的教育资源分布不均以及现阶段教育的相对供给不足，使构建一个什么样的机制来公平有效地分配现有教育资源成为社会广泛关注的问题。优化基础教育资源配置，提高基础教育资源配置效率，促进教育均衡发展是国家多年来的教育工作部署。本书采用量化的分析方法，基于基础教育财政性教育经费支出的视角，结合基本办学条件、生师比、高学历教师占比、教育固定资产投资占比等，综合分析基础教育资源配置现状、基础教育生均教育经费区域差异和影响因素、地方政府财政性教育支出的空间影响和教育固定资产投资的决策行为，以及地方政府财政性教育支出的决策机制，为城乡教育一体化下，我国如何实现区域基础教育资源公平配置提出相关的政策建议。

第二节 研究目的和意义

一、研究目的

本书在城乡教育一体化背景下，以基础教育资源为研究对象，通过分析不同省份基础教育资源配置现状、基础教育生均教育经费的区域差异和地区固定效应，分析基础教育资源配置的影响因素和基础教育财政性教育支出的空间效应，分析财政性教育支出的决策效应，综合考察区域基础教育资源配置的产生、影响因素与决策机制，为我国如何实现区域基础教育资源公平配置提出相关的政策建议。

二、研究意义

公平与效率一直是稀缺资源配置中面临的难题。基础教育资源公平均衡配置，是基础教育能否优质均衡发展的前提和基础，更是基础教育现代化能否成功实现的重要保障。由于基础教育资源的重要性、稀缺性和有限性，使得对其如何分配才能做到更为公平、更有效率而长期成为被关注的焦点。政府希望获得更多更大的效益，受教育者及其家长希望自己和自己的孩子得到更多更好的资源。公平是社会进步的方向、人类文明的表现，政府如何处理公平和效率间的关系就成为决定教育资源流向的重要因素。基础教育资源分配机制的运作直接关系到是追求公平还是追求效率的问题。因此，本书针对区域基础教育资源配置进行量化分析，对于义务教育全面普及，进入优质均衡发展，高中教育基本普及并逐渐全面普及阶段，对于在城乡教育一体化下地方政府如何公平合理地配置区域基础教育资源，促进基础教育资源优质均衡发展，做到公平与效率兼顾，实现公共教育均等化，具有十分重要的理论意义。

基础教育资源均衡首先是数量上的，其次才是结构上的。我国是人口大国和教育大国，也是公共教育资源稀缺的国家，人均占有教育资源非常少，以生均计算机台数、生均多媒体教室数等为标志的基础教育办学条件还存在很大不足，生均教育经费远远无法满足教育现代化发展的需要，高学历教师占比也很低。同时，东部、中部、西部和东北地区因经济及社会发展情况存在较大差异，导致基础教育资源配置存在十分明显的区域差异。地方政府在追求实现以生均教育经费、生均教学及辅助用房建筑面积、生均教学仪器设备资产值等数量上的均衡后，如何实现高学历、高职称教师等结构上的均衡，面临很多问题，尚未有更好的解决办法。随着《中国教育现代化 2035》《中华人民共和国国民经济和社会发展第十四个五年规划和 2035 年远景目标纲要》《国家教育事业发展"十四五"规划》的推出，我国推进教育现代化，全面推动基础教育优质均衡发展迫在眉睫。而基础教育要实现现代化，实现优质均衡发展，如何从数量和结构上做到公平均衡地配置基础教育资源，起着能否成功的关键作用。本书针对区域基础教育资源的配置进行量化分析，对于在城乡教育一体化下如何公平合理地配置区域基础教育资源，做到数量和结构上的均衡，对促进基础教育优质均衡发展，建设我国高质量教育体系，具有十分重要的实际意义。

第三节 国内外研究述评

20 世纪 60 年代，国外学者开始进行教育资源配置产生机制及作用机制的研究，认为提高教育资源利用效率是解决教育经费短缺，促进教育公平等问题的关键（Unnever、Kerckhoff 和 Robinson，2000；Kim 和 Sunderman，2015）。西方国家在分析基础教育资源配置问题时，倾向于把基础教育资源纳入公共教育资源范畴，许多学者从公共教育资源配置的角度阐述基础教育资源配置的重要性。西方学者特别注重教育机会均等和教育公平，要求通过合理配置基础教育资源来缩小教育差距，尤其注重如何实现基础教育资源均衡配置，关注从起点、过程、结果三个层次理解教育机会均等，持续解决教育平等权利问题（Ready、Lee 和 Welner，2004；Agasisti、Longobardi 和 Regoli，2017）。在西方学者看来，教育资源，特别是基础教育资源，至少是一种准公共品，具有公共品的诸多基本特性。因此，政府是基础教育资源配置的核心主体。许多学者提出，要实现基础教育资源均衡配置，必须加大政府在教育资源配置中的主体作用，并进行以市场为向导的教育改革，促使基础教育事业大幅度向弱势人群倾斜（Oates，2008；Castagno 和 Hausman，2017）。教育资源又具有极大的稀缺性，优质教育资源更是如此。教育资源的稀缺性使教育资源配置效率作为资源配置合理程度的衡量标准从经济领域拓展到教育领域，并主要表现为研究教育资源的投入与产出问题（Freeman，2004）。基础教育资源的高效配置一方面能够实现教育效益的最大化，另一方面也是保证教育公平的前提条件（Raudenbush、Fotiu 和 Cheong，1998；Rayner，2017）。

我国关于教育资源配置的产生机制与作用机制的研究从 20 世纪末开始。起初，国内学界主要采用定性分析的方法研究教育资源配置的现状、问题、原因和影响，研究相关影响因素与教育资源配置的关系，以及如何保证教育资源配置的公平及效率等问题（杨秀芹，2009）。由于历史原因所造成的教育资源分布不均以及现阶段教育的相对供给不足，使得构建一个什么样的机制来公平有效地分配现有教育资源成为社会广泛关注的问题（宋乃庆等，2013）。

在关于教育资源配置的研究中，基础教育资源均衡配置研究既是热点，更是难点。从学界研究中发现，我国当前基础教育资源配置不均衡现象较为严重，尤其基础教育优质资源配置更是存在巨大差异。学界在分析基础教育资源均衡配置时，主要考察区域、城乡、校际和群体均衡四个方面（袁连生和何婷婷，2018）。无论是全国范围，还是单个省份，依据区域、城乡、校际和群体均衡等指标进行分析，许多学者发现我国基础教育资源配置不均衡现象较为突出，还存在较为明显的区域差异。

从全国范围看，我国基础教育资源配置不均衡问题较大，不同地区之间差异明显。李玲和陶蕾（2015）通过采用数据包络分析法和回归分析模型，对全国31个省份基础教育资源配置效率进行评价与比较，发现我国基础教育资源配置效率总体较高且呈上升趋势，但不同区域间存在较为明显的区域差异，基础教育资源配置过程中有的地区存在过度投入，而有的地区投入不足，无法满足基础教育发展需要。潘天舒（2000）、曾满超和丁延庆（2005）等实证研究发现，我国基础教育资源配置区域不均衡主要表现为省内县际教育资源不均衡，2/3以上的全国县际间小学和初中生均经费差异来自省内。武向荣（2013）的研究发现，多数省份基础教育资源配置还存在明显差异，其中县际生均经费差距较大，东部地区的生均经费水平高、县际均衡水平低，中部地区不但生均经费水平低，且县际均衡水平也低。刘志辉（2018）从基础教育生均公共财政预算教育事业性经费支出和专任教师本科及以上学历占比两个方面进行分析，发现我国义务教育资源配置省级均衡状况总体上呈现不断提高的发展趋势，但不同指标所表征的均衡程度差异性较大。杨倩茹和胡志强（2016）通过构建分析模型，对2013年我国农村地区的义务教育资源配置效率和影响因素进行了分析，发现农村地区的义务教育资源配置效率较高，但省际差异较明显，从区域分布上看，西部地区的义务教育资源配置效率优于中部及东部地区；从教育阶段上看，初中阶段的教育资源配置效率略高于小学阶段，教育资源投入存在冗余，东部地区尤为明显，高学历教师数量、城镇化发展水平对于教育资源配置效率有显著影响。

从单个省份看，省内基础教育资源配置不均衡问题也十分严重，财政性教育投入不足是省内基础教育资源配置不均衡的重要原因，即使经济发达的省份，财政性教育经费投入也存在巨大的缺口。李慧勤和刘虹（2012）研究发现，云南基础教育县际间多个均衡指标中，生均仪器设备差距最大，高于规定学历教师比例的差距则最小，小学师生比的差距呈逐年扩大趋势。宗晓华和陈静漪（2015）分析了东部某省 50 个县市 2007~2012 年的初中教育投入后发现，虽然县市间基础教育投入差距逐年缩小，但除生均预算内公用经费外，其他差距还是较大。即使在基础教育资源丰富的北京，也存在教育资源配置不均衡问题，且财政投入存在较大缺口。张荣馨（2018）计算了北京的教育财政投入现状，发现小学和初中的教育财政投入不均衡，小学的财政充足性低于初中，学校层次的财政充足性低于区级层次，实现区层次的小学和初中阶段教育财政充足还需不断增加投入，且存在很大的财政投入缺口数额。杨军昌和周惠群（2018）分析了贵州民族地区的义务教育资源配置，发现存在教育经费投入总量不足、专任教师缺编和师生比失衡、教学规模过大且办学条件落后等不均衡问题。尹德挺、胡玉萍和郝妩阳（2016）等通过分析北京的基础教育资源配置，发现北京中等教育阶段在校生相对较少，义务教育阶段非京籍学生占比骤增，学校数量增加其他皆降，小学和大学阶段的师生比下降，资源配置略显紧张，基础教育阶段的就学人口主要聚集于城市功能拓展区，其占比仍在提升；高等教育的核心培养对象所占比例已降至不足四成。

基础教育资源分配失衡是影响教育公平的主要因素之一。政府财政性教育经费支出不足，引起教育资源配置不均衡，而教育资源配置不均衡，又错误地引导财政性教育经费预算的编制，进而掩盖了财政性教育经费支出不足的事实，二者其实是互为因果的关系。不少学者论述了我国财政性教育经费支出不足和教育资源配置不当及由此引发的教育公平问题（王善迈，2014）。赵琦（2015）认为，当今中国教育资源配置不当，以及由此导致的教育不公平现象，主要表现为两个方面：一是政府对于教育事业的投入相对不足；二是教育资源的配置失当。司晓宏（2009）认为，我国公共财政对教育投入不足的问题，一直是近年来社会各界议论较多、反映强烈的话题，在财政投入不足的同时，教育领域同时存在一个教育资源配置不当的问题，尤其西部农村地区优质教育资源极为稀缺。段从宇和迟景明（2015）认为，就公共财政对教育的投入而言，一方面，最近 10 多年中国的国家财政性教育经费不仅低于世界平均水平，甚至远远低于欠发达国家的平均水平；另一方面，近年来国家的财政性教育经费又集中投入了普通高等教育领域，严重忽视了高等职业教育和基础教育。戴胜利等（2015）认为，财政性教育资源的配置失当，实际上比投入不足的危害还要大，它进一步加剧了教育不公平，严重制约和影响中国教育及经济社会的可持续发展。

此外，国内许多学者从不同角度论述了基础教育资源均衡配置产生机制、如何解决等问题。城乡基础教育资源配置不均是当前我国教育资源配置不均的主要表现形式，而要解决这种不均衡现状，国家必须制定对应的倾斜政策，建立相对公平的制度体系。孙桂芝（2010）认为，教育资源配置不当导致的教育不公平已经成为制约社会经济发展亟待解决的问题之一，教育资源配置失当的根源在于转型期效率和管理至上的教育行政化、官僚化的管理体制。陈潭和罗新云（2016）认为，以基础教育为标志的公共教育资源分配不均衡和教育服务的不充分与不对等是造成教育不公的主要原因，要最终促进公共教育的均衡发展和公共教育服务的均等化供给，必须纠正原有的政策偏差，避免城乡教育"马太效应"的持续恶化。田芬和刘江岳（2009）认为，基础教育资源向农村地区倾斜的政策对推动城乡教育公平发展起着非常关键的作用，在教育均衡发展的视野下，制定此类政策时应多考虑城乡一体化统筹特征。方芳和张昆仑（2011）认为，我国目前存在城乡之间、基础教育与高等教育之间、地区之间、同一区域之间、高等教育内部之间的资源配置失衡状况，要求尽快建立一套保证公共教育资源公平配置的制度体系，通过法律保障制度追究违规行为是防止教育资源配置权滥用的重要防线。熊艳艳、刘震和周承川（2014）从初始禀赋、教育资源配置和教育扩展三方面阐明它们对教育不平等的影响作用，在此基础上提出政府如何切实、具体地从各因素入手来缩小教育差距、增加教育公平，实现教育资源均衡配置，从而缩小收入差距、促进经济发展。

从上述文献综述可以发现，国内学者围绕我国基础教育资源配置的研究主要基于三个方面：一是从教育均衡发展的内涵与目标、阻碍因素以及制度建设等进行分析，如冯建军（2012）分析了教育均衡发展的内涵与发展目标，雷晓云（2013）、喻登科等（2012）等其他学者还分析了阻碍教育资源均衡配置的不利因素，以及如何从制度上保证公共教育资源的公平配置；二是从区域差异的空间尺度等进行分析，如杨道宇和姜同河（2011）分析了教育资源配置的城乡空间差异、万国威（2011）分析了教育资源配置的省际空间差异；三是从教育经费分配不合理等进行分析，如沈百福（2003）分析了我国教育投资在三级教育中的分配和地方预算内教育事业费在三级教育中的分配等，张传萍（2013）、王智勇（2016）等分析了我国基础教育资源生均教育经费配置等。

这些研究已取得较为丰富的成果，但还存在需要补充完善之处。归纳起来，可以从两个方面进行深入研究，这些构成了本书的写作依据。

（1）当前学界主要是从质的方面分析基础教育资源的均衡配置，针对基础教育资源均衡配置的量化分析仍显不足，对于采用量化的分析方法来研究区域基础教育资源如何配置，影响如何，还需要加强。

（2）当前学界关于存在哪些相关因素在影响基础教育资源配置，地方政府是如何分配基础教育固定资产投资，在基础教育资源配置中政府又如何决策的研究还有所欠缺。

鉴于此，本书从财政性教育经费支出的角度，对我国基础教育资源配置进行量化分析。具体分析时，本书拟依据基础教育资源配置基本情况和基础教育生均财政性教育经费支出的区域差异，分析基础教育经费支出的地区固定效应、空间效应，分析财政性教育经费支出的固定投资效应和决策效应，最终为地方政府如何合理实施基础教育财政性经费支出，如何均衡配置基础教育资源提出相应的对策与建议。

第四节　公共资源配置的相关理论

一、公共选择理论

公共选择理论是美国当代著名经济学家、诺贝尔经济学奖获得者詹姆斯·M. 布坎南等创立的一种新公共经济理论。在布坎南的理论中，遵循经济人的分析模式，即把市场制度中出现的人类行为与政治制度中的政府行为置于统一的分析模式中（孔志国，2008）。

在布坎南的理论中，公共选择指非市场的集体选择，本质上指政府选择。从经济人的假设出发，公共选择理论探讨了在政治领域中作为经济人的个体行为怎样决定和支配集体行为，特别是对政府行为的集体选择所起到的制约作用。布坎南认为，通过经济人的行为假设，人们能够对集体选择的结构特征进行基本的预测，当人们必须在若干取舍面前进行选择时，他们更愿意选择能为自己带来较多好处的方法。

公共选择理论的核心问题是市场经济下政府干预行为的局限性或政府失灵问题（周建国和靳亮亮，2007）。所谓政府失灵，是指个人对公共物品的需求在现代代议制民主政治中得不到很好的满足，公共部门在提供公共物品时趋向于浪费和滥用资源，致使公共支出规模过大或者效率降低，政府的活动并不总像应该的那样或像理论上所说的那样"有效"。在布坎南看来，政府作为公共利益的代理人，其作用是弥补市场经济的不足，并使各经济人员所做决定的社会效应比政府进行干预以前更高。否则，政府的存在就无任何经济意义。但政府决策往往不能符合这一目标，有些政策的作用恰恰相反。它们削弱了国家干预的社会"正效应"。也就是说，政策效果削弱而不是改善了社会福利。

布坎南认为，所谓政府政策的低效率是指所执行的政策不能确保资源的最佳配置。就政府政策而言，每个政府部门所遵循的政策，通常由该部门领导人根据自己对公共利益的理解而决定。所以，一方面，由于这些部门政治家的行为具有相当大的自由，使他们有意或无意地被自身的经济人动机所左右，以致对公共利益的理解经常难以符合实际；另一方面，由于部门政治家行为的灵活性与他们的自利动机的强刺激性，使他们的行为实际上不倾向于为最大限度地增进公共利益服务，而是依据自己获得的信息和个人效用最大化原则进行决策。布坎南认为，产生这一政府行为的外部原因是缺乏一种约束机制来制约政府的行为方式。如果约束机制不能提供一种良性压力，以确保任何人处于某一特权地位时均不能过多地牟取私利，那么，再高尚的政府执行人员也不能保证公共利益不被他人或他的后继者有意或无意地损害。正是在这个意义上，公共选择理论强调，不应该把增加社会福利与保证个人平等的权力随便交给某一特权机构，然后希望他们能够公平、公正地进行决策。理性的做法是，使这些特权机构或特权人物受制于某一硬约束机制，并且由公民真正地而非形式上掌握该约束机制的最终决策权。

依据公共选择理论，政府机构低效率的原因在于三个方面：一是缺乏竞争压力，政府是独一无二的机构，没有任何其他机构能够对其形成竞争。二是政府在面对大量的资源分配时，往往趋向于以习惯模式进行资源分配，导致以往得到较多资源的机构继续获得更多的资源，而以往得到较少资源的机构继续获得更少的资源，造成大量的资源浪费。三是在政府分配资源的过程中，社会公众能够获得的信息是不充分的，监督机构也受到政府的约束，因而导致监督信息不完备（张恒，2001）。

公共选择学派的理论家在深入剖析政府失灵及其根源后，又就如何对这种失灵进行补救提出了颇有启发性的政策主张。一是限制国家权力的增长。布坎南等认为，现代资本主义的政府失灵，其根源在于追求国家权力的最大化，追求国家对市场经济的普遍干预，要补救这种失灵，首先应从这种普遍干预中解脱出来（张群，2007）。二是进行财政立宪。国家权力的扩张与政府失灵的经济原因在于现存的民主过程未做到税收与支出的适度，也没有反映选民的意愿，而是为公共部门的扩张创造了条件。因此，要关注约束财政政策制定过程的规则，进行财政立宪，以财政宪法等约束财政政策。

二、公共产品理论

公共产品理论最早可以追溯到英国学者霍布斯。1651年，霍布斯在他的代表性著作《利维坦》中关于国家的论述，体现了公共产品思想的萌芽。《利维坦》是西方近代第一部系统阐述国家学说的经典著作，在西方政治思想史上具有划时代的意义。霍布斯在书中所阐述的思想，在西方被称为"霍布斯主义"。在这本书中，霍布斯认为，公共产品的利益和效用由个人享有，但个人本身难以提供，而只能由政府或集体来提供。该理论成为后来公共产品理论最根本的理论基础之一（刘佳丽和谢地，2015）。1740年，英国哲学家大卫·休谟发现并提出了

"搭便车"问题，试图以此说明某些事情的完成对个人来说并无多少好处，但对于集体或整个社会却极有好处，因而这类事情只能由政府参与来完成。休谟在《人性论》中虽然没有明确提出公共产品的概念，也没有论述公共产品的供给问题，但他的分析已经涉及公共产品理论的核心问题。与休谟不同，亚当·斯密则从国家公共职能的角度对公共产品展开研究，他认为自由市场这只"看不见的手"能够实现资源的最佳配置，政府只需充当一个"守夜人"足矣。在亚当·斯密看来，政府的职能有三项：第一，保护社会，使其不受其他独立社会的侵犯；第二，尽可能保护社会上的每个公民，使其不受社会上任何他人的侵害或压迫；第三，建设并维护某些公共事业及某些公共设施。因此，对于国家安全、社会安全、司法制度、公共事业等这类事项，由于"搭便车"的存在，私人缺乏提供的激励，需要政府的介入，用税收手段来筹集资金并提供这些产品（鄢奋，2012）。

1919 年，瑞典学派的代表人林达尔在威克塞尔研究的基础上，建立了关于公共产品最佳供应的数学模型（后来合称为"威—林模型"）。威—林模型提出，一个社会中公共产品的供应是由社会中的个人经过讨价还价和磋商而确定的。在提供公共产品的过程中，社会获得公共产品的最佳条件是，每个人所愿意承担的成本份额之和等于 1。威—林模型与现实联系更为密切，极大地促进了西方公共财政理论以及公共产品理论的形成，也对以后的公共选择理论产生了重要影响。保罗·萨缪尔森在 1954 年和 1955 年相继发表了《公共支出的纯理论》和《公共支出理论图解》两篇文章。萨缪尔森对公共产品概念做了经典性的表述，并且成为公共产品的标准定义沿用至今。根据萨缪尔森的定义，公共产品天生具有非排他性和非竞争性两个基本属性，正是由于这两个属性，因而很难找到一个有效的价格体系来控制公共产品的消费。当公共产品市场中配置资源的价格体系缺失时，政府就变成了这个市场的主要配置者，或者由政府的公营企业来垄断提供。

1965 年，布坎南（Buchanan）在萨缪尔森等研究的基础上，创造性地提出了"俱乐部产品"。布坎南指出，萨缪尔森定义的公共产品是"纯公共产品"，现实社会中，大量存在的是介于公共物品和私人物品之间的"准公共产品"或"混合商品"。布坎南解释了非纯公共产品的特征、生产成本与成员性质三者之间的关系，建立了同时包括成员数与产品数在内的俱乐部均衡，得出了俱乐部成员的最优规模（张宏军，2010）。20 世纪 50 年代末，美国著名学者马斯格雷夫出版了《财政学原理：公共经济研究》，首次引入了"公共经济"这一概念。马斯格雷夫指出，公共经济问题不是财政问题，而是资源分配、收入分配、充分就业以及价格水平稳定与经济增长的问题。在马斯格雷夫的影响下，大多数著名财政学家如费尔德斯坦、斯蒂格利茨、阿特金森、杰克逊等的著述，都开始把财政学改称为"公共经济学"或"公共部门经济学"（程浩和管磊，2002）。1999年，诺贝尔经济学奖获得者、美国经济学家约瑟夫·斯蒂格利茨对公共经济学的研究内容进行了分类（王爱学和赵定涛，2007）。他指出，公共经济学的研究内容主要分为三类：一是要搞清公共部门应该从事哪些活动以及这些活动如何组织；二是尽可能地理解和预测政府经济活动的全部结果；三是评价政府的各种经济政策。此后，公共经济学以宏观经济学、信息经济学、福利经济学等理论为支撑，在研究内容上有很大拓展，如研究公共经济存在的合理性及其合理范围的界定，研究政府选择和政府决策的内容及其政治程序的经济效应，注重具体分析政府收支的社会经济效应，把公共生产及其定价、公共提供与公共生产的关系等问题引入公共经济学的研究等。

第二章 区域基础教育资源配置现状

第一节 导 言

基础教育资源包含范围较广，站在不同角度，理解各不同。长期以来，由于资源的稀缺性，我国基础教育优质资源偏好集中于城镇，导致城乡基础教育发展严重失衡，尤其义务教育的城乡差距更为明显。在基础教育资源配置中，人们首要考虑的是基本办学条件和师资力量。《中华人民共和国国民经济和社会发展第十四个五年规划和2035年远景目标纲要》提出要推进基本公共教育均等化，逐步完善办学标准。而完善办学标准意味着要在基本办学条件，如生均教学及辅助用房建筑面积等方面实现某个范围内的统一标准。自2012年我国各省份教育经费支出达到地区生产总值的4%以来，基础教育的基本办学条件得到明显改善，区域差距和城乡差距也在逐渐缩小。随着越来越多的研究生及以上学历的人才不断加入各地中小学教师队伍，以及部分中小学教师学历的持续提高，基础教育中研究生毕业的专任教师数占比不断增加。

在基本办学条件中，本书采用的统计学指标主要包括生均计算机使用情况、生均多媒体教室、生均教学及辅助用房建筑面积、生均教学仪器设备资产值、生均图书数量。统计分析时，本部分以2012年为统计起点，这样能较好地比较自各省份财政性教育经费达到地区生产总值的4%以来，不同省份基础教育阶段基本办学条件的硬件差异。本部分在分析生均多媒体教室变化趋势时，有的省份缺乏2012年的统计数据，故从2013年的数据开始分析。

在基础教育高学历教师比较中，本书采用的统计学指标是小学、初中和普通高中阶段研究生毕业的专任教师数占比。由于各地差异，中小学教师的统计数据中，存在专任教师与非专任教师两部分。在分析基础教育阶段研究生毕业的专任教师数占比时，采用2012~2017年的统计数据，用研究生毕业的专任教师数占专任教师总数的比例来度量，由此比较自2012年来我国各省份基础教育高学历教师发展情况。①

具体分析时，主要采用如下思路：

（1）统计东部、中部、西部和东北地区的生均教学及辅助用房建筑面积、生均计算机台数、生均多媒体教室、生均图书数量、生均教学仪器设备资产值的平均值，同时结合不同省份的数据进行比较。

（2）具体分析时，生均教学及辅助用房建筑面积、生均图书数量、生均教学仪器设备资产值的平均值直接以生均值计算，生均计算机台数以每台计算机多少学生共用人数统计（共用人数越多，表示生均计算机台数越少），生均多媒体教室数也是以单间多媒体教室共用人数统计（共用人数越多，表示生均多媒体教室数越少）。

（3）分析不同省份小学、初中和普通高中阶段研究生毕业的专任教师数占比。单个省份小学、初中和普通高中阶段研究生毕业的专任教师数占比，反映了该省份基础教育阶段对高学历人才的吸引力，也间接反映了地方政府对基础教育的重视程度，以及该地区社会经济发展程度对高学历人才的吸引力。只有地方政府对基础教育重视，让高学历人才认可基础教育的发展机遇、社会地位、经济待遇等，基础教育阶段研究生毕业的专任教师数占比才会越来越高。

第二节　基础教育基本办学条件

一、生均教学及辅助用房建筑面积

基础教育生均教学及辅助用房建筑面积是反映办学条件的一个重要指标。从表2.1中可以看到，至2017年，我国东部、中部、西部和东北地区小学阶段生均教学及辅助用房建筑面积基本接近4.0平方米，其中西部地区最大，东北地区最小，总体上较为均衡。② 从不同省份看，北京小学阶段生均教学及辅助用房建筑面积在2012~2017年一直保持在3.8平方米，重庆市一直保持在4.8平方米左右。总体上看，西部地区小学阶段生均教学及辅助用房建筑面积增长最快，2012~2017年生均增加了0.8平方米。

---

① 由于基础教育在校生数与专任教师数是生均教育经费划拨的重要依据，笔者把基础教育生师比的分析，调整到基础教育生均教育经费区域效应分析部分，以观察在校生数与专任教师数对基础教育生均教育经费的影响。

② 各个省份小学阶段生均教学及辅助用房建筑面积见附表1.1。

表2.1 小学阶段生均教学及辅助用房建筑面积（平方米）

年份 地区	2012	2013	2014	2015	2016	2017
东部地区	3.7	3.9	3.9	3.9	3.9	4.0
中部地区	3.5	3.8	3.8	3.8	3.9	4.0
西部地区	3.4	3.7	3.8	4.0	4.1	4.2
东北地区	3.2	3.6	3.6	3.7	3.7	3.8

资料来源：依据历年《中国教育统计年鉴》整理而成。

从表2.2中可以看到，东部、中部、西部和东北地区初中阶段生均教学及辅助用房建筑面积差距较大，区域不均衡较为明显。[1] 以2017年初中阶段生均教学及辅助用房建筑面积为例，东部地区最大，中部地区最小，二者相差高达1.2平方米。从整个发展趋势看，西部地区初中阶段生均教学及辅助用房建筑面积增长最快，2017年较2012年生均增加了1.6平方米；东部地区生均增加了1.4平方米，东北地区生均增加了1.3平方米；中部地区增长最小，2017年较2012年生均增加了1.1平方米。

表2.2 初中阶段生均教学及辅助用房建筑面积（平方米）

年份 地区	2012	2013	2014	2015	2016	2017
东部地区	5.0	5.4	5.7	6.1	6.2	6.4
中部地区	4.1	4.7	4.8	5.1	5.1	5.2
西部地区	3.9	4.3	4.7	5.0	5.3	5.5
东北地区	4.8	5.4	5.5	5.9	6.0	6.1

资料来源：依据历年《中国教育统计年鉴》整理而成。

从表2.3中可以看到，东部、中部、西部和东北地区的普通高中阶段生均教学及辅助用房建筑面积的区域差异远远大于小学和初中阶段。[2] 其中，东部地区普通高中阶段生均教学及辅助用房建筑面积最大，从2016年起，东部地区>西部地区>中部地区>东北地区，东部地区是东北地区的2倍多。以2017年为例，在东部地区，北京普通高中阶段生均教学及辅助用房建筑面积是全国最大的，为

---

① 各个省份初中阶段生均教学及辅助用房建筑面积见附表1.2。
② 各个省份普通高中阶段生均教学及辅助用房建筑面积见附表1.3。

21.2 平方米；其次是上海，为 18.7 平方米。东北地区，吉林普通高中阶段生均教学及辅助用房建筑面积是全国最小的，2017 年为 5.0 平方米；其次是中部地区的河南，为 5.1 平方米，全国倒数第二。

表 2.3　普通高中阶段生均教学及辅助用房建筑面积（平方米）

年份 地区	2012	2013	2014	2015	2016	2017
东部地区	9.6	10.2	10.8	11.6	12.0	12.4
中部地区	6.3	6.7	6.8	7.1	7.1	7.4
西部地区	6.2	6.4	6.5	7.0	7.4	7.6
东北地区	5.2	5.4	5.7	5.9	5.7	5.8

资料来源：依据历年《中国教育统计年鉴》整理而成。

结合表 2.1~表 2.3 可以发现，东部、中部、西部和东北地区基础教育生均教学及辅助用房建筑面积呈现一个规律：普通高中阶段>初中阶段>小学阶段，即普通高中阶段生均教学及辅助用房建筑面积最大，小学阶段生均教学及辅助用房建筑面积最小，年级越高，生均面积越大，年级越低，生均面积越小。然而，实际情况更为严重。

在实地调查中，很多农村小学人数急剧下降，甚至出现个别学校某个年级只有一个学生的情况。结合各地农村小学生源大幅减少，进而农村小学在统计生均教学及辅助用房建筑面积出现生均面积远远大于城市小学，而农村小学也在统计范畴内。由此可以推断，城市小学生均教学及辅助用房建筑面积实际使用值必定极大地低于统计值。以中部地区各省份为例，这些省份许多农村小学一个年级可能只有几个学生，有的甚至只有一个学生，而多数城市小学均是顶额排班，有的还是超额排班，优质学校更是如此。这样一来，农村和城市小学阶段生均教学及辅助用房建筑面积在统计时，通过求取平均值，掩盖了城市小学阶段生均教学及辅助用房建筑面积严重不足的现实。

同样，初中阶段生均教学及辅助用房建筑面积的统计也存在这样的问题。农村初中生源越来越少，家长通过各种途径把孩子送入城市初中就读，留在农村初中的班级人数远远低于城市初中的班级人数。在统计生均教学及辅助用房建筑面积的数据时，农村初中的生均面积把城市初中的生均面积直接拉高了，城市初中生均教学及辅助用房建筑面积则远远低于平均值。对于普通高中阶段，由于高中学校一般都是在县城和市区，且中考竞争激烈，高中各年级的班级人数都是满额乃至超额，生均教学及辅助用房建筑面积的统计不存在农村小学和普通初中这种现象。所以，如果仅仅以城市学校为统计对象，那么小学和初中阶段生均教学及辅助用房建筑面积将远远低于普通高中阶段，而小学和初中阶段生均教学及辅助用房建筑面积低于普通高中阶段，从学生身心发展和科学性上分析是否合理，还是存在疑问的。

二、生均计算机台数

生均计算机台数是基础教育现代化的重要指标之一，借助计算机，弱势学校的学生可以共享远程教育信息，间接地接受优质教育资源，补全本地优质教育资源不足的"短板"。从表2.4中可以看到，不同地区基础教育小学阶段计算机使用台数存在巨大差异。[①] 从2012~2017年的数据看，总体上东部地区单台计算机共用人数要少于中部、西部和东北地区，即中部地区>西部地区>东北地区>东部地区。以生均计算机台数计算，则东部地区要远远大于中部、西部和东北地区，即东部地区>东北地区>西部地区>中部地区。换言之，在相同学生数下，东部地区学校的计算机台数要远远高于其他地区，中部地区的学校则拥有计算机台数最少。

不同省份中，至2017年，北京小学阶段单台计算机共用人数最少，生均计算机台数最多，平均3.5人/台；江西小学阶段单台计算机共用人数最多，生均计算机台数最少，达到了15.3人共用一台计算机。中部、西部和东北地区多数省份小学阶段单台计算机共用人数在2012年和2013年人数比较高，从2014年起开始出现明显下降则表明随着地方政府在2012年教育经费支出达到GDP的4%之后，有较为充足的经费投入基础教育阶段以改善办学条件。

表2.4 小学阶段单台计算机共用人数（人/台）

年份 地区	2012	2013	2014	2015	2016	2017
东部地区	10.0	8.8	7.8	7.2	6.9	6.4
中部地区	25.9	20.2	17.4	15.2	12.7	11.0
西部地区	19.2	15.6	13.3	11.2	9.3	8.1
东北地区	13.9	12.1	10.8	9.3	8.0	7.2

资料来源：依据历年《中国教育统计年鉴》整理而成。

从表2.5中可以看到，不同地区初中阶段计算机共用人数要少于小学阶段，

---

① 各个省份小学阶段单台计算机共用人数见附表2.1。

生均计算机台数要高于小学阶段，即在相同学生数下，初中阶段的计算机台数要多于小学阶段。[①] 至 2017 年，不同地区初中阶段计算机共用人数是：中部地区>西部地区>东部地区>东北地区。换言之，初中阶段生均计算机台数是：东北地区>东部地区>西部地区>中部地区。从各省份看，至 2017 年，北京初中阶段计算机共用人数最少，为 2.6 人/台，广西初中阶段计算机共用人数最多，为 9.3 人/台。科学教育要从低年级学生抓起，小学阶段计算机台数少于初中阶段，间接反映了当前教育资源配置还存在较大的认识误区。

表 2.5　初中阶段单台计算机共用人数（人/台）

年份 地区	2012	2013	2014	2015	2016	2017
东部地区	7.4	6.5	5.9	5.4	5.0	4.8
中部地区	12.8	10.7	9.8	8.8	8.0	7.3
西部地区	12.1	10.2	9.0	7.8	6.8	6.2
东北地区	7.7	6.6	6.1	5.4	4.9	4.5

资料来源：依据历年《中国教育统计年鉴》整理而成。

从表 2.6 中可以看到，东部、中部、西部和东北地区普通高中阶段生均计算机台数变化较大，东部、中部和西部地区均大于初中阶段，但东北地区要小于初中阶段。[②] 至 2017 年，从不同地区生均计算机台数看，东部地区>西部地区>东北地区>中部地区，即从单台计算机共用人数看，东部地区<西部地区<东北地区<中部地区。从各个省份看，2017 年普通高中阶段生均计算机台数最大的是北京，达到了人均 1 台以上；最小的是河南，2017 年平均单台计算机有 11 人共用。再从 2012~2017 年看，普通高中阶段生均计算机台数最大的还是北京，平均单台计算机共用人数从 1.3 人/台下降为 0.8 人/台；最小的还是河南，从 13.2 人/台下降为 11.0 人/台。

表 2.6　普通高中阶段单台计算机共用人数（人/台）

年份 地区	2012	2013	2014	2015	2016	2017
东部地区	4.4	4.0	3.7	3.4	3.2	3.1

---

① 各个省份初中阶段单台计算机共用人数见附表 2.2。

② 各个省份普通高中阶段单台计算机共用人数见附表 2.3。

续表

年份 地区	2012	2013	2014	2015	2016	2017
中部地区	8.9	8.3	7.9	7.5	7.0	6.6
西部地区	7.9	7.3	6.8	6.3	5.7	5.3
东北地区	7.9	7.4	6.8	6.4	6.1	5.9

资料来源：依据历年《中国教育统计年鉴》整理而成。

结合表 2.4~表 2.6，基础教育不同阶段的生均计算机台数存在较大差异。东部地区、中部地区和西部地区总体上普通高中阶段生均计算机台数要多于初中阶段，初中阶段要多于小学阶段。东北地区是初中阶段生均计算机台数多于普通高中阶段，普通高中阶段多于小学阶段。2012~2017 年，全国小学阶段生均计算机台数变化大于初中和普通高中阶段，尤其中部和西部地区呈直线上升趋势。2012~2017 年，中部地区小学阶段单台计算机共用人数从 25.9 人/台下降为 11.0 人/台，初中阶段从 12.8 人/台下降为 7.3 人/台，普通高中阶段从 8.9 人/台下降为 6.6 人/台；同期，西部地区小学阶段单台计算机共用人数从 19.2 人/台下降为 8.1 人/台，初中阶段从 12.1 人/台下降为 6.2 人/台，普通高中阶段从 7.9 人/台下降为 5.3 人/台。

三、生均多媒体教室数

由于多媒体教室部分省份缺少 2012 年的统计数据，因而只分析 2013~2017 年共 5 年的数据，结果如表 2.7 所示。[1] 依据表 2.7 小学阶段多媒体教室共用人数进行分析，可以发现东部地区小学阶段多媒体教室共用人数最少，为 40.2 人/间，中部地区小学阶段多媒体教室共用人数最多，为 55.5 人/间。整体上看，小学阶段多媒体教室共用人数为：中部地区>东北地区>西部地区>东部地区。从生均多媒体教室看，东部地区>西部地区>东北地区>中部地区，即中部地区生均多媒体教室最少，东部地区生均多媒体教室最多。

再从各省份看，至 2017 年，北京小学阶段生均多媒体教室最多，为 28.9 人/间，湖南小学阶段生均多媒体教室最少，为 87.7 人/间。总体上看，2013~2017 年，全国小学阶段多媒体教室建立速度惊人，尤其中部地区和西部地区发展极快，以广西为例，2013 年为 248.1 人/间，至 2017 年下降为 51.2 人/间。西藏小学阶段多媒体教室共用人数下降最快，2013 年为 436.1 人/间，至 2017 年为

---

① 各个省份小学阶段多媒体教室共用人数见附表 3.1。

61.0 人/间。

表 2.7 小学阶段多媒体教室（人/间）

地区＼年份	2013	2014	2015	2016	2017
东部地区	79.7	61.3	52.1	46.3	40.2
中部地区	151.6	101.1	81.0	65.6	55.5
西部地区	178.7	107.3	83.0	62.0	49.1
东北地区	126.6	94.7	75.2	61.5	50.3

资料来源：依据历年《中国教育统计年鉴》整理而成。

从表 2.8 中初中阶段生均多媒体教室看，至 2017 年，东部地区多媒体教室共用人数最少，为 34.0 人/间，中部地区多媒体教室共用人数最多，为 45.9 人/间。① 从整体看，初中阶段多媒体教室共用人数为：中部地区>西部地区>东北地区>东部地区；从生均多媒体教室看，东部地区>东北地区>西部地区>中部地区。即中部地区多媒体教室共用人数最多，生均多媒体教室实际使用最少。

从各个省份看，2013~2017 年，上海初中阶段多媒体教室共用人数最少，2013 年为 24.1 人/间，至 2017 年为 19.6 人/间。西藏初中阶段多媒体教室共用人数下降最快，2013 年为 314.5 人/间，至 2017 年为 60.4 人/间。总体而言，西部地区初中阶段多媒体教室共用人数下降最大，生均多媒体教室增长最多。

表 2.8 初中阶段多媒体教室（人/间）

地区＼年份	2013	2014	2015	2016	2017
东部地区	62.4	48.8	41.5	37.6	34.0
中部地区	97.5	70.0	58.9	51.2	45.9
西部地区	121.1	79.3	63.9	50.1	42.6
东北地区	73.3	57.1	47.3	40.6	34.7

资料来源：依据历年《中国教育统计年鉴》整理而成。

从表 2.9 中普通高中阶段生均多媒体教室看，2013~2017 年，东部地区多媒体教室共用人数最少，为 23.4 人/间，东北地区多媒体教室共用人数最多，为

---

① 各个省份初中阶段多媒体教室共用人数见附表 3.2。

46.6 人/间。① 从整体看，普通高中阶段多媒体教室共用人数为：东北地区>中部地区>西部地区>东部地区；从生均多媒体教室看，东部地区>西部地区>中部地区>东北地区。即东北地区多媒体教室共用人数最多，生均多媒体教室实际使用最少。

从各个省份看，2013~2017 年，北京普通高中阶段多媒体教室共用人数最少，2013 年为 11.2 人/间，至 2017 年为 7.7 人/间。西藏普通高中阶段多媒体教室共用人数下降最快，2013 年为 154.8 人/间，至 2017 年为 46.9 人/间。总体而言，西部地区普通高中阶段多媒体教室共用人数下降最大，生均多媒体教室增长最快。

表 2.9　普通高中阶段多媒体教室（人/间）

年份 地区	2013	2014	2015	2016	2017
东部地区	35.6	29.8	27.2	25.7	23.4
中部地区	75.2	57.7	51.9	46.6	42.1
西部地区	72.8	57.7	48.3	42.4	38.2
东北地区	78.3	63.5	53.7	49.9	46.6

资料来源：依据历年《中国教育统计年鉴》整理而成。

结合表 2.7~表 2.9，东部、中部和西部地区基础教育多媒体教室共用人数总体为：小学阶段>初中阶段>普通高中阶段。生均多媒体教室实际使用情况是年级越高，生均多媒体教室越多，而普通高中阶段>初中阶段>小学阶段。东北地区多媒体教室共用人数为小学阶段>普通高中阶段>初中阶段，生均多媒体教室实际使用为初中阶段>普通高中阶段>小学阶段。

总体上看，不同地区基础教育生均多媒体教室增长比较快，无论小学阶段，还是初中阶段和普通高中阶段，多媒体教室共用人数均出现大幅下降，即生均多媒体教室出现了大幅上升，至 2017 年，各地区已经基本上实现了单个班级能够拥有一间多媒体教室。

四、生均图书数量

从表 2.10 中可以看到，2015 年起，东部、中部、西部和东北地区小学阶段生均图书数量差别不大，最高的东部地区生均 27 册，最低的中部地区生均 20

---

① 各个省份普通高中阶段多媒体教室共用人数见附表 3.3。

册，东部地区>东北地区>西部地区>中部地区。① 从不同省份看，至 2017 年，小学阶段生均图书数量最多的是上海，为 33.7 册，最少的是新疆，为 13.7 册。以 2017 年为例，生均大于 30 册的主要有北京、天津、上海和陕西，生均低于 20 册的主要有内蒙古、黑龙江、安徽、江西、河南、海南、重庆、四川、西藏、新疆等。

表 2.10　小学阶段生均图书数量（册）

年份 地区	2012	2013	2014	2015	2016	2017
东部地区	24	25	25	26	26	27
中部地区	16	18	18	18	19	20
西部地区	15	17	18	19	20	21
东北地区	16	18	20	22	24	25

资料来源：依据历年《中国教育统计年鉴》整理而成。

从表 2.11 中可以看到，不同地区初中阶段生均图书数量明显高于小学阶段，各地区差别不大。② 至 2017 年，东北地区初中阶段生均图书数量最多，中部地区最少。从各省份初中阶段生均图书数量看，以 2017 年为例，上海数量最多，为 62.4 册，重庆最少，为 19.0 册。

表 2.11　初中阶段生均图书数量（册）

年份 地区	2012	2013	2014	2015	2016	2017
东部地区	31	34	36	38	40	41
中部地区	24	28	29	30	31	32
西部地区	21	24	26	29	32	33
东北地区	24	28	31	36	41	43

资料来源：依据历年《中国教育统计年鉴》整理而成。

从表 2.12 中可以看到，东部地区普通高中阶段生均图书数量远远多于中部、西部和东北地区，是中部和东北地区的 2 倍多，也接近是西部地区的 2 倍，整体上看，2012~2017 年东部地区>西部地区>中部地区>东北地区。③ 从各省份看，

---

① 各个省份小学阶段生均图书数量见附表 4.1。
② 各个省份初中阶段生均图书数量见附表 4.2。
③ 各个省份普通高中阶段生均图书数量见附表 4.3。

北京历年普通高中阶段生均图书数量一直远高于全国其他省份，至 2017 年，达到生均 121.5 册。河南历年普通高中阶段生均图书数量一直较少，其他省份普通高中阶段生均图书数量呈现逐渐增加趋势，河南反而出现微微减少趋势。2012年，河南普通高中阶段生均图书为 17.3 册，至 2017 年，减少为 17.1 册。河南2012 年普通高中阶段在校生是 192.6 万人，2017 年是 205.5 万人，增加了 12.9万人，增长了 6.70%；2012 年普通高中阶段图书数是 334.1 万册，2017 年是351.9 万册，增加了 17.8 万册，增长了 5.33%，低于在校生数的增长。

表 2.12　普通高中阶段生均图书数量（册）

年份 地区	2012	2013	2014	2015	2016	2017
东部地区	48	52	57	61	63	65
中部地区	22	23	24	26	27	29
西部地区	25	27	29	32	35	37
东北地区	17	18	20	22	23	24

资料来源：依据历年《中国教育统计年鉴》整理而成。

结合表 2.10~表 2.12，东部地区基础教育生均图书数量是：普通高中阶段>初中阶段>小学阶段；中部地区基础教育生均图书数量是：初中阶段>普通高中阶段>小学阶段；西部地区基础教育生均图书数量是：普通高中阶段>初中阶段>小学阶段；东北地区基础教育生均图书数量是：初中阶段>小学阶段>普通高中阶段。

从基础教育不同阶段看，年级越高，生均图书数量差距越大。小学阶段生均图书数量中，东部、中部、西部和东北地区差别不大，最多的东部地区为 27 册，比最少的中部地区 20 册只了 7 册。初中阶段生均图书数量差距逐渐变大，最多的东部地区为 41 册，比最少的中部地区 32 册多了 9 册。普通高中阶段生均图书数量差距非常显著，最多的东部地区为 65 册，比最少的东北地区 24 册多了 41册，东部地区是东北地区的 2.7 倍。

五、生均教学仪器设备资产值

从表 2.13 中可以看到，不同地区小学阶段生均教学仪器设备资产值存在巨大差异，即东部地区>东北地区>西部地区>中部地区。[①] 2012 年，东部地区小学阶段生均教学仪器设备资产值是中部地区的 3.7 倍，是西部地区的 2.8 倍，是东

---

① 各个省份小学阶段生均教学仪器设备资产值见附表 5.1。

北地区的 2.3 倍。至 2017 年，东部地区小学阶段生均教学仪器设备资产值与中部、西部和东北地区的差距在缩小，但还是中部地区的 2.4 倍、西部地区的 1.6 倍、东北地区的 1.4 倍。

表 2.13　小学阶段生均教学仪器设备资产值（元）

年份 地区	2012	2013	2014	2015	2016	2017
东部地区	1418	1646	1829	2026	2233	2502
中部地区	383	521	648	727	867	1038
西部地区	502	694	885	1098	1313	1564
东北地区	618	851	1030	1252	1492	1753

资料来源：依据历年《中国教育统计年鉴》整理而成。

　　从各个省份看，北京小学阶段生均教学仪器设备资产值一直是全国最大的，2012 年为 4774 元，至 2017 年为 8350 元，远高于全国平均值。整体看，中部地区小学阶段生均教学仪器设备资产值远低于东部、西部和东北地区，其中，2012~2014 年，江西小学阶段生均教学仪器设备资产值为全国最低，分别为 203 元、287 元、390 元。2015~2017 年，河南小学阶段生均教学仪器设备资产值为全国最低，分别为 465 元、546 元、688 元。江西和河南两省小学阶段生均教学仪器设备资产值均远低于全国平均值。

　　从表 2.14 中可以看到，不同地区初中阶段生均教学仪器设备资产值存在巨大差异。[①] 整体看，初中阶段生均教学仪器设备资产值中，东部地区＞东北地区＞西部地区＞中部地区。2012 年，东部地区初中阶段生均教学仪器设备资产值是中部地区的 2.7 倍，是西部地区的 2.4 倍，是东北地区的 1.6 倍。至 2017 年，东部地区初中阶段生均教学仪器设备资产值与中部、西部和东北地区的差距总体在缩小，但还是中部地区的 2.4 倍、西部地区的 1.8 倍、东北地区的 1.3 倍。

表 2.14　初中阶段生均教学仪器设备资产值（元）

年份 地区	2012	2013	2014	2015	2016	2017
东部地区	2008	2384	2678	3168	3563	3986
中部地区	750	996	1148	1303	1473	1679

　　① 各个省份初中阶段生均教学仪器设备资产值见附表 5.2。

续表

年份 地区	2012	2013	2014	2015	2016	2017
西部地区	831	1114	1388	1652	1982	2276
东北地区	1221	1657	1953	2287	2786	3157

资料来源：依据历年《中国教育统计年鉴》整理而成。

从各个省份看，2012 年上海初中阶段生均教学仪器设备资产值是全国最大的，为 4849 元。2013～2017 年，北京初中阶段生均教学仪器设备资产值为全国最大的，2013 年为 5357 元，至 2017 年为 11498 元。北京和上海的初中阶段生均教学仪器设备资产值均远高于全国平均值。2012 年，河南和贵州的初中阶段生均教学仪器设备资产值为全国最低，均为 468 元。至 2017 年，河南还是全国最低，为 1141 元；贵州上升为 1481 元，倒数第 4 位。

从表 2.15 中可以看到，不同地区普通高中阶段生均教学仪器设备资产值存在巨大差异。[①] 整体上看，普通高中阶段生均教学仪器设备资产值中，东部地区>西部地区>东北地区>中部地区。2012 年，东部地区普通高中阶段生均教学仪器设备资产值是中部地区的 3.3 倍，是西部地区的 3.1 倍，是东北地区的 3.1 倍。至 2017 年，东部地区普通高中阶段生均教学仪器设备资产值与中部、西部和东北地区的差距总体上不但没有缩小，反而出现扩大趋势，是中部地区的 3.9 倍，是西部地区的 3.1 倍，是东北地区的 3.7 倍。

从各省份看，北京普通高中阶段生均教学仪器设备资产值一直远高于全国其他省份，2012 年为 17157 元，2017 年更是高达 41875 元。河南一直是全国最低，2012 年普通高中阶段生均教学仪器设备资产值为 843 元，至 2017 年仅仅为 1213 元。

表 2.15　普通高中阶段生均教学仪器设备资产值（元）

年份 地区	2012	2013	2014	2015	2016	2017
东部地区	5225	6112	7024	8166	9173	10170
中部地区	1584	1777	1908	2057	2291	2602
西部地区	1709	1908	2224	2531	2797	3241
东北地区	1712	1848	2160	2455	2580	2750

资料来源：依据历年《中国教育统计年鉴》整理而成。

① 各个省份普通高中阶段生均教学仪器设备资产值见附表 5.3。

结合表 2.13～表 2.15，可以发现，对于东部地区、中部地区和西部地区，生均教学仪器设备资产值大小为：普通高中阶段>初中阶段>小学阶段，东北地区则是：初中阶段>普通高中阶段>小学阶段。从基础教育不同阶段看，东部地区普通高中阶段生均教学仪器设备资产值分别是初中阶段的 2.6 倍、小学阶段的 4.1 倍；中部地区普通高中阶段生均教学仪器设备资产值分别是初中阶段的 1.5 倍、小学阶段的 2.5 倍；西部地区普通高中阶段生均教学仪器设备资产值分别是初中阶段的 1.4 倍、小学阶段的 2.1 倍；东北地区普通高中阶段生均教学仪器设备资产值分别是初中阶段的 0.9 倍、小学阶段的 1.6 倍。

综合来看，无论东部、中部、西部，还是东北地区，基础教育生均教学仪器设备资产值一直处于不断增长的趋势中。2012～2017 年，东部地区小学阶段增长了 1.8 倍，初中阶段增长了 2.0 倍，普通高中阶段增长了 1.9 倍；中部地区小学阶段增长了 2.7 倍，初中阶段增长了 2.2 倍，普通高中阶段增长了 1.6 倍；西部地区小学阶段增长了 3.1 倍，初中阶段增长了 2.7 倍，普通高中阶段增长了 1.9 倍；东北地区小学阶段增长了 2.8 倍，初中阶段增长了 2.6 倍，普通高中阶段增长了 1.6 倍。

第三节　基础教育高学历专任教师

一、小学阶段高学历教师占比

从表 2.16 中可以看到，东部地区各省份中，北京小学阶段研究生毕业的专任教师数占比最高，其次是上海和天津，海南最低。至 2017 年，北京小学阶段研究生毕业的专任教师数占比为 7.01%、上海为 5.66%、天津为 4.94%，远远高于河北的 0.58%、福建的 0.59%、海南的 0.25%。从增长比例看，海南 2017 年较 2012 年增长 8.33 倍，增长幅度远高于东部其他省份。

表 2.16　东部地区小学阶段研究生毕业的专任教师数占比（%）

年份 省份	2012	2013	2014	2015	2016	2017	较 2012 年 增长倍数
北　京	1.71	2.34	3.49	4.92	5.89	7.01	4.10
天　津	0.93	1.30	1.91	2.81	3.81	4.94	5.31
河　北	0.14	0.18	0.25	0.33	0.47	0.58	4.14
上　海	1.60	2.24	2.95	3.82	4.76	5.66	3.54

续表

年份 省份	2012	2013	2014	2015	2016	2017	较2012年 增长倍数
江 苏	0.50	0.76	1.03	1.30	1.60	1.89	3.78
浙 江	0.44	0.58	0.74	1.01	1.18	1.49	3.39
福 建	0.16	0.25	0.33	0.42	0.51	0.59	3.69
山 东	0.51	0.73	0.91	1.18	1.45	1.74	3.41
广 东	0.37	0.45	0.58	0.74	0.89	1.09	2.95
海 南	0.03	0.06	0.10	0.13	0.16	0.25	8.33

资料来源：依据历年《中国教育统计年鉴》整理而成。

从表2.17可以看到，中部地区小学阶段研究生毕业的专任教师数占比均不高，至2017年没有一个省份达到1%。2012~2017年，湖北小学阶段研究生毕业的专任教师数占比最高，至2017年为0.95%。在中部地区中，自2014年起，江西小学阶段研究生毕业的专任教师数占比最低，至2017年为0.25%，远低于中部地区其他省份。同时，在中部地区中，江西2012~2017年的增长率也最低，仅为1.79倍，不到山西、湖北等增长率的1/2。

表2.17 中部地区小学阶段研究生毕业的专任教师数占比（%）

年份 省份	2012	2013	2014	2015	2016	2017	较2012年 增长倍数
山 西	0.11	0.20	0.19	0.28	0.35	0.52	4.73
安 徽	0.13	0.14	0.19	0.27	0.41	0.49	3.77
江 西	0.14	0.15	0.16	0.21	0.21	0.25	1.79
河 南	0.14	0.19	0.30	0.38	0.43	0.51	3.64
湖 北	0.25	0.35	0.44	0.57	0.69	0.95	3.80
湖 南	0.20	0.29	0.37	0.43	0.55	0.63	3.15

资料来源：依据历年《中国教育统计年鉴》整理而成。

从表2.18中可以看到，自2014年起，内蒙古小学阶段研究生毕业的专任教师数占比最高，至2017年达到了1.06%。2012~2017年，贵州一直是西部地区小学阶段研究生毕业的专任教师数占比最低的省份，至2017年仅为0.10%。从增长率看，最大的重庆2017年小学阶段研究生毕业的专任教师数占比是2012年的4.75倍，最小的贵州则为1.43倍。

表 2.18　西部地区小学阶段研究生毕业的专任教师数占比（%）

年份 省份	2012	2013	2014	2015	2016	2017	较2012年 增长倍数
内蒙古	0.30	0.38	0.59	0.71	0.85	1.06	3.53
广　西	0.14	0.21	0.22	0.27	0.36	0.38	2.71
重　庆	0.20	0.41	0.45	0.58	0.78	0.95	4.75
四　川	0.13	0.18	0.26	0.34	0.41	0.49	3.77
贵　州	0.07	0.05	0.09	0.08	0.10	0.10	1.43
云　南	0.10	0.18	0.19	0.20	0.26	0.31	3.10
西　藏	0.10	0.09	0.09	0.08	0.16	0.19	1.90
陕　西	0.23	0.38	0.44	0.59	0.77	1.03	4.48
甘　肃	0.11	0.21	0.22	0.27	0.33	0.44	4.00
青　海	0.30	0.39	0.44	0.54	0.71	0.78	2.60
宁　夏	0.11	0.17	0.24	0.24	0.30	0.36	3.27
新　疆	0.07	0.07	0.10	0.12	0.16	0.20	2.86

资料来源：依据历年《中国教育统计年鉴》整理而成。

从表 2.19 中可以看到，自 2013 年起，东北地区小学阶段研究生毕业的专任教师数占比中，辽宁最高，黑龙江一直最低。至 2017 年，辽宁小学阶段研究生毕业的专任教师数占比是黑龙江的 4 倍多，吉林接近是黑龙江的 3 倍。从增长率看，辽宁增长最快，2017 年是 2012 年的 4.55 倍；吉林增长最慢，2017 年是 2012 年的 2.70 倍。

表 2.19　东北地区小学阶段研究生毕业的专任教师数占比（%）

年份 省份	2012	2013	2014	2015	2016	2017	较2012年 增长倍数
辽　宁	0.40	0.59	0.80	1.10	1.43	1.82	4.55
吉　林	0.44	0.51	0.74	0.85	1.04	1.19	2.70
黑龙江	0.12	0.15	0.24	0.19	0.26	0.42	3.50

资料来源：依据历年《中国教育统计年鉴》整理而成。

从东部、中部、西部和东北地区小学阶段研究生毕业的专任教师数占比看，至 2017 年，北京、天津、上海远远高于全国其他省份，贵州、西藏、新疆则远远低于全国其他省份。尽管自 2012 年以来，全国小学阶段研究生毕业的专任教师数占比出现大幅上升，但至 2017 年，海南、安徽、江西、广西、四川、贵州、云南、西藏、甘肃、宁夏、新疆、黑龙江等小学阶段研究生毕业的专任教师数占比仍低于 0.5%，绝大部分在西部地区。西部地区 12 个省份中，至 2017 年有 8 个省份低于 0.5%。从东部、中部、西部和东北地区小学阶段研究生毕业的专任教师数占比平均值分析中也可以发现这点，从表 2.20 可以看到，2012~2017 年，小学阶段研究生毕业的专任教师数占比平均值中，东部地区最大，为 2.52%，其次是东北地区，为 1.14%，而中部地区和西部地区分别只有 0.55% 和 0.52%。

表 2.20 不同地区小学阶段研究生毕业的专任教师数占比平均值（%）

年份 地区	2012	2013	2014	2015	2016	2017
东部	0.64	0.89	1.23	1.67	2.07	2.52
中部	0.16	0.22	0.27	0.35	0.44	0.55
西部	0.15	0.20	0.27	0.33	0.43	0.52
东北	0.32	0.42	0.59	0.71	0.91	1.14

资料来源：依据历年《中国教育统计年鉴》整理而成。

从表 2.21 极差率分析可以看到，2012 年，全国小学阶段研究生毕业的专任教师数占比最低的省份是海南，为 0.33%。而自 2013 年起，小学阶段研究生毕业的专任教师数占比最低的省份一直是贵州，从极差值和极差率看，与最大值的北京差距越来越大。至 2017 年，北京小学阶段研究生毕业的专任教师数占比高出贵州 6.91 个百分点，是贵州的 70.10 倍。2012 年，小学阶段研究生毕业的专任教师数占比小于均值数的省份有 22 个，至 2017 年增加为 24 个，表明随着各省份小学阶段研究生毕业的专任教师数占比不断提高，区域差异也在逐渐变大。

表 2.21 各省份小学阶段研究生毕业的专任教师数占比极差率分析

年份	平均值	最小值	地区	最大值	地区	极差	极差率	小于均值数
2012	0.33	0.03	海南	1.71	北京	1.68	57.01	22
2013	0.46	0.05	贵州	2.34	北京	2.29	46.80	23
2014	0.61	0.09	贵州	3.48	北京	3.39	38.67	23
2015	0.81	0.08	贵州	4.92	北京	4.84	61.50	23
2016	1.01	0.10	贵州	5.89	北京	5.79	58.90	23
2017	1.24	0.10	贵州	7.01	北京	6.91	70.10	24

资料来源：依据历年《中国教育统计年鉴》整理而成。

从图 2.1 中可以看到，2012~2017 年小学阶段研究生毕业的专任教师数占比极小值变化不大，中位数在逐渐上升，但远远小于平均值，而相对极大值则增长较快，整体呈现不断上升状态。同时，北京、上海和天津等极端值越来越显著，与其他省份的差距越来越大。

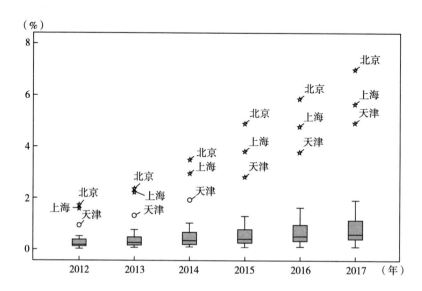

图 2.1　小学阶段研究生毕业的专任教师数占比箱线图

二、初中阶段高学历教师占比

从表 2.22 中可以看到，东部地区初中阶段研究生毕业的专任教师数占比明显高于小学阶段，北京、天津、上海远高于东部其他省份。2012~2017 年，虽然海南初中阶段研究生毕业的专任教师数占比增长率最快，但由于之前占比一直很低，因此其历年实际占比也一直是东部地区最低。至 2017 年，东部地区除京津沪和海南外，其他省份差别较小。

表 2.22　东部地区初中阶段研究生毕业的专任教师数占比 （%）

年份 省份	2012	2013	2014	2015	2016	2017	较2012年 增长倍数
北　京	8.34	10.13	12.17	14.13	16.02	17.60	2.11
天　津	3.82	4.91	6.10	7.35	8.00	8.73	2.29
河　北	0.65	0.95	1.27	1.57	1.80	2.10	3.23

续表

年份 省份	2012	2013	2014	2015	2016	2017	较2012年 增长倍数
上 海	4.70	5.97	7.34	8.53	10.07	11.69	2.49
江 苏	1.67	2.31	2.86	3.60	4.27	4.97	2.98
浙 江	1.25	1.50	1.82	2.19	2.50	3.20	2.56
福 建	0.79	1.00	1.29	1.60	1.90	2.23	2.82
山 东	1.37	1.72	2.06	2.41	2.88	3.49	2.55
广 东	1.47	1.66	1.97	2.27	2.61	2.97	2.02
海 南	0.32	0.69	0.41	0.94	0.84	1.04	3.25

资料来源：依据历年《中国教育统计年鉴》整理而成。

从表2.23中可以看到，中部地区初中阶段研究生毕业的专任教师数占比相对均衡，不同省份之间差别不大。至2017年，湖北初中阶段研究生毕业的专任教师数占比最高，为2.17%；江西初中阶段研究生毕业的专任教师数占比最低，为1.33%。结合小学阶段研究生毕业的专任教师数占比情况，江西也是中部地区最低，湖北是中部地区最高，且湖北接近是江西的4倍。除河北和海南外，与东部地区其他省份相比较，中部地区各省份初中阶段研究生毕业的专任教师数占比远低于东部地区各省份。从增长率看，山西增长最快，2017年是2012年的3.00倍；安徽增长最慢，2017年仅仅是2012年的1.95倍。

表2.23 中部地区初中阶段研究生毕业的专任教师数占比（%）

年份 省份	2012	2013	2014	2015	2016	2017	较2012年 增长倍数
山 西	0.60	0.87	0.95	1.09	1.40	1.80	3.00
安 徽	0.75	0.83	0.91	1.17	1.30	1.46	1.95
江 西	0.65	0.87	0.92	0.98	1.10	1.33	2.05
河 南	0.69	0.85	1.15	1.35	1.63	1.96	2.84
湖 北	0.98	1.13	1.30	1.57	1.74	2.17	2.21
湖 南	0.79	1.03	1.18	1.41	1.79	2.13	2.70

资料来源：依据历年《中国教育统计年鉴》整理而成。

从表2.24中可以看到，2012~2017年，内蒙古一直是西部地区初中阶段研究生毕业的专任教师数占比最高的，其次是陕西、重庆、青海；贵州则一直最低，2017 年仅为 0.62%。结合小学阶段研究生毕业的专任教师数占比，贵州也是最低的，至 2017 年为 0.10%。从增长率看，甘肃增长最快，2017 年是 2012 年的 3.35 倍；西藏增长最慢，2017 年是 2012 年的 1.56 倍。

表 2.24　西部地区初中阶段研究生毕业的专任教师数占比（%）

年份 省份	2012	2013	2014	2015	2016	2017	较 2012 年 增长倍数
内蒙古	1.40	1.92	2.31	2.75	3.52	4.12	2.94
广　西	0.62	0.69	0.80	0.97	1.09	1.21	1.95
重　庆	0.85	1.06	1.45	1.63	2.04	2.45	2.88
四　川	0.48	0.54	0.73	0.91	1.13	1.41	2.94
贵　州	0.27	0.32	0.33	0.41	0.47	0.62	2.30
云　南	0.45	0.54	0.65	0.79	0.97	1.10	2.44
西　藏	1.08	1.15	1.20	1.52	1.50	1.69	1.56
陕　西	1.40	1.85	2.04	2.50	2.87	3.45	2.46
甘　肃	0.46	0.61	0.83	1.09	1.19	1.54	3.35
青　海	1.37	1.46	1.53	1.89	2.17	2.32	1.69
宁　夏	0.79	1.00	1.21	1.46	1.76	1.93	2.44
新　疆	0.36	0.48	0.58	0.72	0.94	1.14	3.17

资料来源：依据历年《中国教育统计年鉴》整理而成。

从表 2.25 中可以看到，自 2013 年起，辽宁初中阶段研究生毕业的专任教师数占比最高，黑龙江一直最低。至 2017 年，黑龙江初中阶段研究生毕业的专任教师数占比为 1.38%，辽宁初中阶段研究生毕业的专任教师数占比为 3.24%，辽宁是黑龙江的 2.3 倍多。从增长率看，辽宁增长最快，2017 年是 2012 年的 2.59倍；吉林增长最慢，2017 年是 2012 年的 2.01 倍。

表 2.25　东北地区初中阶段研究生毕业的专任教师数占比（%）

年份 省份	2012	2013	2014	2015	2016	2017	较 2012 年 增长倍数
辽　宁	1.25	1.63	1.99	2.43	2.82	3.24	2.59
吉　林	1.49	1.57	1.91	2.29	2.61	3.00	2.01
黑龙江	0.64	0.71	0.96	0.86	1.06	1.38	2.16

资料来源：依据历年《中国教育统计年鉴》整理而成。

与小学阶段不同，中部地区初中阶段研究生毕业的专任教师数占比要远低于东部、西部和东北地区。如表 2.26 所示，2012~2017 年初中阶段研究生毕业的专任教师数占比平均值中，东部地区最大，其次是东北地区和西部地区，中部地区最小。从发展趋势看，中部地区初中阶段研究生毕业的专任教师数占比还有很大的增长空间。

表 2.26　不同地区初中阶段研究生毕业的专任教师数占比平均值（%）

地区＼年份	2012	2013	2014	2015	2016	2017
东部	2.43	3.08	3.72	4.45	5.08	5.80
中部	0.74	0.93	1.06	1.26	1.49	1.81
西部	0.79	0.96	1.13	1.38	1.63	1.91
东北	1.12	1.30	1.62	1.86	2.16	2.54

资料来源：依据历年《中国教育统计年鉴》整理而成。

从表 2.27 中可以看到，2012 年，全国初中阶段研究生毕业的专任教师数占比最低的省份一直是贵州。从极差值和极差率看，尽管贵州和北京之间的极差率自 2015 年起开始逐渐缩小，但贵州与北京的绝对差距越来越大，至 2017 年，北京高于贵州 16.98 个百分点，是贵州的 28.39 倍。从全国平均值看，2012 年，初中阶段研究生毕业的专任教师数占比小于均值数的省份有 21 个，至 2017 年增加为 23 个，且 2015~2017 年没有出现减少，表明虽然随着各省份初中阶段研究生毕业的专任教师数占比不断提高，但区域差异保持不变。

表 2.27　各省份初中阶段研究生毕业的专任教师数占比极差率分析

年份	平均值	最小值	地区	最大值	地区	极差	极差率	小于均值数
2012	1.35	0.27	贵州	8.34	北京	8.07	30.89	21
2013	1.68	0.32	贵州	10.13	北京	9.81	31.66	24
2014	2.01	0.33	贵州	12.17	北京	11.84	36.88	24
2015	2.40	0.41	贵州	14.13	北京	13.72	34.46	23
2016	2.77	0.47	贵州	16.02	北京	15.55	34.09	23
2017	3.21	0.62	贵州	17.60	北京	16.98	28.39	23

资料来源：依据历年《中国教育统计年鉴》整理而成。

从图 2.2 中可以看到，2012~2017 年，初中阶段研究生毕业的专任教师数占比极小值逐渐上升，中位数也不断变大，但远远小于平均值。相对极大值增长较快，整体呈现不断上升状态。北京、上海和天津等极端值越来越显著，与其他省份的差距越来越大，且北京与上海、天津之间的差距也在不断变大。

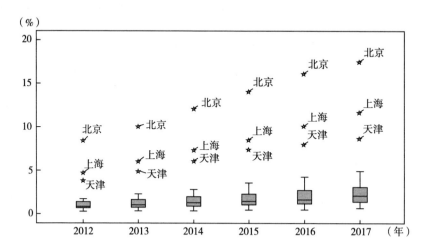

图 2.2　初中阶段研究生毕业的专任教师数占比箱线

综合东部、中部、西部和东北地区各省份初中阶段研究生毕业的专任教师数占比看，至 2017 年，最高的是东部地区的北京，达到了 17.6%，最低的是西部地区的贵州，仅为 0.62%，北京是贵州的 28 倍多。从初中阶段研究生毕业的专任教师数占比增长率看，甘肃增长最快，为 3.35 倍，西藏增长最慢，为 1.56 倍，增长最快和最慢的均属于西部地区。

三、普通高中阶段高学历教师占比

从表 2.28 中可以看到，与小学、初中阶段相比较，东部地区各省份普通高中阶段研究生毕业的专任教师数占比大幅上升，最高的北京在 2017 年已经达到 28.25%，接近 1/3 的教师具有研究生学历；最低的海南在 2017 年也达到了 5.51%，远高于小学阶段的 0.25% 和初中阶段的 1.40%。江苏普通高中阶段研究生毕业的专任教师数占比增长也很快，按照这种增长速度，未来会赶超天津。

表 2.28　东部地区普通高中阶段研究生毕业的专任教师数占比（%）

年份 省份	2012	2013	2014	2015	2016	2017	较 2012 年 增长倍数
北　京	16.54	19.21	21.05	23.52	25.98	28.25	1.72

续表

年份 省份	2012	2013	2014	2015	2016	2017	较2012年 增长倍数
天　津	9.40	11.79	12.91	14.66	15.74	16.67	1.78
河　北	3.76	4.83	5.78	6.35	7.07	8.25	2.18
上　海	10.69	12.72	14.98	17.42	19.66	21.70	2.03
江　苏	7.91	9.16	9.95	11.83	14.18	15.78	2.00
浙　江	5.86	6.76	7.20	7.95	8.70	9.62	1.63
福　建	3.40	3.76	4.23	4.91	5.41	6.33	1.85
山　东	4.49	5.72	6.84	7.65	9.14	10.47	2.33
广　东	6.30	6.76	7.40	8.41	9.35	11.37	1.81
海　南	2.99	3.34	3.97	4.63	5.31	5.51	1.83

资料来源：依据历年《中国教育统计年鉴》整理而成。

从表2.29中可以看到，中部地区各省份普通高中阶段研究生毕业的专任教师数占比较为均衡，2017年，最高的山西为9.4%，最低的湖南为5.74%，山西不到湖南的2倍。江西在小学和初中阶段研究生毕业的专任教师数占比均为中部地区最低，至2017年，江西普通高中阶段研究生毕业的专任教师数占比已经高于安徽、湖南和湖北。湖北在小学和初中阶段研究生毕业的专任教师数占比均为中部地区最高，至2017年，湖北普通高中阶段研究生毕业的专任教师数占比则已经低于山西、河南和江西。

表2.29　中部地区普通高中阶段研究生毕业的专任教师数占比（%）

年份 省份	2012	2013	2014	2015	2016	2017	较2012年 增长倍数
山　西	5.12	6.40	7.05	7.71	8.56	9.40	1.84
安　徽	3.86	4.55	4.89	5.53	6.27	6.85	1.74
江　西	4.84	5.35	5.94	7.08	7.13	8.35	1.75
河　南	5.88	6.33	7.00	7.60	8.06	9.08	1.54
湖　北	5.38	5.78	6.08	6.63	6.91	7.62	1.41
湖　南	2.62	3.24	3.42	4.09	4.85	5.74	2.19

资料来源：依据历年《中国教育统计年鉴》整理而成。

从表2.30中可以看到，内蒙古是西部地区普通高中阶段研究生毕业的专任教师数占比最高的，并且小学和初中阶段研究生毕业的专任教师数占比也最高。至 2017 年，新疆是西部地区普通高中阶段研究生毕业的专任教师数占比最低的，其次是贵州。从增长率看，甘肃是西部地区普通高中阶段研究生毕业的专任教师数占比增长最快的省份，2017 年较 2012 年增加了 3.8%；广西是增长最慢的地区，2017 年较 2012 年增加了 1.43%。

表 2.30　西部地区普通高中阶段研究生毕业的专任教师数占比（%）

省份＼年份	2012	2013	2014	2015	2016	2017	较 2012 年增长倍数
内蒙古	6.03	7.27	8.30	9.50	10.74	12.17	2.03
广　西	5.23	5.30	5.84	5.91	6.41	6.66	1.29
重　庆	4.21	4.79	5.15	5.65	6.21	7.23	1.71
四　川	2.52	3.26	3.71	4.38	4.77	5.45	2.20
贵　州	1.72	2.33	2.57	3.11	3.34	3.91	2.29
云　南	2.60	2.90	3.29	3.75	4.09	4.44	1.69
西　藏	3.80	4.80	4.59	4.77	4.97	5.78	1.53
陕　西	5.97	6.58	6.99	8.31	9.37	10.55	1.77
甘　肃	2.93	3.75	4.59	5.23	6.00	6.73	2.31
青　海	2.90	2.84	3.25	3.81	4.82	4.94	1.69
宁　夏	4.11	4.43	4.20	4.95	5.90	7.52	1.83
新　疆	1.90	1.99	2.24	2.64	3.18	3.52	1.84

资料来源：依据历年《中国教育统计年鉴》整理而成。

从表 2.31 中可以看到，2017 年，辽宁是东北地区普通高中阶段研究生毕业的专任教师数占比最高的省份，增长也最快，2017 年较 2012 年增加了 4.04%，增长了 1.66 倍；黑龙江是占比最低的省份，并且小学和初中阶段研究生毕业的专任教师数占比也是东北地区最低的；吉林则是小学、初中和普通高中阶段研究生毕业的专任教师数占比增长最慢，增长率最低的省份。

表 2.31　东北地区普通高中阶段研究生毕业的专任教师数占比（%）

省份＼年份	2012	2013	2014	2015	2016	2017	较 2012 年增长倍数
辽　宁	6.24	7.27	8.07	8.88	9.57	10.28	1.66
吉　林	7.00	7.47	7.92	8.11	8.67	9.24	1.31

续表

年份 省份	2012	2013	2014	2015	2016	2017	较2012年 增长倍数
黑龙江	4.16	5.00	5.78	6.17	6.38	6.92	1.64

资料来源：依据历年《中国教育统计年鉴》整理而成。

从表2.32中可以看到，与小学、初中阶段相比较，各地区普通高中阶段研究生毕业的专任教师数占比大幅上升。以2017年为例，东部地区小学阶段研究生毕业的专任教师数占比为2.52%，初中阶段为5.80%，普通高中阶段为13.39%。中部、西部和东北地区普通高中阶段研究生毕业的专任教师数占比增幅明显。从东部、中部、西部和东北地区普通高中阶段研究生毕业的专任教师数占比平均值看，东部地区最大，其次是东北和中部地区，西部地区最小。

表2.32　不同地区普通高中阶段研究生毕业的专任教师数占比平均值（%）

年份 地区	2012	2013	2014	2015	2016	2017
东部	7.13	8.40	9.43	10.73	12.05	13.39
中部	4.61	5.27	5.73	6.44	6.96	7.84
西部	3.66	4.18	4.56	5.16	5.81	6.57
东北	5.80	6.58	7.25	7.72	8.20	8.81

从表2.33中可以看到，2012年，普通高中阶段研究生毕业的专任教师数占比最低的省份是贵州，2013~2017年，最低的省份一直是新疆。从极差值看，新疆与北京的绝对差距越来越大，但极差率则连续下降。至2017年，北京是新疆的3.06倍。从全国平均值看，2012年，普通高中阶段研究生毕业的专任教师数占比小于均值数的省份有18个，至2017年则上升为20个，表明随着各省份普通高中阶段研究生毕业的专任教师数占比不断提高，区域差异呈现逐渐增大趋势。

表2.33　各省份普通高中阶段研究生毕业的专任教师数占比极差率分析

年份	平均值	最小值	地区	最大值	地区	极差	极差率	小于均值数
2012	5.17	1.70	贵州	16.50	北京	11.33	3.19	18
2013	5.99	2.00	新疆	19.20	北京	13.21	3.21	19
2014	6.62	2.20	新疆	21.10	北京	14.48	3.19	18

续表

年份	平均值	最小值	地区	最大值	地区	极差	极差率	小于均值数
2015	7.45	2.60	新疆	23.50	北京	16.05	3.15	18
2016	8.29	3.20	新疆	26.00	北京	17.71	3.14	19
2017	9.24	3.50	新疆	28.30	北京	19.06	3.06	20

资料来源：依据历年《中国教育统计年鉴》整理而成。

从图 2.3 中可以看到，2012~2017 年，普通高中阶段研究生毕业的专任教师数占比极小值和极大值在逐渐上升，中位数也在不断变大，但变化幅度不大，且呈现逐渐小于平均值的趋势。北京和上海的极端值越来越显著，与其他省份的差距越来越大，天津在 2013~2016 年增幅明显，至 2017 年与江苏等差距出现大幅缩小，没有出现在极端值中。

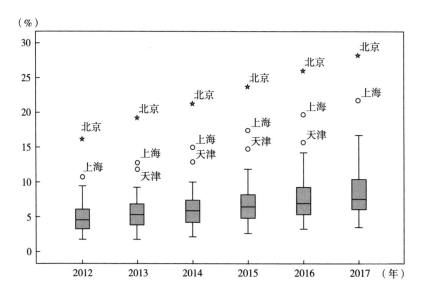

图 2.3　普通高中阶段研究生毕业的专任教师数占比箱线

高学历教师占比反映了基础教育对高学历人才的吸引力，反映了地区经济发展差异，也间接反映了地方政府对基础教育的重视程度。综合东部、中部、西部和东北地区普通高中阶段研究生毕业的专任教师数占比，至 2017 年，北京占比最高，达到了 28.25%，对研究生毕业的人才吸引力最高；最低的是西部地区的新疆，仅为 3.52%，对研究生毕业的人才吸引力最低。从普通高中阶段研究生毕业的专任教师数占比增长率看，山东增长最快，为 2.33 倍，广西增长最慢，为

1.29 倍。

从单个省份的小学、初中和普通高中阶段研究生毕业的专任教师数占比看，普通高中阶段占比最高，其次是初中阶段，小学阶段占比最低，即年级越高，对高学历人才吸引力越大。从增长率看，小学阶段增长率要高于初中阶段，而初中阶段又高于普通高中阶段，表示小学和初中阶段对高学历人才的吸引力逐渐增加。总体上看，西部地区小学、初中和普通高中阶段研究生毕业的专任教师数占比较低的省份比例要高于中部和东北地区，东部地区基础教育对高学历人才的吸引力明显高于中部、西部和东北地区。

第四节　本章小结

总体上看，我国东部、中部、西部和东北地区的基础教育基本办学条件越来越好，基础教育资源配置得到了极大改善，资源配置区域差异不断缩小。但是，不同区域基础教育资源配置的区域差异较为明显，还需要引起各级部门的重视。总体上，中部地区整体办学条件较弱，多项资源配置处于最低位置。至 2017 年，中部地区小学、初中和普通高中阶段的生均计算机台数最少，生均教学仪器设备资产值等多个指标均很低。与此同时，东部地区整体办学条件强于中部、西部和东北地区，基础教育资源配置最高，至 2017 年，小学、初中和普通高中阶段，生均计算机台数、生均教学仪器设备资产值等多个指标均是最高。

从基础教育的生均教学及辅助用房建筑面积看，东部、中部、西部和东北地区基本上呈现一个变化趋势：普通高中阶段>初中阶段>小学阶段。结合实际情况，由于农村小学和农村初中出现大量极少学生数的小规模班级，进而拉高了生均教学及辅助用房建筑面积，因此，城市小学阶段和初中阶段的生均教学及辅助用房建筑面积更远远小于普通高中阶段。

从基础教育的生均计算机台数看，中西部地区生均计算机台数增长很快，东北地区增长较慢。东部地区、中部地区和西部地区总体上是普通高中阶段要多于初中阶段，初中阶段要多于小学阶段，而东北地区是初中阶段多于普通高中阶段，普通高中阶段多于小学阶段。

从基础教育的生均多媒体教室看，东部、中部和西部地区生均多媒体教室实际使用是年级越高，生均多媒体教室数量越多，普通高中阶段多于初中阶段，初中阶段又多于小学阶段。东北地区生均多媒体教室是初中阶段多于普通高中阶段，普通高中阶段又多于小学阶段。至 2017 年，各地区基础教育小学、初中和普通高中阶段已经基本上实现了单个班级能够拥有一间多媒体教室。

从基础教育的生均图书数量看，不同地区小学、初中和普通高中阶段的生均图书数量差距越来越大。东部地区基础教育的生均图书数量表现为普通高中阶段多于初中阶段，初中阶段多于小学阶段，普通高中阶段生均图书数量比小学阶段多 38 册。中部地区基础教育的生均图书数量是初中阶段高于普通高中阶段，普通高中阶段高于小学阶段，初中阶段生均图书数量比小学阶段多 12 册。西部基础教育的生均图书数量是普通高中阶段高于初中阶段，初中阶段高于小学阶段，普通高中阶段生均图书数量比小学阶段多 16 册。东北地区基础教育的生均图书数量是初中阶段高于小学阶段，小学阶段高于普通高中阶段，初中阶段生均图书数量比普通高中阶段多 16 册。

从基础教育的生均教学仪器设备资产值看，东部、中部和西部地区是普通高中阶段>初中阶段>小学阶段。至 2017 年，东部地区普通高中阶段生均教学仪器设备资产值远远大于小学和初中阶段，分别是初中阶段的 2.6 倍，小学阶段的 4.1 倍。中西部地区也出现较大幅度的增长，但远远比不上东部地区，中部地区普通高中阶段分别是初中阶段的 1.5 倍、小学阶段的 2.5 倍。西部地区普通高中阶段分别是初中阶段的 1.4 倍、小学阶段的 2.1 倍。东北地区基础教育的生均教学仪器设备资产值则是初中阶段>普通高中阶段>小学阶段，普通高中阶段分别是初中阶段的 0.9 倍、小学阶段的 1.6 倍。

从基础教育研究生毕业的专任教师数占比看，东部、中部、西部和东北地区的普通高中阶段要高于初中阶段，初中阶段要高于小学阶段。东部地区多数省份小学、初中和普通高中阶段研究生毕业的专任教师数占比要高于中部、西部和东北地区。东部地区小学、初中和普通高中阶段研究生毕业的专任教师占比均为最高；中部地区小学和普通高中阶段研究生毕业的专任教师占比高于西部地区，初中阶段研究生毕业的专任教师占比则最低；西部地区小学和普通高中阶段研究生毕业的专任教师占比最低，初中阶段研究生毕业的专任教师占比高于中部地区。

第三章 基础教育生均教育经费的区域差异

第一节 导 言

基础教育均衡发展是实现教育公平的基石，而缩小财政性教育经费支出差距是推进基础教育和义务教育优质均衡发展的先决条件。2012年国务院发布的《关于深入推进义务教育均衡发展的意见》（国发〔2012〕48号文件）要求"总体规划，统筹城乡，因地制宜，分类指导，分步实施，切实缩小校际差距，加快缩小城乡差距，努力缩小区域差距"，我国各省份的县域内义务教育和基础教育投入的校际差距及城乡差距已经随着公用经费标准化和教师工资制度规范化而逐步缩小，省内城乡义务和基础教育不均衡现象已经极大地得到解决。① 总体上看，"十三五"时期，我国九年义务教育全面普及，进入均衡发展新阶段，高中阶段教育基本普及。省内城乡和区域教育发展差距进一步缩小，大中城市义务教育阶段"择校热"有所缓解。进入新发展阶段，《中华人民共和国国民经济和社会发展第十四个五年规划和2035年远景目标纲要》对基础教育发展提出了更高的目标，要求"巩固义务教育基本均衡成果，完善办学标准，推动义务教育优质均衡发展和城乡一体化"。"巩固提升高中阶段教育普及水平，鼓励高中阶段学校多样化发展，高中阶段教育毛入学率提高到92%以上"。

随着我国省内城乡义务教育生均教育经费投入趋向统一标准，城乡义务教育均衡基本实现，现在需要关注的是城乡义务教育优质均衡发展，而生均教育经费

---

① 自2017年起，我国将"生均公共财政预算教育事业费"修改为"生均一般公共预算教育事业费"；将"生均公共财政预算公用经费"修改为"生均一般公共预算公用经费"。学界还是习惯采用"生均公共财政预算教育事业费"和"生均公共财政预算公用经费"。为了方便交流，本章也采用这一提法，文中"生均教育经费"即是"生均公共财政预算教育经费"，下同。

配置差异是影响城乡义务教育优质均衡发展的重要因素之一，因此我们更有必要分析不同省份间义务教育阶段生均教育经费投入差异。同时，随着我国逐渐全面普及高中阶段教育，未来更有可能把普通高中纳入义务教育之中，城乡普通高中阶段生均教育经费逐渐趋向统一划拨，在单独分析小学、初中和普通高中阶段生均教育经费后，本部分将基础教育阶段的教育经费配置合并起来进行综合分析和比较。

结合前人研究，本章对我国基础教育生均教育经费区域差异的描述分为两个层次。

第一层次以时间发展为主线，进行时间序列分析和空间特征分析。时间序列分析主要分析随着时间的推移，我国基础教育阶段生均教育经费区域差异的变动过程。空间特征分析主要分析各省份基础教育生均教育事业费和生均公用经费实际数与全国平均数之间的差距。

第二层次从统计学指标出发，对我国基础教育生均教育经费区域差异进行相对差异分析和绝对差异分析。绝对差异分析采用不同省份小学、初中、普通高中阶段生均事业费和生均公用经费变动的标准差及极差率，这是教育资源配置中存在的实际差距。由于各省基础教育发展的历史基础不同，经济发展也存在巨大差异，采用绝对差异容易出现较大误差，因而采用相对差异进行分析。相对差异采用皮尔逊积差变异系数和基尼系数进行分析，以对不同标准的数据进行比较。

分析中采用的变异系数公式为：

$$CV = \frac{S}{\overline{X}} \times 100\% \tag{3.1}$$

式中，CV 表示变异系数，S 表示标准差，$\overline{X}$ 表示算术平均数。CV 代表数据的离散程度，数值越大，表示离散程度越大，数值越小，表示离散程度越小。以每一个省（直辖市、自治区）为区域单位，利用变异系数进行计算，可以得出各省份历年基础教育资源配置的变异系数与标准差。CV 值通常在 5%~35%。如果 CV 值大于 35%，所求得的平均数是否有意义是值得怀疑的。

分析中采用的基尼系数公式为：

$$G = \frac{1}{NW_N} \sum_{i=2}^{N} \sum_{j=1}^{i-1} (Q_i - Q_j) \tag{3.2}$$

式（3.2）是在已知各省份生均教育经费的情况下计算基尼系数的基本公式。其中，G 表示基尼系数，W_N 表示各省份的基础教育生均教育经费之和，Q_i 表示各省份的基础教育生均教育经费从低到高排列后的第 i 个省份的生均教育经费。

为进一步分析我国基础教育生均教育经费的区域差异性，本章采用极差率作为教育经费均衡化指标度量全国各省份的生均教育经费分配的相对差异。极差率分析公式如下：

$$R = \frac{Q_{imax}}{Q_{imin}}$$ (3.3)

式中，Q_{imax} 表示 i 年基础教育阶段生均教育经费的极大值，Q_{imin} 表示 i 年基础教育小学、初中、高中阶段生均教育经费的极小值。极差率是数据中极大值与极小值的比率，是衡量数据是否存在绝对差异的相对指标。极差率与生均教育经费均衡化呈负相关。极差率越大，表明教育经费均衡化程度越低。

第二节　小学阶段生均教育经费区域差异

一、小学阶段生均教育经费变异系数分析

我国各省份小学阶段生均教育事业费与公用经费的标准差及变异系数如表3.1所示。[①] 可以看到，2004~2018 年，我国各省份小学阶段生均教育事业费的标准差为 1206.03~5355.16，绝对差异逐渐变大；变异系数则从 79.57% 逐渐递减，至 2018 年为 42.25%，相对差异呈逐渐缩小趋势。

表3.1　各省份小学阶段生均教育经费的标准差与变异系数（%）

年份	生均教育事业费		生均公用经费	
	标准差	变异系数	标准差	变异系数
2004	1206.03	79.57	321.16	158.84
2005	1405.67	78.28	362.96	129.48
2006	1635.19	75.21	441.94	108.46
2007	2021.09	69.62	626.51	106.55
2008	2417.23	66.28	801.60	93.88
2009	2804.36	63.05	864.70	84.30
2010	3296.08	61.30	1079.20	81.75
2011	3801.80	58.15	1536.40	81.72
2012	3908.34	50.33	1506.29	64.24

---

① 各个省份小学阶段生均教育事业费和生均公用经费见附表7.1和附表8.1。

续表

年份	生均教育事业费		生均公用经费	
	标准差	变异系数	标准差	变异系数
2013	4039.64	47.36	1684.77	64.63
2014	4393.57	46.43	1862.25	64.73
2015	4891.31	44.80	1918.38	61.34
2016	4835.68	41.56	1829.56	55.81
2017	5203.08	42.30	1863.40	55.51
2018	5355.16	42.25	1892.21	55.30

资料来源：依据历年《中国教育经费统计年鉴》整理而成。

同时可以发现，2004~2018 年，我国各省份小学阶段生均公用经费的标准差为 321.16~1892.21，绝对差异也是呈现逐渐变大趋势；变异系数则从 158.84%递减至 2018 年的 55.30%，相对差异则出现逐渐缩小趋势。

为了更好地观察小学阶段各地区生均教育经费的变化，分析 2010~2018 年东部、中部、西部和东北地区的小学阶段生均教育事业费和生均公用经费的变化趋势，结果如表 3.2 和表 3.3 所示。从表 3.2 中可以看到，2010~2018 年，东部地区小学阶段生均教育事业费的均值、标准差和变异系数最大，其次是西部地区，中部地区和东北地区则出现交叉变化。仅从生均教育事业费的均值看，2010~2017 年，东部>东北>西部>中部，2018 年，东部>西部>东北>中部，中部一直最低。换言之，从小学阶段生均教育事业费看，中部地区各省份差异最小，东部地区各省份差异最大。

表 3.2 各地区小学阶段生均教育事业费变异系数

年份	2010	2011	2012	2013	2014	2015	2016	2017	2018
东部地区									
均值	7768	9161	10208	11034	11852	12937	13869	14613	15200
标准差	4632	5323	5629	5822	6052	5834	6153	6754	7090
变异系数（%）	59.6	58.1	55.1	52.7	51.1	45.1	44.4	46.2	46.6
中部地区									
均值	3019	3886	4903	5635	6450	7503	8164	8809	9168
标准差	651	802	824	946	1036	1645	1754	1809	1555
变异系数（%）	21.6	20.6	16.8	16.8	16.1	21.9	21.5	20.5	17.0

续表

年份	2010	2011	2012	2013	2014	2015	2016	2017	2018
西部地区									
均值	4499	5603	7046	7823	8875	10819	11342	11990	12407
标准差	1655	2195	2207	2343	3357	5029	4374	4732	4730
变异系数（%）	36.8	39.2	31.3	30.0	37.8	46.5	38.6	39.5	38.1
东北地区									
均值	5626	6828	8218	8791	9870	11404	12296	12816	12288
标准差	537	514	420	443	1383	2003	2270	2266	2257
变异系数（%）	9.6	7.5	5.1	5.0	14.0	17.6	18.5	17.7	18.4

资料来源：依据历年《中国教育经费统计年鉴》整理而成。

从表3.3中可以看到，2010~2018年，东部地区小学阶段生均公用经费的均值、标准差和变异系数最大，其次是西部地区。中部地区和东北地区则出现交叉变化。从生均公用经费的均值看，2010~2013年，东部>东北>西部>中部，2014~2017年，东部>西部>东北>中部，2018年，东部>西部>中部>东北。从小学阶段生均公用经费看，东部地区各省份差异最大。

表 3.3 各地区小学阶段生均公用经费变异系数

年份	2010	2011	2012	2013	2014	2015	2016	2017	2018
东部地区									
均值	1849	2569	2989	3427	3671	3847	4054	4073	4198
标准差	1750	2514	2477	2753	2803	2586	2656	2711	2739
变异系数（%）	94.7	97.9	82.9	80.3	76.4	67.2	65.5	66.6	65.2
中部地区									
均值	817	1280	1779	2039	2143	2396	2530	2673	2771
标准差	129	252	274	418	405	349	412	508	546
变异系数（%）	15.8	19.7	15.4	20.5	18.9	14.6	16.3	19.0	19.7
西部地区									
均值	1151	1597	2060	2208	2653	3042	3150	3261	3285
标准差	474	673	694	694	1415	1896	1503	1559	1577
变异系数（%）	41.2	42.2	33.7	31.5	53.4	62.3	47.7	47.8	48.0

年份	2010	2011	2012	2013	2014	2015	2016	2017	2018
东北地区									
均值	1234	1910	2466	2596	2588	2528	2695	2711	2677
标准差	243	597	161	280	125	491	557	569	520
变异系数（%）	19.7	31.3	6.5	10.8	4.9	19.5	20.7	21.0	19.4

资料来源：依据历年《中国教育经费统计年鉴》整理而成。

二、小学阶段生均教育经费基尼系数分析

从表 3.4 中可以发现，我国各省份小学阶段生均教育事业费的基尼系数从 2004 年的 0.33 变化为 2018 年的 0.19，生均公用经费的基尼系数从 2004 年的 0.54 变化为 2018 年的 0.23，生均公用经费基尼系数下降幅度远远大于生均教育事业费。从全国各省份小学阶段生均教育事业费和公用经费的变化趋势中可以发现，尽管生均教育事业费不均等现象十分明显，但小学阶段生均公用经费的不均等现象远远高于生均教育事业费。同时，虽然从基尼系数不断降低的变化中可以发现，整个小学阶段各省份的生均教育事业费和生均公用经费的不均等情况得到极大的改善，差距呈现缩小趋势，但基尼系数基本较为稳定，尤其近 10 年来波动趋势不大，则表明这些年来各省份小学阶段生均教育事业费和生均公用经费差异基本无缩小趋势。

表 3.4　各省份小学和初中阶段生均教育经费的基尼系数

年份	小学		初中	
	生均教育事业费	生均公用经费	生均教育事业费	生均公用经费
2004	0.33	0.54	0.32	0.52
2005	0.32	0.47	0.32	0.45
2006	0.30	0.40	0.30	0.38
2007	0.29	0.35	0.29	0.36
2008	0.28	0.33	0.27	0.31
2009	0.28	0.31	0.27	0.29
2010	0.29	0.32	0.27	0.31
2011	0.28	0.31	0.26	0.29

续表

年份	小学		初中	
	生均教育事业费	生均公用经费	生均教育事业费	生均公用经费
2012	0.24	0.26	0.24	0.25
2013	0.23	0.26	0.23	0.26
2014	0.22	0.27	0.23	0.25
2015	0.21	0.26	0.22	0.24
2016	0.20	0.23	0.22	0.24
2017	0.20	0.23	0.22	0.24
2018	0.19	0.23	0.22	0.26

资料来源：依据历年《中国教育经费统计年鉴》整理而成。

整体上看，我国各省份小学阶段生均教育经费的基尼系数变化趋势比初中阶段更为明显，变化幅度更大。2004~2018年，全国小学阶段生均教育事业费基尼系数从0.33下降为0.19，减少了0.14，同期初中阶段生均教育事业费基尼系数从0.32下降为0.22，减少了0.10；全国小学阶段生均公用经费基尼系数从0.54下降为0.23，减少了0.31，同期初中阶段生均公用经费基尼系数从0.52下降为0.26，减少了0.26。

三、小学阶段生均教育经费极差率分析

从表3.5中可以发现，2004年，小学阶段生均教育事业费的全国平均值是1515元，最小值是河南，只有654元，只是全国平均值的43.2%；最大值是上海，高达6680元，是全国平均值的4.41倍，更是河南的10.21倍，区域差异非常明显。至2018年，小学阶段生均教育事业费的全国平均值是12673元，最小值还是河南，为6369元，也只是全国平均值的50.3%；最大值为北京，为31375元，是全国平均值的2.48倍，是河南的4.93倍。

仅从极差率变化趋势分析，全国各省份小学阶段生均教育事业费确实呈现差异缩小趋势，但我们必须看到，各省份小学阶段生均教育事业费的绝对差异一直在不断扩大。2004年，上海生均教育事业费比河南高出6026元，至2018年，北京生均教育事业费比河南高出25006元。同时，尽管全国小学阶段生均教育事业费均值以下的省份出现了减少，但减少趋势几乎可以忽略不计，基本上变化不大。至2018年，全国还有22个省份小学阶段生均教育事业费低于全国平均值，占全国的64.7%。

表3.5　各省份小学阶段生均教育事业费极差率分析（元）

年份	平均值	最小值	地区	最大值	地区	极差	极差率	小于均值数
2004	1515	654	河南	6680	上海	6026	10.21	24
2005	1795	744	河南	7940	上海	7196	10.67	23
2006	2174	948	河南	9409	上海	8461	9.93	23
2007	2902	1392	河南	11498	上海	10106	8.26	23
2008	3646	1640	河南	13016	上海	11376	7.94	21
2009	4447	1949	河南	14792	上海	12843	7.59	23
2010	5376	2186	河南	16143	上海	13957	7.38	21
2011	6537	2736	河南	18494	北京	15758	6.76	21
2012	7764	3458	河南	20407	北京	16949	5.90	19
2013	8529	3913	河南	21727	北京	17814	5.55	21
2014	9462	4447	河南	23441	北京	18994	5.27	21
2015	10917	4575	河南	25750	西藏	21175	5.63	22
2016	11634	5036	河南	25793	北京	20757	5.12	21
2017	12300	5759	河南	30016	北京	24257	5.21	22
2018	12673	6369	河南	31375	北京	25006	4.93	22

资料来源：依据历年《中国教育经费统计年鉴》整理而成。

从表3.6中可以发现，2004年，小学阶段生均公用经费的全国平均值是202元，最小值是广西，只有34元，是全国平均值的16.7%；最大值是上海，达到1664元，是全国平均值的8.24倍，更是广西的48.94倍，区域差异非常明显。至2018年，小学阶段生均公用经费的全国平均值是3422元，最小值是辽宁，为2085元，也只是全国平均值的60.1%；最大值为北京，为11092元，是全国平均值的3.24倍，是辽宁的5.32倍。

依据极差率变化趋势，全国小学阶段生均公用经费极差率出现大幅缩小趋势，从2004年的高点48.94下降为2018年的5.32，缩小了919.9%。但我们可以发现，各省份小学阶段生均公用经费的绝对差异一直在扩大，2004年，最大值的上海生均公用经费比最小值的广西高出1630元。而至2018年，最大值的北京生均公用经费比最小值的辽宁高出9007元。同时，全国小学阶段生均公用经费均值以下的省份基本上变化不大，一直在21~25个，至2018年，全国还有24

个省份小学阶段生均公用经费低于全国平均值，占全国的 77.4%。

表 3.6　各省份小学阶段生均公用经费极差率分析（元）

年份	平均值	最小值	地区	最大值	地区	极差	极差率	小于均值数
2004	202	34	广西	1664	上海	1630	48.94	23
2005	280	59	广西	1865	上海	1806	31.61	23
2006	407	102	安徽	2308	上海	2206	22.63	22
2007	587	198	贵州	2951	北京	2753	14.90	25
2008	853	363	江西	4271	北京	3908	11.77	25
2009	1025	439	贵州	4722	北京	4283	10.76	22
2010	1320	579	贵州	5836	北京	5257	10.08	23
2011	1880	834	贵州	8719	北京	7885	10.45	23
2012	2344	1235	贵州	8731	北京	7496	7.07	22
2013	2606	1390	河北	9938	北京	8548	7.15	21
2014	2876	1386	贵州	9950	北京	8564	7.18	23
2015	3127	1748	广西	9753	北京	8005	5.58	23
2016	3278	1861	河北	10308	北京	8447	5.54	23
2017	3356	1922	河北	10855	北京	8933	5.65	25
2018	3422	2085	辽宁	11092	北京	9007	5.32	24

资料来源：依据历年《中国教育经费统计年鉴》整理而成。

四、小学阶段生均教育经费箱线图分析

为了更清晰地看出我国小学阶段生均教育经费的区域差异性，本书绘制了各省份小学阶段生均教育事业费和生均公用经费的箱线图。

从图 3.1 中可以发现，我国各省份小学阶段生均教育事业费逐年稳步增加，中位数越来越大，但异常值越来越大，离正常值越来越远。在异常值中，除西藏出现了 5 次外，其余都是北京、上海和天津。自 2011 年以来，极小值与极大值的差距变化不大，小学阶段生均教育事业费的区域差异还是十分明显。

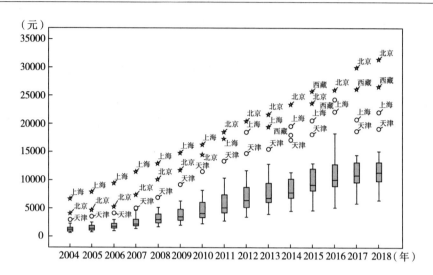

图 3.1　小学阶段生均教育事业费箱线

从图 3.2 中可以发现，我国各省份小学阶段生均公用经费逐年稳步增加，中位数越来越大，但异常值越来越大，离正常值越来越远。在异常值中，西藏出现了 6 次，宁夏出现了 1 次，其余都是北京和上海。图 3.2 表明，尽管从绝对数值看，各省份小学阶段生均公用经费的绝对差距较生均事业费更小，且自 2012 年以来，极小值与极大值的差距较为稳定，但区域差异同样十分明显。

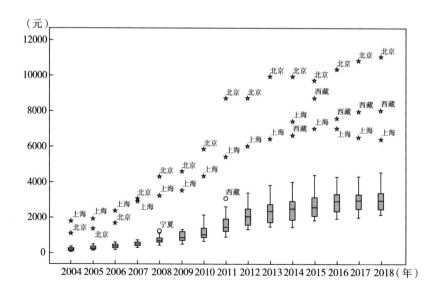

图 3.2　小学阶段生均公用经费箱线

第三节　初中阶段生均教育经费区域差异

一、初中阶段生均教育经费变异系数分析

我国各省份初中阶段生均教育事业费的标准差与变异系数如表 3.7 所示。[①]可以发现，2004～2018 年，我国各省份初中阶段生均教育事业费的标准差由1251.60 上升为 9525.45，绝对差异逐渐变大；变异系数则从 77.84% 逐渐递减，至 2018 年为 52.40%，相对差异出现逐渐缩小趋势。2004～2018 年，我国各省份初中阶段生均公用经费的标准差由 389.96 上升为 3535.41，绝对差异呈现逐渐变大趋势；变异系数从 145.95% 递减为 2018 年的 72.36%，相对差异呈逐渐缩小趋势。

表 3.7　各省份初中阶段生均教育经费的标准差与变异系数（%）

年份	生均教育事业费		生均公用经费	
	标准差	变异系数	标准差	变异系数
2004	1251.60	77.84	389.96	145.95
2005	1529.44	77.94	443.07	119.31
2006	1864.09	76.37	555.63	102.61
2007	2436.98	72.19	933.50	113.59
2008	2901.99	64.97	1043.67	83.48
2009	3471.93	62.84	1142.65	73.33
2010	4178.00	62.17	1471.44	76.27
2011	4968.98	59.68	1924.03	72.45
2012	5302.11	52.89	1907.92	57.83
2013	5843.29	51.98	2282.29	62.22
2014	6418.59	51.32	2381.95	61.87
2015	6967.39	47.76	2553.29	61.48
2016	7627.53	47.51	2638.16	60.41
2017	9165.87	52.25	3356.12	71.71

[①]　各个省份初中阶段生均教育事业费和生均公用经费见附表 7.2 和附表 8.2。

年份	生均教育事业费		生均公用经费	
	标准差	变异系数	标准差	变异系数
2018	9525.45	52.40	3535.41	72.36

资料来源：依据历年《中国教育经费统计年鉴》整理而成。

从表 3.8 中可以看到，2010~2018 年，东部地区初中阶段生均教育事业费的均值、标准差和变异系数最大，其次是西部地区，中部地区和东北地区则出现交叉变化。从生均教育事业费的均值看，2010~2017 年，东部>东北>西部>中部，2018 年，东部>西部>东北>中部，中部一直最低。东部地区各省份区域差异最大，中部地区各省份区域差异最小。

表 3.8　各地区初中阶段生均教育事业费变异系数

年份	2010	2011	2012	2013	2014	2015	2016	2017	2018
东部地区									
均值	9822	11962	13812	15432	17030	19278	21392	23592	24625
标准差	6105	7269	7806	8581	9471	9824	10826	13649	14195
变异系数（%）	62.2	60.8	56.5	55.6	55.6	51.0	50.6	57.9	57.6
中部地区									
均值	4155	5378	6977	8051	9297	10725	12029	13052	13616
标准差	674	553	837	908	1387	2347	3092	3194	2595
变异系数（%）	16.2	10.3	12.0	11.3	14.9	21.9	25.7	24.5	19.1
西部地区									
均值	5480	6812	8339	9383	10466	12704	13790	15111	15748
标准差	1663	2075	2212	2669	3024	4302	4183	4504	4643
变异系数（%）	30.4	30.5	26.5	28.5	28.9	33.9	30.3	29.8	29.5
东北地区									
均值	6466	8148	10231	11082	12019	14227	15367	16077	15514
标准差	759	1458	1421	648	785	1427	1589	1596	1556
变异系数（%）	11.7	17.9	13.9	5.9	6.5	10.0	10.3	9.9	10.0

资料来源：依据历年《中国教育经费统计年鉴》整理而成。

从表 3.9 中可以看到，2010~2018 年，东部地区初中阶段生均公用经费的均值、标准差和变异系数最大，西部地区、中部地区和东北地区则出现交叉变化。

从生均公用经费的均值看，2010～2014年，东部>东北>西部>中部，2015～2018年，东部>西部>中部>东北。

表3.9 各地区初中阶段生均公用经费变异系数

年份	2010	2011	2012	2013	2014	2015	2016	2017	2018
东部地区									
均值	2591	3480	4089	4752	5086	5558	5866	6415	6932
标准差	2357	3161	3114	3727	3838	4097	4237	5546	5694
变异系数（%）	91.0	90.8	76.1	78.4	75.5	73.7	72.2	86.5	82.1
中部地区									
均值	1279	1950	2743	3070	3144	3369	3556	3743	3893
标准差	182	325	534	605	608	543	580	700	741
变异系数（%）	14.3	16.7	19.5	19.7	19.4	16.1	16.3	18.7	19.0
西部地区									
均值	1736	2321	2847	3106	3274	3569	3748	3981	4013
标准差	805	840	908	1004	1087	1093	1006	1059	1224
变异系数（%）	46.4	36.2	31.9	32.3	33.2	30.6	26.8	26.6	30.5
东北地区									
均值	1788	2655	3582	3492	3442	3369	3465	3565	3534
标准差	327	921	567	485	65	499	695	778	843
变异系数（%）	18.3	34.7	15.8	13.9	1.9	14.8	20.1	21.8	23.9

资料来源：依据历年《中国教育经费统计年鉴》整理而成。

二、初中阶段生均教育经费基尼系数分析

从表3.10中可以发现，我国各省份初中阶段生均教育事业费的基尼系数从2004年的0.32变化为2018年的0.22，减少了0.10；生均公用经费的基尼系数从2004年的0.52变化为2018年的0.26，减少了0.26，初中阶段生均公用经费基尼系数下降幅度远远大于生均教育事业费。从全国各省份初中阶段生均教育事业费和生均公用经费的变化趋势中可以发现，尽管生均教育事业费不均等现象十分明显，但生均公用经费的不均等现象远远高于生均教育事业费。同时，虽然从基尼系数不断降低的变化中可以看到各省份初中阶段生均教育事业费和生均公用经费的不均等情况得到极大的改善，差距呈现缩小趋势，但基尼系数基本较为稳定，尤其近几年来波动趋势不大，如生均教育事业费2015～2018年一直保持

0.22，生均公用经费 2015~2018 年反而从 0.24 变化为 0.26，表明这些年来各省份的初中阶段生均教育事业费和生均公用经费差异基本无缩小趋势。

与此同时，与普通高中阶段比较，全国各省份初中阶段生均教育经费的基尼系数下降趋势更为明显。2004~2018 年，普通高中阶段生均教育事业费的基尼系数从 0.32 下降为 0.26，下降了 0.06；生均公用经费从 0.51 下降为 0.32，下降了 0.19。整体上看，从 2008 年起，普通高中阶段生均教育事业费和生均公用经费的基尼系数均一直大于初中阶段，表明普通高中阶段生均教育事业费和生均公用经费的区域差异一直大于初中阶段。

表 3.10　各省份初中和普通高中阶段生均教育经费的基尼系数

年份	初中		普通高中	
	生均教育事业费	生均公用经费	生均教育事业费	生均公用经费
2004	0.32	0.52	0.32	0.51
2005	0.32	0.45	0.31	0.47
2006	0.30	0.38	0.30	0.42
2007	0.29	0.36	0.29	0.44
2008	0.27	0.31	0.30	0.43
2009	0.27	0.29	0.30	0.42
2010	0.27	0.31	0.32	0.43
2011	0.26	0.29	0.30	0.38
2012	0.24	0.25	0.26	0.29
2013	0.23	0.26	0.27	0.31
2014	0.23	0.25	0.29	0.36
2015	0.22	0.24	0.28	0.33
2016	0.22	0.23	0.27	0.32
2017	0.22	0.24	0.27	0.33
2018	0.22	0.26	0.26	0.32

资料来源：依据历年《中国教育经费统计年鉴》整理而成。

三、初中阶段生均教育经费极差率分析

从表 3.11 中可以发现，2004 年，初中阶段生均教育事业费的全国平均值是 1607 元，最小值是河南，只有 763 元，只是全国平均值的 47.5%；最大值是上海，高达 6831 元，是全国平均值的 4.25 倍，更是河南的 8.95 倍，区域差异非常明显。至 2018 年，初中阶段生均教育事业费的全国平均值是 18177 元，最小

值是河南，为 9862 元，也只是全国平均值的 54.3%；最大值是北京，为 59768 元，是全国平均值的 3.29 倍，更是河南的 6.06 倍。

从极差率变化趋势分析，全国初中阶段生均教育事业费也呈现差异缩小趋势，但必须看到，初中阶段生均教育事业费绝对差异一直在不断扩大，2004 年上海生均教育事业费比河南高出 6068 元。2018 年，最大值的北京生均教育事业费比最小值的河南高出 49906 元。同时，尽管全国初中阶段生均教育事业费均值以下的省份出现了减少，但减少趋势几乎可以忽略不计，基本变化不大，至 2018 年全国还有 24 个省份初中阶段生均教育事业费低于全国平均值，占全国的 77.4%。

表 3.11　各省份初中阶段生均教育事业费极差率分析（元）

年份	平均值	最小值	地区	最大值	地区	极差	极差率	小于均值数
2004	1607	763	河南	6831	上海	6068	8.95	24
2005	1962	908	河南	8421	上海	7513	9.27	24
2006	2440	1190	贵州	10325	上海	9135	8.68	23
2007	3375	1741	贵州	13122	上海	11381	7.54	23
2008	4466	2310	贵州	15473	上海	13163	6.70	22
2009	5525	2698	贵州	18224	上海	15526	6.75	22
2010	6720	3204	贵州	20023	北京	16819	6.25	20
2011	8325	4134	贵州	25828	北京	21694	6.25	20
2012	10024	5403	贵州	28822	北京	23419	5.33	19
2013	11241	6140	贵州	32544	北京	26404	5.30	20
2014	12507	6924	贵州	36507	北京	29583	5.27	23
2015	14589	7262	河南	40443	北京	33181	5.57	23
2016	16054	7811	河南	45516	北京	37705	5.83	21
2017	17542	8997	河南	57636	北京	48639	6.41	22
2018	18177	9862	河南	59768	北京	49906	6.06	24

资料来源：依据历年《中国教育经费统计年鉴》整理而成。

从表 3.12 中可以发现，2004 年，初中阶段生均公用经费的全国平均值是 267 元，最小值是安徽，只有 52 元，全国平均值是安徽的 5.13 倍；最大值是上海，高达 1940 元，是全国平均值的 7.27 倍，更是安徽的 37.31 倍，差异非常明显。至 2018 年，初中阶段生均公用经费的全国平均值是 4885 元，最小值是辽宁，为 2661 元，是全国平均值的 1.84%；最大值是北京，为 21603 元，是全国平均值的 4.42 倍，是辽宁的 8.12 倍。

从极差率变化趋势分析，全国各省份初中阶段生均公用经费也呈现差异缩小趋势，但必须看到，初中阶段生均公用经费绝对差异一直在不断扩大，2004年，上海生均公用经费比安徽高出1888元。2018年，最大值的北京生均公用经费比最小值的辽宁高出18942元。同时，尽管全国初中阶段生均公用经费均值以下的省份在有的年份出现了减少，但减少趋势几乎可以忽略不计，基本上变化不大，至2018年，全国还有24个省份初中阶段生均公用经费低于全国平均值，占全国的77.4%。

表3.12 各省份初中阶段生均公用经费极差率分析（元）

年份	平均值	最小值	地区	最大值	地区	极差	极差率	小于均值数
2004	267	52	安徽	1940	上海	1888	37.31	24
2005	371	77	安徽	2114	上海	2037	27.45	22
2006	541	136	安徽	2615	上海	2479	19.23	23
2007	821	325	贵州	4964	北京	4639	15.27	27
2008	1250	583	江西	5797	北京	5214	9.94	24
2009	1558	624	贵州	6352	北京	5728	10.18	21
2010	1929	827	贵州	8248	北京	7421	9.97	22
2011	2655	1176	广东	11242	北京	10066	9.56	22
2012	3299	1639	广东	11268	北京	9629	6.87	20
2013	3667	1867	广东	13747	北京	11880	7.36	22
2014	3850	1725	贵州	14128	北京	12403	8.19	21
2015	4152	2234	贵州	15945	北京	13711	7.14	21
2016	4367	2499	贵州	16708	北京	14209	6.69	25
2017	4680	2700	辽宁	21282	北京	18582	7.88	23
2018	4885	2661	辽宁	21603	北京	18942	8.12	24

资料来源：依据历年《中国教育经费统计年鉴》整理而成。

四、初中阶段生均教育经费箱线图分析

从图3.3中可以发现，我国各省份初中阶段生均教育事业费逐年稳步增加，中位数越来越大，但异常值偏离正常值越来越高。在异常值中，除西藏出现4次外，浙江出现了3次，其余都是北京、上海和天津，尤其北京远远高于全国其他省份。图3.3表明，各省份初中阶段生均教育事业费区域差距还较大，极小值与极大值的差距呈现逐步扩大趋势。

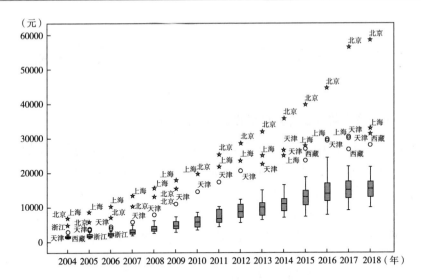

图 3.3　初中阶段生均教育事业费箱线

从图 3.4 中可以发现，我国各省份初中阶段生均公用经费逐年稳步增加，中位数越来越大，自 2013 年以来，极小值与极大值的差距保持了稳定，但异常值离正常值越来越高。在异常值中，西藏出现了 3 次，天津出现了 2 次，宁夏和青海各出现了 1 次，其余是北京和上海。

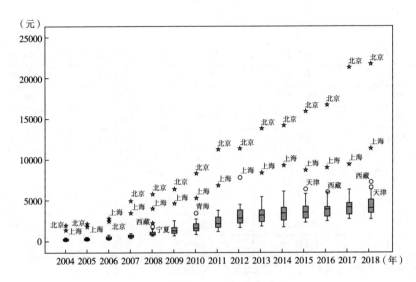

图 3.4　初中阶段生均公用经费箱线

第四节　普通高中阶段生均教育经费区域差异

一、普通高中阶段生均教育经费变异系数分析

从表 3.13 中可以看到，全国各省份 2004~2018 年，普通高中阶段生均教育事业费的标准差为 1491.27~11447.76，绝对差异逐渐变大；[①] 变异系数为 61.55%~73.66%，呈现出 2004~2007 年先变小，2008 年突然变大，2009 年变小，2010 年变大，2011 年和 2012 年逐渐变小，2013 年和 2014 年逐渐变大，2015 年和 2016 年逐渐变小，2017 年逐渐变大的趋势。总体上高中教育阶段生均事业费的相对变异呈现"S"形变动趋势。

表 3.13　各省份普通高中阶段生均教育经费的标准差与变异系数（%）

年份	生均教育事业费		生均公用经费	
	标准差	变异系数	标准差	变异系数
2004	1491.27	70.01	496.54	124.83
2005	1644.96	68.84	552.49	110.84
2006	1872.00	68.53	615.55	103.61
2007	2192.87	66.68	769.89	107.60
2008	3020.32	73.57	1172.90	115.77
2009	3509.43	72.23	1302.90	108.20
2010	4414.77	73.66	1716.16	104.50
2011	5539.20	71.21	2393.47	101.95
2012	5951.05	61.55	2411.74	72.73
2013	6959.25	65.37	2871.45	79.88
2014	8104.08	69.51	3246.47	86.44
2015	8729.28	63.39	2995.35	75.83
2016	9537.56	62.03	3367.98	78.39
2017	11063.52	64.61	3826.74	84.40
2018	11447.76	62.69	3918.97	82.20

资料来源：依据历年《中国教育经费统计年鉴》整理而成。

[①]　各个省份普通高中阶段生均教育事业费和生均公用经费见附表 7.3 和附表 8.3。

全国各省份 2004～2018 年普通高中阶段生均公用经费的标准差为 496.54～3918.97，绝对差异逐渐变大；变异系数为 72.73%～124.83%，与生均事业费的变异系数变动趋势类似，2004～2006 年先变小，2006～2008 年逐渐变大，2008～2012 年一直变小，2013～2014 逐渐变大，2015 年变小，2016～2017 年逐渐变大，2018 年变小。

综合前面小学阶段和初中阶段，从各省份普通高中阶段生均教育经费的绝对差异与相对差异的比较中可以发现：

一是自 2004 年起，我国各省份普通高中阶段的生均教育事业费和生均公用经费的绝对差异一直在增大，生均教育事业费绝对差异表现为 2018 年是 2004 年的 7.68 倍。同期，小学阶段生均教育事业费绝对差异表现为 2018 年是 2004 年的 4.44 倍，初中阶段生均教育事业费绝对差异表现为 2018 年是 2004 年的 7.61 倍，普通高中阶段生均教育事业费绝对差异变化更大。普通高中阶段生均公用经费 2018 年是 2004 年的 7.89 倍。同期，小学阶段生均公用经费 2018 年是 2004 年的 5.89 倍，初中阶段生均公用经费 2018 年是 2004 年的 9.06 倍，初中阶段生均公用经费绝对差异变化更大。

二是从相对差异看，我国各省份普通高中阶段生均教育事业费和生均公用经费的变异系数呈现逐渐变小趋势，说明各省份的相对差异在逐渐变小。但即便如此，普通高中阶段生均教育事业费的变异系数 2018 年还有 62.69%，生均公用经费更是为 82.20%，这两个变异系数表明了普通高中阶段生均教育经费的相对差异较大，且生均公用经费相对差异大于生均教育事业费。

从表 3.14 中可以看到，2010～2018 年，东部地区高中阶段生均教育事业费的均值、标准差和变异系数最大，西部地区、中部地区和东北地区出现交叉变化。从生均教育事业费的均值看，2010～2017 年，东部>西部>东北>中部，2018 年，东部>西部>中部>东北。

表 3.14　普通高中阶段生均教育事业费变异系数

年份	2010	2011	2012	2013	2014	2015	2016	2017	2018
东部地区									
均值	9224	11559	13902	15657	17760	20439	22833	25567	27254
标准差	6449	8298	8874	10388	11680	11914	13206	15517	16291
变异系数（%）	69.9	71.8	63.8	66.3	65.8	58.3	57.8	60.7	59.8
中部地区									
均值	3064	4436	6340	6864	7323	8632	10118	11657	12954

续表

年份	2010	2011	2012	2013	2014	2015	2016	2017	2018
标准差	652	721	921	1006	1133	1960	2555	2700	2703
变异系数（%）	21.3	16.3	14.5	14.7	15.5	22.7	25.3	23.2	20.9
西部地区									
均值	5025	6755	8213	8935	9511	11582	12746	14140	15003
标准差	1843	2410	2503	2831	3890	5202	5025	5924	5038
变异系数（%）	36.7	35.7	30.5	31.7	40.9	44.9	39.4	41.9	33.6
东北地区									
均值	4950	5945	8027	8353	8576	10560	11552	11851	11894
标准差	480	889	825	551	576	268	186	96	237
变异系数（%）	9.7	15.0	10.3	6.6	6.7	2.5	1.6	0.8	2.0

资料来源：依据历年《中国教育经费统计年鉴》整理而成。

从表3.15中可以看到，2010~2018年，东部地区高中阶段生均公用经费的均值、标准差和变异系数最大，西部地区、中部地区和东北地区出现交叉变化。从生均公用经费的均值看，2010~2014年，东部>西部>东北>中部，2014~2018年，东部>西部>中部>东北。

表3.15 普通高中阶段生均公用经费变异系数

年份	2010	2011	2012	2013	2014	2015	2016	2017	2018
东部地区									
均值	2542	3506	4459	5079	5708	5985	6448	6963	7399
标准差	2635	3917	3979	4662	4951	4390	5087	5911	6095
变异系数（%）	103.6	111.7	89.2	91.8	86.7	73.3	78.9	84.9	82.4
中部地区									
均值	683	1323	2588	2705	2497	2673	3004	3213	3581
标准差	225	432	634	1119	1094	1059	976	1046	1141
变异系数（%）	33.1	32.7	24.5	41.4	43.8	39.6	32.5	32.6	31.9
西部地区									
均值	1473	2064	2774	2966	3072	3223	3533	3650	3695
标准差	1001	952	943	1050	1691	1568	1694	1629	1161
变异系数（%）	68.0	46.1	34.0	35.4	55.1	48.7	48.0	44.6	31.4

续表

年份	2010	2011	2012	2013	2014	2015	2016	2017	2018
东北地区									
均值	1233	1667	3124	2934	2499	2627	2760	2609	2652
标准差	211	609	398	493	260	306	559	254	261
变异系数（%）	17.1	36.5	12.7	16.8	10.4	11.7	20.3	9.7	9.9

资料来源：依据历年《中国教育经费统计年鉴》整理而成。

二、普通高中阶段生均教育经费基尼系数分析

从表3.16中可以发现，我国各省份普通高中生均教育事业费的基尼系数2004~2018年从0.32变化为0.26，生均公用经费的基尼系数2004~2018年从0.51变化为0.32，生均公用经费基尼系数下降幅度大于生均教育事业费。

对我国各省份2004~2018年基础教育生均教育事业费和生均公用经费的基尼系数进行比较可以看到，小学阶段生均教育事业费的基尼系数从0.33变化为0.19，初中阶段生均教育事业费的基尼系数从0.32变化为0.22，下降幅度均大于普通高中阶段，小学阶段生均教育事业费的基尼系数下降幅度最大。同时，2004~2018年，小学阶段生均公用经费的基尼系数从0.54变化为0.23，初中阶段生均公用经费的基尼系数从0.52变化为0.26，下降幅度也均大于普通高中，小学阶段生均公用经费的基尼系数下降幅度最大。

表3.16　各省份基础教育生均教育经费的基尼系数

年份	生均教育事业费			生均公用经费		
	小学	初中	普通高中	小学	初中	普通高中
2004	0.33	0.32	0.32	0.54	0.52	0.51
2005	0.32	0.32	0.31	0.47	0.45	0.47
2006	0.30	0.30	0.30	0.40	0.38	0.42
2007	0.29	0.29	0.29	0.35	0.36	0.44
2008	0.28	0.27	0.30	0.33	0.31	0.43
2009	0.28	0.27	0.30	0.31	0.29	0.42
2010	0.29	0.27	0.32	0.32	0.31	0.43
2011	0.28	0.26	0.30	0.31	0.29	0.38
2012	0.24	0.24	0.26	0.26	0.25	0.29

续表

年份	生均教育事业费			生均公用经费		
	小学	初中	普通高中	小学	初中	普通高中
2013	0.23	0.23	0.27	0.26	0.26	0.31
2014	0.22	0.23	0.29	0.27	0.25	0.36
2015	0.21	0.22	0.28	0.26	0.24	0.33
2016	0.20	0.22	0.27	0.23	0.23	0.32
2017	0.20	0.22	0.27	0.23	0.24	0.33
2018	0.19	0.22	0.26	0.23	0.26	0.32

资料来源：依据历年《中国教育经费统计年鉴》整理而成。

相对而言，从我国各省份小学、初中和普通高中阶段生均教育经费基尼系数变化情况分析，小学阶段生均教育经费的基尼系数下降幅度最大，普通高中阶段生均教育经费的基尼系数下降幅度最小，表明小学阶段的生均教育经费不均等状况较初中、普通高中阶段改善更大。不过，虽然可以发现各省份整个基础教育的生均教育经费不均等情况得到极大改善，差距呈现缩小趋势，但基尼系数基本较为稳定，尤其近10年来波动趋势不大，又表明这些年来各省份基础教育阶段生均教育经费差异基本无缩小趋势。

三、普通高中阶段生均教育经费极差率分析

从表3.17中可以发现，2004年普通高中阶段生均教育事业费的全国平均值是2129元，最小值是河南，只有913元，全国平均值是河南的2.33倍；最大值是上海，高达7156元，是全国平均值的3.36倍，更是河南的7.84倍，差异非常明显。至2018年，普通高中阶段生均教育事业费的全国平均值是18258元，最小值还是河南，为9349元，全国平均值是河南的1.95倍；最大值变为北京，为66083元，是全国平均值的3.62倍，是河南的7.07倍。

从我国各省份2004~2018年普通高中阶段生均教育事业费的极值和极差率的变化情况看，极差率基本没有下降，2018年极大值的北京与全国平均值的差异要大于2004年极大值的上海与全国平均值的差异。同时，必须看到，普通高中阶段生均教育事业费绝对差异一直在不断扩大，2004年，上海普通高中阶段生均教育事业费比河南高出6243元，而至2018年，北京普通高中阶段生均教育事业费比河南高出56734元。同时，全国普通高中阶段生均教育事业费均值以下的省份不但没有减少，反而自2013年出现了增高趋势，至2018年，全国还有25个省份普通高中阶段生均教育事业费低于全国平均值，占全国的80.6%。

表 3.17 各省份普通高中阶段生均教育事业费极差率分析情况（元）

年份	平均值	最小值	地区	最大值	地区	极差	极差率	小于均值数
2004	2129	913	河南	7156	上海	6243	7.84	21
2005	2389	1052	河南	8132	上海	7080	7.73	23
2006	2731	1304	河南	9586	上海	8282	7.35	23
2007	3288	1627	河南	11499	上海	9872	7.07	23
2008	4105	1857	河南	14965	上海	13108	8.06	23
2009	4858	2193	湖北	16854	上海	14661	7.69	23
2010	5993	2458	河南	20620	北京	18162	8.39	22
2011	7778	3424	湖北	28534	北京	25110	8.33	24
2012	9668	5275	湖北	31884	北京	26609	6.04	21
2013	10646	5618	河南	36763	北京	31145	6.54	22
2014	11658	5990	河南	40748	北京	34758	6.80	22
2015	13769	5871	河南	42193	北京	36322	7.19	24
2016	15376	6398	河南	50803	北京	44405	7.94	24
2017	17124	8149	河南	61409	北京	53260	7.54	25
2018	18258	9349	河南	66083	北京	56734	7.07	25

资料来源：依据历年《中国教育经费统计年鉴》整理而成。

从表 3.18 中可以发现，2004 年，普通高中阶段生均公用经费的全国平均值是 397 元，最小值是湖北，只有 59 元，全国平均值是湖北的 6.73 倍；最大值是上海，高达 2232 元，是全国平均值的 5.62 倍，是湖北的 37.83 倍，差异非常明显。至 2018 年，普通高中阶段生均公用经费的全国平均值是 4767 元，最小值是甘肃，为 2319 元，全国平均值是甘肃的 2.06 倍；最大值是北京，为 22721 元，是全国平均值的 4.77 倍，是甘肃的 9.80 倍。

表 3.18 各省份普通高中阶段生均公用经费极差率分析情况（元）

年份	平均值	最小值	地区	最大值	地区	极差	极差率	小于均值数
2004	397	59	湖北	2232	上海	2173	37.83	23
2005	498	77	安徽	2373	北京	2296	30.82	23

续表

年份	平均值	最小值	地区	最大值	地区	极差	极差率	小于均值数
2006	594	101	安徽	2809	北京	2708	27.81	24
2007	715	141	江西	3708	北京	3567	26.30	22
2008	1013	250	湖北	6187	北京	5937	24.75	23
2009	1204	370	贵州	6995	北京	6625	18.91	23
2010	1642	430	四川	8865	北京	8435	20.62	23
2011	2347	707	湖北	13612	北京	12905	19.25	21
2012	3315	1375	福建	13660	北京	12285	9.93	21
2013	3594	1608	贵州	16644	北京	15036	10.35	23
2014	3755	1593	四川	16716	北京	15123	10.49	24
2015	3950	1632	湖南	14807	北京	13175	9.07	20
2016	4296	1960	四川	18425	北京	16465	9.40	23
2017	4533	2295	甘肃	21677	北京	19382	9.45	23
2018	4767	2319	甘肃	22721	北京	20402	9.80	22

资料来源：依据历年《中国教育经费统计年鉴》整理而成。

从极差率变化趋势分析，2004~2018 年，全国各省份普通高中阶段生均公用经费呈现差异缩小趋势，但普通高中阶段生均公用经费绝对差异一直不断扩大，2004 年，上海生均公用经费比湖北高出 2173 元，而至 2018 年，北京生均公用经费比甘肃高出 20402 元。同时，尽管全国普通高中阶段生均公用经费均值以下的省份出现了减少，但减少趋势几乎可以忽略不计，基本上变化不大，至 2018 年，全国还有 22 个省份普通高中阶段生均公用经费低于全国平均值，占全国的 64.7%。

四、普通高中阶段生均教育经费箱线图分析

从图 3.5 中可以发现，我国各省份普通高中阶段生均教育事业费逐年稳步增加，中位数越来越大，但异常值偏离正常值越来越高。在异常值中，除北京、上海、天津和西藏外，还出现了江苏和浙江，这是与小学、初中阶段不同之处。同时，北京、天津、上海异常值出现的次数远远高于全国其他省份。

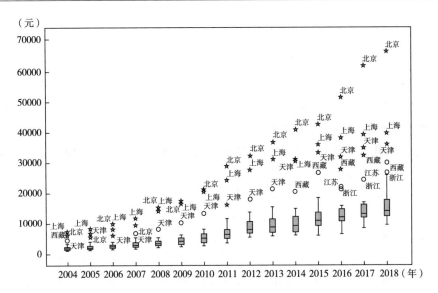

图 3.5　普通高中阶段生均教育事业费箱线

　　从图 3.6 中可以发现，我国各省份普通高中阶段生均公用经费逐年稳步增加，中位数越来越大，但异常值偏离正常值也越来越高。在异常值中，除北京、上海、天津和西藏外，还出现了宁夏、青海和海南。同时，北京、上海异常值出现的次数远远高于全国其他省份。

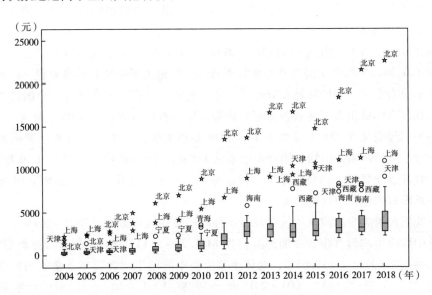

图 3.6　普通高中阶段生均公用经费箱线

第五节 本章小结

我国不同省份小学阶段生均教育经费还存在明显的区域差异。小学阶段生均教育事业费和生均公用经费表现为绝对差异逐渐变大，相对差异出现逐渐缩小趋势，至 2018 年，全国小学阶段生均教育事业费的标准差为 5355.16，变异系数为 42.25%；小学阶段生均公用经费的标准差为 1892.21，变异系数为 55.30%，总体上生均公用经费的标准差小于生均教育事业费，但生均公用经费的变异系数大于生均教育事业费。基尼系数分析表明区域差异在逐渐变小，但近 10 年来基尼系数变化趋势不明显，表明小学阶段生均教育事业费和生均公用经费差异近 10 年基本无缩小趋势。从极差率看，尽管小学阶段生均公用经费极差率下降趋势大于生均教育事业费，但近 5 年来生均公用经费和生均教育事业费的极差率变化不大，接近 5，且生均教育事业费和生均公用经费绝对差异一直在不断扩大，表明区域差异与 5 年前基本没有什么变化。

我国不同省份初中阶段生均教育经费还存在明显的区域差异。2004～2018 年，我国各省份初中阶段生均教育事业费的绝对差异逐渐变大，虽然相对差异出现逐渐缩小趋势，但至 2018 年变异系数是 52.40%。同期，初中阶段生均公用经费的绝对差异呈现逐渐变大趋势，即使相对差异出现逐渐缩小趋势，但至 2018 年变异系数达到了 72.36%。初中阶段生均教育事业费和生均公用经费的基尼系数出现了大幅减少，生均教育事业费从 2004 年的 0.32 变化为 2018 年的 0.22，减少了 0.10；生均公用经费的基尼系数从 2004 年的 0.52 变化为 2018 年的 0.26，减少了 0.26。生均公用经费基尼系数下降幅度远远大于生均教育事业费，但近几年基本没有变化，表明区域差异保持了稳定趋势。从极差率变化看，全国初中阶段生均教育经费出现了区域差异缩小趋势，生均教育事业费从 8.95 下降为 6.06，生均公用经费从 37.31 下降为 8.12。但极差越来越大，生均教育事业费极差从 6068 上升为 49906，生均公用经费极差从 1888 上升为 18942。同时，近 10 年来，生均教育事业费和生均公用经费的极差率相对稳定，变化不大，表明近 10 年区域差异没有出现实质性的改变。

我国普通高中阶段生均教育经费还存在明显的区域差异。2004～2018 年，普通高中阶段生均教育事业费的标准差为 1491.27～11447.76，绝对差异逐渐变大。变异系数在 61.55%～73.66%，总体上普通高中阶段生均教育事业费的相对变异呈现"S"形变动趋势。2004～2018 年普通高中阶段生均公用经费的标准差为 496.54～3918.97，绝对差异逐渐变大；变异系数在 72.73%～124.83%，与生均事业费的变异系数变动趋势类似，呈现"S"形变动趋势。各省份普通高中阶段生均教育事业费的基尼系数在 2004~2018 年从 0.32 变化为 0.26，生均公用经费的基尼系数在 2004~2018 年从 0.51 变化为 0.32，生均公用经费基尼系数下降幅度大于生均教育事业费。从 2004~2018 年普通高中阶段生均教育事业费的极值和极差率的变化情况看，极差率基本没有下降，但极差越来越大。2004~2015 年，全国普通高中阶段生均公用经费呈现差异缩小趋势，但自 2015 年来，反而出现扩大趋势，同期普通高中阶段生均公用经费绝对差异一直不断扩大。

第四章　基础教育资源公平配置的区域效应

第一节　导　言

　　基础教育均衡首先是数量上的均衡，然后是结构上的均衡。毫无疑问，基础教育生均经费是基础教育资源中最为重要的部分，以生均教育经费为标志推断基础教育资源配置是否存在区域效应在计量分析上是合理的。

　　鉴于历史和现实经济、社会发展的原因，我国各省份基础教育经费分配极为不均衡，这是我国义务教育与高中教育优质均衡发展的重要阻碍。目前，我国基础教育阶段的教育经费主要划分为两块：一是生均教育事业费，二是生均公用经费。[①] 同时，我国财政性教育经费主要来自两大部分，一是中央财政性教育经费拨款，二是地方政府一般公共预算教育经费。但自 2005 年实行财政分权以来，中央财政性教育经费支出一般维持在 5%~6%，地方政府一般公共预算教育经费维持在 94%~95%。[②] 因此，地方政府是本区域义务教育和高中教育经费支出的主要承担者。2012 年以来，我国要求地方政府财政性教育经费占本地区生产总值 4% 的目标及以上，但通过统计各省份教育经费支出数据发现，各省份的教育经费支出始终维持在比 4% 稍高而已。然而，由于各省份经济发展不均衡，因此导致教育经费支出存在巨大差异，进而极大地影响了教育资源的分配，阻碍了基本公共教育服务的覆盖面和质量水平。

　　随着我国教育"十三五"规划的完成，我国已经实现了九年义务教育的全

---

　　① 自 2017 年起，我国将"生均公共财政预算教育事业费"修改为"生均一般公共预算教育事业费"；将"生均公共财政预算公用经费"修改为"生均一般公共预算公用经费"。学界还是习惯采用"生均公共财政预算教育事业费"和"生均公共财政预算公用经费"。为了方便交流，本章也采用这一提法，文中"生均教育经费"即是"生均公共财政预算教育经费"，下同。

　　② 依据《中国统计年鉴》"一般公共预算支出"中"教育支出"计算获得。

面普及，进入均衡发展新阶段，高中阶段教育基本普及，毛入学率达到 87.0%，开始进入提高质量、优化结构、促进公平的新阶段。《中国教育现代化 2035》提出："建立以师资配备、生均拨款、教学设施设备等资源要素为核心的标准体系和办学条件标准动态调整机制。"从实际看，尽管义务教育基本实现均衡，且高中阶段教育基本普及，但当前影响我国基础教育优质均衡发展的主要障碍还是中西部地区教育资源远远不如东部地区，尤其优质教育资源更是不足。在教育资源配置不均衡中，中西部地区生均教育经费配置标准远远低于东部地区，并因此导致许多家庭无法接受更好的教育而深受社会诟病。因此，中央一再强调要突出基础教育的精准扶贫，面向中西部地区特别是边远、贫困地区，加大对家庭经济困难学生的教育帮扶力度。同时，中央从宏观考虑，加强顶层设计，科学规划、分类指导、统筹推进东部、中部、西部和东北地区教育发展，优化基础教育资源区域布局，尤其注重优质资源的区域均衡。"十四五"期间要建设高质量教育体系，我国就必须加快中西部地区基础教育的优质发展，综合评价基础教育优质资源分布的政策效果，增加中西部地区基础教育的优质资源配置，促进中西部地区基础教育优质资源的合理分布，通过多种助推机制提升中西部地区基础教育的综合实力，进一步缩小与东部发达地区基础教育发展差距。

地方政府在预算基础教育经费支出时，出于各种原因，可能存在经费支出的区域效应。本章提出的区域效应，指不同省份在预算财政性教育经费支出时，会结合本地区经济发展状况、财政收入水平、专任教师规模、在校生规模，以及往年财政性教育支出规模，以进行当年的财政性教育经费预算，这种经费预算模式，表现出的地区经济社会和教育发展特征，具有明显的区域特征。当前学界对于基础教育生均教育经费配置的量化研究，以描述性统计分析为主，以计量模型分析的不常见。本部分在前述基础教育生均教育经费区域差异分析的基础上，采用计量模型，以基础教育生均经费为标志，通过分析小学、初中、普通高中阶段生均教育经费的区域效应，进而分析基础教育资源公平配置的区域效应。

第二节 基础教育生师比

一、基础教育小学阶段生师比

生师比是基础教育优质均衡发展的重要衡量指标，是基础教育能否实现个性化、差异化和小班化教学的核心特征。一般而言，生师比越低，教育发展越被看好，评价越高。从表 4.1 中可以看到，我国不同地区的小学阶段生师比历年平均值存在明显的区域差异。东北地区历年平均值最小，生师比最低。然后是西部和东部地区，中部地区历年平均值最大，生师比最高。东部地区生师比平均值一直保持较为稳定的状态，尤其自 2012 年来，始终保持在 16.4~16.7。

自 2013 年起，中部、西部、东北地区的小学阶段生师比平均值开始保持稳定，保持了均衡发展。中部地区基本保持在 17.4~17.7，西部地区基本保持在 16.1~17.2，东北地区基本保持在 12.2~12.6。

表 4.1　东部、西部、中部和东北地区小学阶段生师比历年平均值

年份 地区	2010	2011	2012	2013	2014	2015	2016	2017	2018
东部	16.0	16.3	16.4	16.4	16.5	16.7	16.7	16.6	16.6
中部	19.1	19.2	18.3	17.4	17.3	17.6	17.7	17.6	17.5
西部	17.5	17.1	16.6	16.1	16.1	16.1	16.2	16.1	16.1
东北	13.0	13.1	13.2	12.5	12.2	12.5	12.6	12.4	12.5

资料来源：依据历年《中国教育统计年鉴》整理而成。

从表 4.2 中可以发现，2010~2018 年，全国各省份小学阶段生师比的区域差异还是较为明显，生师比最小的省份不在东部地区，而在东北地区，分别是吉林和黑龙江；生师比最大的地区主要位于中部和西部地区，主要是贵州、河南、广西和湖南。另外，吉林和黑龙江的生师比非常稳定，在 11.0~12.0 变化；同样，贵州、河南、广西和湖南的生师比也非常稳定，在 19.0~22.0 变化。总体上看，不同省份小学阶段生师比极差逐渐变小，极差率缓慢下降，但生师比大于平均值的省份则逐渐增多了，至 2018 年，有 19 个省份大于全国平均值。

表 4.2　各省份小学阶段生师比极差率分析情况

年份	平均值	极小值	地区	极大值	地区	极差	极差率	大于均值数
2010	16.9	11.6	吉林	21.9	贵州	10.3	1.9	15
2011	16.9	11.8	吉林	22.0	河南	10.2	1.9	15
2012	16.5	11.9	吉林	21.7	河南	9.8	1.8	16
2013	16.1	11.3	黑龙江	19.8	广西	8.5	1.8	18
2014	16.1	11.3	吉林	19.9	广西	8.6	1.8	18
2015	16.2	11.6	吉林	19.8	广西	8.3	1.7	18
2016	16.3	11.5	吉林	19.8	湖南	8.3	1.7	18

续表

年份	平均值	极小值	地区	极大值	地区	极差	极差率	大于均值数
2017	16.2	11.3	吉林	19.2	湖南	7.9	1.7	19
2018	16.2	11.3	吉林	19.0	湖南	7.7	1.7	19

资料来源：依据历年《中国教育统计年鉴》整理而成。

　　从图 4.1 中可以看到，2010~2018 年各省份小学阶段生师比没有出现极端异常值。自 2013 年起，各省份小学阶段生师比的极大值下降十分明显，并逐渐变小，至 2018 年保持在较窄的范围内变化。同样，2013 年，各省份小学阶段生师比的极小值出现了下降，尔后一直保持稳定。自 2012 年起，各省份小学阶段生师比的中位数开始大于平均值，并维持在极小的区间变化，尔后一直保持稳定。

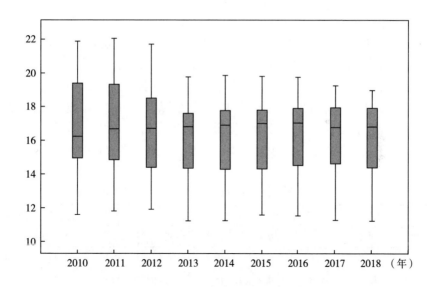

图 4.1　小学阶段生师比箱线图

二、基础教育初中阶段生师比

　　从表 4.3 中可以看到，我国不同地区的初中阶段生师比存在明显的差异。东北地区历年平均值最小，生师比最低。中部地区初中阶段生师比历年平均值先是出现逐渐变小趋势，2010~2015 年一直小于西部地区，然后自 2016 年起开始逐渐变大，且一直大于西部地区，成为东部、中部、西部和东北地区中最大。西部地区初中阶段生师比历年平均值在 2010~2015 年一直远大于其他地区，自 2016

年起开始小于中部地区，且差异越来越大。总体上看，西部地区初中阶段生师比历年平均值基本上呈变小趋势，2015~2018 年，维持在 12.6~12.9。东北地区初中阶段生师比历年平均值在 2013~2018 年基本保持在 9.7~10.2。

表 4.3　东部、西部、中部和东北地区初中阶段生师比历年平均值

年份 地区	2010	2011	2012	2013	2014	2015	2016	2017	2018
东部	13.4	12.8	12.3	11.9	11.8	11.5	11.4	11.6	11.9
中部	15.2	14.7	13.6	12.6	12.5	12.5	12.8	13.0	13.4
西部	15.8	15.3	14.4	13.7	13.3	12.9	12.7	12.6	12.8
东北	12.5	11.7	11.2	10.0	9.9	9.7	9.7	9.8	10.2

资料来源：依据历年《中国教育统计年鉴》整理而成。

从表 4.4 中可以看到，我国各省份初中阶段生师比极差总体上在逐渐变小，但极差率出现扩大趋势。自 2016 年起，初中阶段生师比极大值的广西和江西，是极小值北京的 2 倍多。2010~2018 年，除 2013 年黑龙江外，初中阶段生师比最小的一直是北京，远远低于全国平均值。从全国看，初中阶段生师比最大的以中部和西部地区的省份为主，分别是贵州、广西和江西。2010~2018 年，初中阶段生师比大于平均值的省份出现逐渐增多趋势，超过了半数省份大于平均值。

表 4.4　各省份初中阶段生师比极差率分析情况

年份	平均值	极小值	地区	极大值	地区	极差	极差率	大于均值数
2010	14.6	10.2	北京	19.5	贵州	9.3	1.9	14
2011	14.0	9.9	北京	19.2	贵州	9.3	1.9	14
2012	13.3	9.8	北京	18.3	贵州	8.5	1.9	13
2013	12.5	9.6	黑龙江	18.2	贵州	8.6	1.9	16
2014	12.3	9.3	吉林	17.3	贵州	8.0	1.9	16
2015	12.1	8.6	北京	16.5	广西	7.9	1.9	16
2016	12.0	8.0	北京	16.1	广西	8.1	2.0	16
2017	12.1	7.7	北京	15.9	江西	8.2	2.1	17
2018	12.3	7.8	北京	16.1	江西	8.3	2.1	17

资料来源：依据历年《中国教育统计年鉴》整理而成。

如图 4.2 所示，2010~2018 年，我国各省份初中阶段生师比出现了一个极端

值，2013 年，贵州初中阶段生师比显著大于全国其他省份，远远高于生师比排第 2 位的省份。自 2014 年起，我国各省份初中阶段生师比的极大值下降趋势十分明显，且极大值在逐渐变小并慢慢趋于稳定。至 2018 年，我国各省份初中阶段生师比保持在较窄的范围变化，均衡性较为明显，反映了我国义务教育均衡发展取得了良好的效果。自 2013 年起，各省份初中阶段生师比的极小值出现了下降，至 2018 年又出现小幅回升。总体上看，2010~2012 年，各省份初中阶段生师比的中位数小于平均值，自 2013 年起各省份初中阶段生师比的中位数开始大于平均值，并维持在极小的区间变化，保持了稳定。

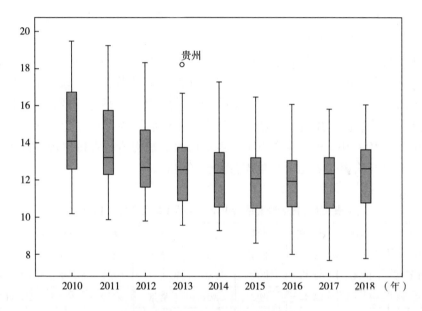

图 4.2 初中阶段生师比箱线图

三、基础教育普通高中阶段生师比

从表 4.5 中可以看到，我国不同地区普通高中阶段生师比历年平均值存在明显的区域差异。东部地区历年平均值最小，生师比最低。其次是西部和东北地区，中部地区历年平均值最大，生师比最高。东部地区生师比平均值一直保持较为稳定的状态，尤其自 2015 年来，始终保持在 11.0~11.6。中部、西部、东北地区自 2016 年起普通高中阶段生师比平均值十分稳定，中部地区基本保持在14.1~14.7，西部地区基本保持在 13.5~14.2，东北地区基本保持在 12.7~13.1。

表 4.5　东部、西部、中部和东北地区普通高中阶段生师比历年平均值

年份 地区	2010	2011	2012	2013	2014	2015	2016	2017	2018
东部	13.7	13.4	13.0	12.5	12.0	11.6	11.3	11.1	11.0
中部	16.9	16.6	16.4	16.0	15.6	15.1	14.7	14.4	14.1
西部	16.5	16.4	16.1	15.7	15.3	14.8	14.2	13.9	13.5
东北	16.0	15.9	15.4	14.9	13.8	13.3	13.0	13.1	12.7

资料来源：依据历年《中国教育统计年鉴》整理而成。

从表 4.6 中可以看到，我国各省份普通高中阶段生师比极差总体上在逐渐变大，极差率也是出现扩大趋势。自 2011 年起，普通高中阶段生师比极大值的贵州、江西和广西是极小值北京的 2 倍多。2010~2018 年，除 2010 年上海外，普通高中阶段生师比最小的一直是北京，远远低于全国平均值。普通高中阶段生师比最大的以中部和西部地区的省份为主，分别是贵州、江西和广西，结合初中阶段生师比统计数据，我们发现这三个省份的初中阶段生师比是全国最大的。同时，尽管 2010~2018 年普通高中阶段生师比大于平均值的省份出现逐渐下降趋势，但至 2018 年还有接近一半的省份大于平均值。

表 4.6　各省份普通高中阶段生师比极差率分析情况

年份	平均值	极小值	地区	极大值	地区	极差	极差率	大于均值数
2010	15.6	10.1	上海	19.4	重庆	9.3	1.9	16
2011	15.4	9.6	北京	19.0	贵州	9.4	2.0	16
2012	15.1	9.4	北京	18.6	贵州	9.2	2.0	17
2013	14.7	9.0	北京	18.2	贵州	9.2	2.0	16
2014	14.1	8.4	北京	18.0	贵州	9.6	2.1	17
2015	13.7	7.9	北京	17.5	江西	9.6	2.2	13
2016	13.3	7.7	北京	17.2	广西	9.5	2.2	15
2017	13.0	7.6	北京	17.4	广西	9.8	2.3	15
2018	12.7	7.4	北京	17.4	广西	10.0	2.4	15

资料来源：依据历年《中国教育统计年鉴》整理而成。

如图 4.3 所示，2010~2018 年，各省份普通高中阶段生师比出现了多个极端值。其中，2014~2018 年北京和 2016~2017 年上海的普通高中阶段生师比远远低于全国其他省份；2017~2018 年广西和江西的普通高中阶段生师比远远高于全国

其他省份。总体上看，各省份普通高中阶段生师比的极大值下降十分明显，并且中位数一直呈下降趋势。自 2015 年起，各省份普通高中阶段生师比中位数开始小于平均值，而极小值变化不大。

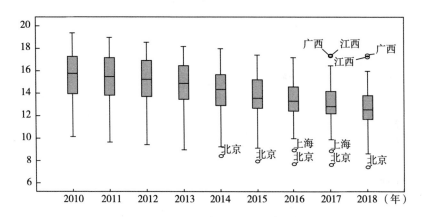

图 4.3　普通高中阶段生师比箱线图

四、小学、初中和普通高中阶段生师比纵向比较

如图 4.4 所示，2010~2018 年，东部地区基础教育阶段中，小学阶段生师比最高，远远大于初中和普通高中阶段生师比。普通高中阶段生师比先是高于初中阶段，至 2016 年开始低于初中阶段。从变化幅度看，东部地区小学阶段生师比在 2010~2018 年虽然稍微呈现上升趋势，但总体上较为稳定；初中阶段生师比则先下降再上升，总体呈现下降趋势；普通高中阶段生师比一直呈现下降趋势。

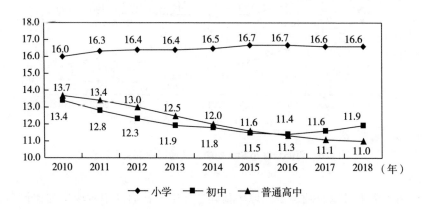

图 4.4　东部地区小学、初中、普通高中的生师比变化

从图 4.5 中可以看到，中部地区基础教育中，小学阶段生师比最高，初中阶段生师比最低。从变化幅度看，小学阶段生师比在 2011~2014 年下降，2015~2016 年上升，2017~2018 年下降，总体上呈现下降趋势；普通高中阶段生师比则自 2010 年一直下降；初中阶段生师比在 2010~2015 年先下降，2016~2018 年上升，也总体呈现下降趋势。

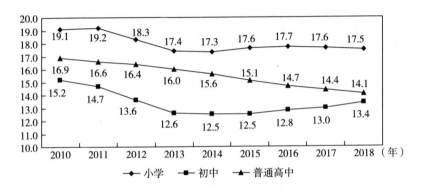

图 4.5 中部地区小学、初中、普通高中的生师比变化

从图 4.6 中可以看到，西部地区基础教育中，小学阶段生师比最高，初中阶段生师比最低。2010~2018 年，小学阶段生师比呈下降趋势，其中，2013~2018 年基本保持不变。初中阶段生师比自 2010 年一直下降，至 2017 年又开始回升，总体呈下降趋势。普通高中阶段生师比一直呈下降趋势。

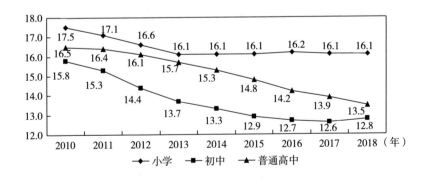

图 4.6 西部地区小学、初中、普通高中的生师比变化

从图 4.7 中可以看到，东北地区基础教育中，普通高中阶段生师比最高，初中阶段生师比最低。2010~2012 年小学阶段生师比呈下降趋势，2013~2018 年基本保持不变。初中阶段生师比在 2010~2015 年呈下降趋势，2016~2018 年呈上升趋势。普通高中阶段生师比一直呈下降趋势。

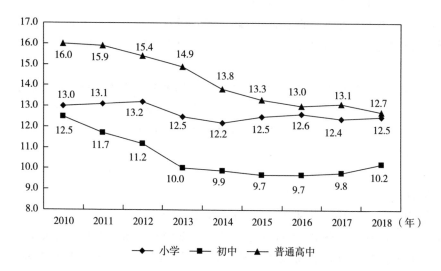

图 4.7　东北地区小学、初中、普通高中的生师比变化

　　总体上看，东部、中部、西部的基础教育生师比表现出类似的变化，都是小学生师比最高，且在最近几年保持稳定，这点与东北地区不同。东北地区是普通高中阶段生师比最高，东部、中部、西部的普通高中阶段生师比处于中间，且一直呈下降趋势，东北地区则是小学阶段生师比一直处于中间。东部、中部、西部的初中阶段生师比处于最低，近几年表现出上升趋势，东北地区也是如此。从初中和普通高中阶段生师比变化看，中部和西部的初中阶段生师比在 2019 年后与普通高中阶段生师比交叉，并逐渐高于普通高中阶段生师比，而东北地区 2019 年后小学阶段与普通高中阶段生师比交叉，并逐渐高于普通高中阶段生师比，初中阶段生师比将会持续处于最低位置。

第三节　基础教育生均教育经费的区域效应

一、计量模型与数据来源

　　本书使用面板数据计量模型的分析方法，采用 2004~2018 年各省份的人均财政收入水平、基础教育在校生数、基础教育专任教师数三个指标为自变量，以分析我国各省份基础教育生均教育经费支出差异的区域效应。

面板数据兼顾了截面数据和时间序列数据的特点，能够同时考察同一时点上各省份，以及不同时点上同一省份的生均教育经费的动态变化性。本书选择2004~2018年我国各省份的基础教育生均教育经费支出为观测样本，构建了三组方程，分别是小学、初中、普通高中的生均教育事业费支出和生均公用经费支出的回归模型。

基础教育生均教育事业费支出和生均公用经费支出的回归模型一般形式如下：

小学、初中、普通高中的生均教育事业费支出的回归模型为：

$$\ln EXPsy_{it} = \alpha_i + \beta_1 \ln PFI_{it} + \beta_2 \ln STU_{it} + \beta_3 + \varepsilon_{it}, \quad i=1, 2, \cdots, N; \ t=1, 2, \cdots, T$$

小学、初中、普通高中的生均公用经费支出的回归模型为：

$$\ln EXPgy_{it} = \alpha_i + \beta_1 \ln PFI_{it} + \beta_2 \ln STU_{it} + \beta_3 + \varepsilon_{it}, \quad i=1, 2, \cdots, N; \ t=1, 2, \cdots, T$$

模型中，i 表示第 i 个省份，t 表示第 t 年。EXPsy 表示小学、初中、普通高中的生均教育事业费支出，EXPgy 表示小学、初中、普通高中的生均公用经费支出，PFI 表示人均财政收入水平，STU 指小学、初中、普通高中的在校生数，TCH 表示小学、初中、普通高中的专任教师数。模型中对所有数据全部取对数，在于生均教育经费、人均财政收入水平两组数据远远小于小学、初中、普通高中的在校生数和小学、初中、普通高中的专任教师数两组数据，通过取对数，可以降低因数据差异太大而产生的模型估计误差。

二、小学阶段生均教育经费区域效应分析

（一）小学阶段生均教育事业费支出回归分析

从模型拟合度来看，我国基础教育小学阶段生均教育事业费支出回归结果的 R^2 为0.980，人均财政收入水平、在校生数和专任教师数的 P 值均在1%的水平显著，表明小学阶段生均教育事业费模型的拟合效果较为理想。

从模型分析结果可以发现，人均财政收入水平、在校生数和专任教师数对小学阶段生均教育事业费支出的差异产生了一定影响（见表4.7）。其中：①人均财政收入水平在1%水平下显著，对小学阶段生均教育事业费支出存在显著的正向影响，其回归系数为1.344，表明在对其他变量进行控制下，人均财政收入水平每提高1%，小学阶段生均教育事业费支出则会提高1.344%。②在校生数在1%水平下显著，但对小学阶段生均教育事业费支出存在显著的负向影响，其回归系数为-0.466，表明在对其他变量进行控制下，在校生数每提高1%，小学阶段生均教育事业费支出会降低0.466%。③专任教师数在1%水平下显著，对小学阶段生均教育事业费支出存在显著的正向影响，其回归系数为0.457，表明在对

其他变量进行控制下，专任教师数每提高1%，小学阶段生均教育事业费支出则会提高0.457%。

表4.7 小学阶段生均教育事业费支出模型的回归结果

解释变量	系数	标准差	T 值	P 值
常数	−3.972	1.058	−3.754	0.000***
人均财政收入水平	1.344	0.013	101.592	0.000***
在校生数	−0.466	0.072	−6.491	0.000***
专任教师数	0.457	0.112	4.086	0.000***
观测值个数	465	—	—	—
R^2	0.980	—	—	—
F 值	653.017	—	—	—
P 值	0.000	—	—	—

注：***表示在1%水平下显著，下同。

从表4.8中四类地区不同省份的固定效应看，不同地区间存在较为明显的区域差异，不同省份间也存在明显的省际差异。其中，东部地区的固定效应均值为−0.364，而中部地区的固定效应均值为−0.018，西部地区的固定效应均值为0.324，东北地区的固定效应均值为−0.046。这些表明，我国当前小学阶段生均教育事业费的支出可能与地区经济基础和资源禀赋因素不是直接的对应关系，还存在其他一些因素在影响生均教育事业费的支出。可能的解释是，我国小学阶段生均教育事业费的划拨并没有完全依据社会经济发展、在校生数和专任教师数的规模来实施。

表4.8 小学阶段生均教育事业费的地区固定效应值

东部地区		中部地区		西部地区		东北地区	
省份	效应值	省份	效应值	省份	效应值	省份	效应值
北京	−0.340	山西	0.054	广西	0.258	辽宁	−0.351
上海	−0.282	安徽	0.227	内蒙古	−0.335	吉林	−0.032
河北	−0.181	江西	0.126	四川	0.215	黑龙江	0.245
天津	−0.542	河南	−0.330	重庆	−0.135	—	—
江苏	−0.497	湖北	−0.185	贵州	0.711	—	—
浙江	−0.3923	湖南	−0.001	云南	0.535	—	—
福建	−0.462	—	—	西藏	1.203	—	—

东部地区		中部地区		西部地区		东北地区	
省份	效应值	省份	效应值	省份	效应值	省份	效应值
山东	-0.578	—	—	陕西	0.105	—	—
广东	-0.609	—	—	甘肃	0.576	—	—
海南	0.241	—	—	青海	0.445	—	—
—	—	—	—	宁夏	0.011	—	—
—	—	—	—	新疆	0.300	—	—
均值	-0.364	均值	-0.018	均值	0.324	均值	-0.046

我国生均教育事业费来自中央财政和地方财政两大块，其中地方占比一般在94%~95%。而地方在进行财政性教育经费划拨时，自2012年起，国家要求财政性教育经费占地区生产总值比例达到4%及以上。以往教育发展相对不足的省份，为了达到4%这个指标，不断加大财政性教育经费支出，近几年来生均教育经费增长幅度明显大于其他省份。从表4.9中可以看到，2013~2018年，小学阶段生均教育事业费支出增长最快的省份分别是云南（2013年，23.41%）、西藏（2014年，39.67%）、西藏（2015年，43.81%）、云南（2016年，18.58%）、云南（2017年，17.47%）、河南（2018年，10.60%）。这些因素综合影响了模型所估计的地区固定效应。

表4.9 小学阶段生均教育事业费支出增长最快的省份

年份	2012	2013	2014	2015	2016	2017	2018
省份	贵州	云南	西藏	西藏	云南	云南	河南
增长率（%）	47.35	23.41	39.67	43.81	18.58	17.47	10.6
全国增长率（%）	23.42	13.92	11.29	15.07	8.14	6.71	3.82
当年实际值（元）	5038	6145	17906	25750	8931	10491	6370
全国平均值（元）	7764	8529	9462	10917	11634	12300	12673
当年排名	24	23	3	1	23	18	31
上一年排名	30	25	4	3	26	23	31

资料来源：依据历年《中国教育经费统计年鉴》整理而成。

（二）小学阶段生均公用经费支出回归分析

从模型拟合度看，我国小学阶段生均公用经费支出回归结果的 R^2 为0.947，表明生均公用经费支出模型拟合效果较好，人均财政收入水平的P值在1%的水平下显著,但在校生数和专任教师数的 P 值远远没有通过显著检验。

从回归结果可以发现,人均财政收入水平对小学阶段生均公用经费支出的差异产生了一定影响(见表 4.10)。人均财政收入水平在 1% 水平下显著,对小学阶段生均公用经费支出存在显著的正向影响,其回归系数为 1.945,表明在对其他变量进行控制下,人均财政收入水平每提高 1%,小学阶段生均公用经费支出会提高 1.945%。在校生数和专任教师数都没有通过显著性统计检验,表明二者对小学阶段生均公用经费支出可能不存在直接影响。

表 4.10 小学阶段生均公用经费支出模型的回归结果

解释变量	系数	标准差	T 值	P 值
常数	−12. 165	2. 383	−5. 105	0. 000 ***
人均财政收入水平	1. 945	0. 029	65. 246	0. 000 ***
在校生数	−0. 101	0. 162	−0. 628	0. 531
专任教师数	0. 046	0. 252	0. 184	0. 854
观测值个数	465	—	—	—
R^2	0. 947	—	—	—
F 值	232. 738	—	—	—
P 值	0. 000	—	—	—

从表 4.11 中四类地区的固定效应看,不同地区间存在较为明显的差异,不同省份间也存在明显的省际差异。其中,东部地区的固定效应均值为 −0.691,而中部地区的固定效应均值为 0.177,西部地区的固定效应均值为 0.496,东北地区的固定效应均值为 −0.033。这些表明,我国当前基础教育小学阶段生均公用经费的支出可能与地区经济基础和资源禀赋因素不是直接的对应关系,还存在其他一些因素在影响生均公用经费的支出。可能的解释是,我国小学阶段生均公用经费支出的划拨并没有完全依据经济发展、在校生数和专任教师数的规模实施,还存在许多其他因素发生了作用,模型中在校生数和专任教师数统计检验不显著也说明了这一点。当然,也有可能是在校生数和专任教师数规模较大,且不同省份差异明显,进而影响了模型估计效果。

表 4.11 小学阶段生均公用经费的地区固定效应值

东部地区		中部地区		西部地区		东北地区	
省份	效应值	省份	效应值	省份	效应值	省份	效应值
北京	−0. 321	山西	0. 172	广西	0. 256	辽宁	−0. 383

续表

东部地区		中部地区		西部地区		东北地区	
省份	效应值	省份	效应值	省份	效应值	省份	效应值
上海	-0.636	安徽	0.441	内蒙古	-0.495	吉林	0.038
河北	-0.214	江西	0.425	四川	0.462	黑龙江	0.246
天津	-1.323	河南	0.042	重庆	0.185		
江苏	-1.226	湖北	-0.234	贵州	0.873		
浙江	-1.088	湖南	0.214	云南	0.796		
福建	-0.734			西藏	1.374		
山东	-0.893			陕西	0.320		
广东	-0.905			甘肃	0.929		
海南	0.431			青海	0.639		
				宁夏	0.263		
				新疆	0.347		
均值	-0.691	均值	0.177	均值	0.496	均值	-0.033

从表4.12中可以看到，与生均教育事业费不同，2013~2018年，小学阶段生均公用经费增速最快的省份既有中西部地区的省份，也有东部地区的省份，2018年增长最快的省份是浙江（14.33%），2017年是广西（17.81%），2016年是浙江（22.99%），2015年是湖北（71.97%），2014年是西藏（93.35%），2013年是江苏（35.63%）。这些也是影响生均公用经费支出模型估计的重要原因。

表4.12 小学阶段生均公用经费支出增长最快的省份

年份	2012	2013	2014	2015	2016	2017	2018
省份	陕西	江苏	西藏	湖北	浙江	广西	浙江
增长率（%）	86.79	35.63	93.35	71.97	22.99	17.81	14.33
全国增长率（%）	33.86	13.08	4.59	8.58	7.25	4.64	2.29
当年实际值（元）	2934	2664	6641	2825	2741	2414	3361
全国平均值（元）	2344	2606	2876	3127	3278	3356	3422
实际排名	6	9	3	13	17	24	8
上一年排名	14	16	4	28	21	28	15

资料来源：依据历年《中国教育经费统计年鉴》整理而成。

（三）单位根检验

为了确定回归模型是否可能存在伪回归，对小学阶段的面板数据进行了单位根检验（见表 4.13）。检验结果表明，模型数据平等，不存在伪回归现象。

表 4.13　单位根检验结果

检验方法	教育事业费		公用经费	
	统计值	P 值	统计值	P 值
LLC	−17.150	0.000	−20.029	0.000
IPS	−9.363	0.000	−13.721	0.000
ADF	200.100	0.000	278.660	0.000
PP	282.338	0.000	445.014	0.000

三、初中阶段生均教育经费区域效应分析

（一）初中阶段生均教育事业费支出回归分析

从模型拟合度看，我国基础教育初中阶段生均教育事业费支出回归结果的 R^2 为 0.982，人均财政收入水平、在校生数和专任教师数的 P 值均在 1% 的水平下显著，表明初中阶段生均教育事业费模型的拟合效果较为理想。

从表 4.14 中回归结果可以发现，人均财政收入水平、在校生数和专任教师数对初中阶段生均教育事业费支出的差异产生了一定影响。其中：①人均财政收入水平在 1% 水平下显著，对初中阶段生均教育事业费支出存在显著的正向影响，其回归系数为 1.334，表明在对其他变量进行控制下，人均财政收入每提高 1%，初中阶段生均教育事业费支出会提高 1.334%。②在校生数在 1% 水平下显著，但对初中阶段生均教育事业费支出存在显著的负向影响，其回归系数为 −0.836，表明在对其他变量进行控制下，在校生数每提高 1%，初中阶段生均教育事业费支出则会降低 0.836%。③专任教师数在 1% 水平下显著，对初中阶段生均教育事业费支出存在显著的正向影响，其回归系数为 0.439，表明在对其他变量进行控制下，专任教师数每提高 1%，初中阶段生均教育事业费支出则会提高 0.439%。

表 4.14　初中阶段生均教育事业费支出模型的回归结果

解释变量	系数	标准差	T 值	P 值
常数	1.646	1.029	1.599	0.110
人均财政收入水平	1.334	0.024	55.038	0.000 ***

续表

解释变量	系数	标准差	T 值	P 值
在校生数	-0.836	0.078	-10.666	0.000***
专任教师数	0.439	0.131	3.351	0.000***
观测值个数	465			
R^2	0.982			
F 值	732.621			
P 值	0.000			

注：***表示在1%水平下显著。

从四类地区的固定效应看，不同地区之间存在较为明显的差异，不同省份之间也存在明显的省际差异（见表4.15）。其中，东部地区的固定效应均值为-0.358，中部地区的固定效应均值为0.282，西部地区的固定效应值为0.190，东北地区的固定效应均值为-0.128。东部地区除河北外，其他省份的地区固定效应值均为负值，且负值绝对值最大的前三位分别是天津、北京、上海。中部地区的固定效应值均为正值，前三位分别是安徽、河南、湖南。西部地区的固定效应值正值多于负值，前三位分别是贵州、云南、四川。东北地区辽宁、吉林的固定效应值均是负值，黑龙江是正值。

表4.15　初中阶段生均教育事业费的地区固定效应值

东部地区		中部地区		西部地区		东北地区	
省份	效应值	省份	效应值	省份	效应值	省份	效应值
北京	-0.748	山西	0.109	广西	0.451	辽宁	-0.292
上海	-0.666	安徽	0.511	内蒙古	-0.526	吉林	-0.204
河北	0.163	江西	0.293	四川	0.534	黑龙江	0.112
天津	-1.059	河南	0.350	重庆	-0.150		
江苏	-0.274	湖北	0.102	贵州	0.814		
浙江	-0.259	湖南	0.326	云南	0.740		
福建	-0.430			西藏	0.173		
山东	-0.006			陕西	0.125		
广东	-0.122			甘肃	0.529		
海南	-0.182			青海	-0.266		
				宁夏	-0.416		

续表

东部地区		中部地区		西部地区		东北地区	
省份	效应值	省份	效应值	省份	效应值	省份	效应值
				新疆	0.268		
均值	-0.358	均值	0.282	均值	0.190	均值	-0.128

从东部、中部、西部和东北地区的固定效应看，历年初中阶段生均教育事业费越低的地区，固定效应值越大；反之，历年初中阶段生均教育事业费越高的地区，固定效应值越小。东部地区历年初中阶段生均教育事业费最高，地区固定效应的均值最小；中部地区历年初中阶段生均教育事业费最低，地区固定效应的均值最大。西部和东北地区居于中间。地区固定效应值与生均教育事业费的这种颠倒关系，可能的解释是，我国初中阶段生均教育事业费的划拨并没有完全依据经济发展、在校生数和专任教师数的规模来实施。一般而言，经济相对发达的地区，初中阶段生均教育事业费支出会更高，而经济相对欠发达地区，初中阶段生均教育事业费支出会更低，但从统计数据看，事实不是如此。从 2012~2018 年初中阶段生均教育事业费支出增长最快省份看，广东人均财政收入远远高于大部分省份，但初中阶段生均教育事业费支出一直较低。即使在 2013 年和 2016 年，广东初中阶段生均教育事业费支出的增速居全国第一，但生均教育事业费也远远低于全国平均值，如表 4.16 所示。

表 4.16　初中阶段生均教育事业费增长最快的省份

年份	2012	2013	2014	2015	2016	2017	2018
省份	陕西	广东	湖北	西藏	广东	北京	安徽
增长率（%）	41.49	22.76	32.82	43.37	19.81	26.63	13.46
全国增长率（%）	24.38	13.78	11.89	16.85	10.83	9.13	3.81
当年实际值（元）	10503	7509	11348	23845	13726	57636	15021
全国平均值（元）	10024	11241	12507	14589	16054	17542	18177
实际排名	10	25	14	4	17	1	19
上一年排名	14	29	13	5	19	1	22

资料来源：依据历年《中国教育经费统计年鉴》整理而成。

（二）初中阶段生均公用经费支出回归分析

从模型拟合度来看，我国初中阶段生均公用经费支出回归结果的 R^2 为 0.934，表明生均公用经费支出模型的拟合效果较好。其中，人均财政收入水平的 P 值在 1% 的水平下显著，在校生数的 P 值在 10% 的水平下显著，专任教师数的 P 值远远没有通过显著检验。

从回归结果可以发现,人均财政收入水平对初中阶段生均公用经费支出的差异产生了一定影响。人均财政收入水平在 1% 水平下显著,对初中阶段生均公用经费支出存在显著的正向影响,其回归系数为 1.869,表明在对其他变量进行控制下,人均财政收入水平每提高 1%,初中阶段生均公用经费支出会提高 1.869%。在校生数在 10% 水平下显著,对初中阶段生均公用经费支出存在显著的负向影响,其回归系数为 -0.316,表明在对其他变量进行控制下,在校生数每提高 1%,初中阶段生均公用经费则会减少 0.316%。专任教师数没有通过显著性统计检验,表明专任教师数对初中阶段生均公用经费支出可能不存在直接影响,如表 4.17 所示。

表 4.17　初中阶段生均公用经费支出模型的回归结果

解释变量	系数	标准差	T 值	P 值
常数	-4.214	2.492	-1.690	0.091*
人均财政收入水平	1.869	0.059	31.844	0.000***
在校生数	-0.316	0.189	-1.663	0.096*
专任教师数	-0.295	0.317	-0.932	0.351
观测值个数	465			
R^2	0.934			
F 值	186.401			
P 值	0.000			

注:***、*分别表示在 1%、10% 水平下显著。

从表 4.18 中四类地区的固定效应看,不同地区之间存在较为明显的差异,不同省份之间也存在明显的省际差异。其中,东部地区的固定效应均值为 -0.652,而中部地区的固定效应均值为 0.553,西部地区的固定效应均值为 0.290,东北地区的固定效应值均为 -0.092。从长期趋势看,也是生均公用经费越高的地区,地区固定效应的均值越小;生均公用经费越低的地区,地区固定效应的均值越大。

表 4.18　初中阶段生均公用经费的地区固定效应值

东部地区		中部地区		西部地区		东北地区	
省份	效应值	省份	效应值	省份	效应值	省份	效应值
北京	-0.824	山西	0.312	广西	0.547	辽宁	-0.298

续表

东部地区		中部地区		西部地区		东北地区	
省份	效应值	省份	效应值	省份	效应值	省份	效应值
上海	-1.155	安徽	0.769	内蒙古	-0.670	吉林	-0.184
河北	0.232	江西	0.624	四川	0.834	黑龙江	0.205
天津	-1.965	河南	0.881	重庆	0.057		
江苏	-0.848	湖北	0.104	贵州	1.105		
浙江	-0.828	湖南	0.627	云南	0.953		
福建	-0.660			西藏	-0.288		
山东	-0.098			陕西	0.416		
广东	-0.224			甘肃	0.831		
海南	-0.154			青海	-0.429		
				宁夏	-0.395		
				新疆	0.519		
均值	-0.652	均值	0.553	均值	0.290	均值	-0.092

　　东部地区初中阶段生均公用经费均值最高，而地区固定效应值最低。2014年前，东北地区初中阶段生均公用经费均值一直大于中部和西部地区，西部地区则一直高于中部地区。2015年及之后，中部和西部地区的初中阶段生均公用经费开始高于东北地区，但时间周期还不明显，所以模型估计出来的固定效应系数显示中部和西部明显高于东北。与初中阶段生均教育事业费支出类似，地区固定效应值与生均公用经费的这种颠倒关系，反映出我国初中阶段生均公用经费支出的划拨可能也并没有完全依据经济发展、在校生数和专任教师数的规模来实施，还存在许多其他因素发生了作用，这从2012～2018年初中阶段生均公用经费支出增长最快的省份中也可以得到说明。如2015年湖北初中阶段生均公用经费增速全国第一，但当年实际值远小于全国平均值。贵州、辽宁的初中阶段生均公用经费多年位于全国倒数第一、第二，但增速反而不高，如表4.19所示。

表4.19　初中阶段生均公用经费增长最快的省份

年份	2012	2013	2014	2015	2016	2017	2018
省份	黑龙江	江苏	西藏	湖北	海南	北京	天津
增长率（%）	88.91	48.09	32.84	68.88	20.63	27.38	30.40
全国增长率（%）	31.63	10.85	4.59	7.70	5.98	6.47	3.04
当年实际值（元）	3427	3368	4952	3899	5939	21282	6539

续表

年份	2012	2013	2014	2015	2016	2017	2018
全国平均值（元）	3299	3667	3850	4152	4367	4680	4885
实际排名	11	13	4	13	4	1	4
上一年排名	23	21	10	28	5	1	5

资料来源：依据历年《中国教育经费统计年鉴》整理而成。

（三）单位根检验

为了确定所构建的面板数据模型是否可能存在伪回归，对初中生均教育事业费和生均公用经费的面板数据进行了单位根检验（见表4.20）。检验结果显示，两组模型的LLC、IPS、ADF和PP的P值均小于0.000，表明所采用的数据结构平等，不存在伪回归现象，采用面板数据模型进行分析较为合适。

表4.20 单位根检验结果

检验方法	教育事业费		公用经费	
	统计值	P值	统计值	P值
LLC	−20.800	0.000	−18.588	0.000
IPS	−12.204	0.000	−12.175	0.000
ADF	255.111	0.000	254.138	0.000
PP	354.558	0.000	471.522	0.000

四、普通高中阶段生均教育经费区域效应分析

（一）普通高中阶段生均教育事业费支出回归分析

从模型拟合度看，我国普通高中阶段生均教育事业费支出回归结果的 R^2 为0.978，人均财政收入水平、在校生数和专任教师数的P值均在1%的水平下显著，表明普通高中阶段生均教育事业费模型的拟合效果较为理想。

从回归结果可以发现，人均财政收入水平、在校生数和专任教师数对普通高中阶段生均教育事业费支出的差异产生了一定影响。其中：①人均财政收入水平在1%水平下显著，对普通高中阶段生均教育事业费支出存在显著的正向影响，其回归系数为1.197，表明在对其他变量进行控制下，人均财政收入水平每提高1%，普通高中阶段生均教育事业费支出会提高1.197%。②在校生数在1%水平下显著，但对普通高中阶段生均教育事业费支出存在显著的负向影响，其回归系数为−1.270，表明在对其他变量进行控制下，在校生数每提高1%，普通高中阶

段生均教育事业费支出则会降低1.270%。③专任教师数在1%水平下显著,对普通高中阶段生均教育事业费支出存在显著的正向影响,其回归系数为0.871,表明在对其他变量进行控制下,专任教师数每提高1%,普通高中阶段生均教育事业费支出则会提高0.871%,如表4.21所示。

表4.21 普通高中阶段生均教育事业费支出模型的回归结果

解释变量	系数	标准差	T值	P值
常数	3.980	0.626	6.359	0.000***
人均财政收入水平	1.197	0.028	42.729	0.000***
在校生数	-1.270	0.080	-15.810	0.000***
专任教师数	0.871	0.115	7.599	0.000***
观测值个数	465			
R²	0.978			
F值	589.270			
P值	0.000			

注:***表示在1%水平下显著。

从四类地区的固定效应看,不同地区之间存在较为明显的差异,不同省份间也存在明显的省际差异。其中,东部地区的固定效应均值为-0.296,而中部地区的固定效应均值为0.227,西部地区的固定效应均值为0.173,东北地区的固定效应均值为-0.157。这些表明,我国当前的普通高中阶段生均教育事业费支出可能与地区经济基础和资源禀赋因素不是直接的对应关系,还存在其他一些因素在影响普通高中阶段生均教育事业费的支出。可能的解释是,我国普通高中阶段生均教育经费的划拨并没有完全依据经济发展、在校生数和专任教师数的规模来实施。从2010~2018年我国各省份普通高中阶段生师比分析中也可以发现,虽然东部地区生师比明显低于中部和西部地区,但是,广东的生师比高于山西、黑龙江,而广东的人均GDP一直要远远高于山西、黑龙江,以2018年为例,广东人均GDP为86412元,山西为45328元,黑龙江为43274元,如表4.22所示。

表4.22 普通高中阶段生均教育事业费的地区固定效应值

东部地区		中部地区		西部地区		东北地区	
省份	效应值	省份	效应值	省份	效应值	省份	效应值
北京	-0.588	山西	0.118	广西	0.399	辽宁	-0.282

东部地区		中部地区		西部地区		东北地区	
省份	效应值	省份	效应值	省份	效应值	省份	效应值
上海	-0.694	安徽	0.446	内蒙古	-0.396	吉林	-0.208
河北	0.175	江西	0.348	四川	0.407	黑龙江	0.018
天津	-0.792	河南	0.308	重庆	-0.045		
江苏	-0.299	湖北	-0.035	贵州	0.798		
浙江	-0.254	湖南	0.174	云南	0.582		
福建	-0.407			西藏	0.043		
山东	-0.049			陕西	0.169		
广东	0.086			甘肃	0.506		
海南	-0.139			青海	-0.265		
				宁夏	-0.322		
				新疆	0.200		
均值	-0.296	均值	0.227	均值	0.173	均值	-0.157

综合前述的分析,我国基础教育生均教育经费来自中央财政和地方财政两大块,其中地方占比一般在94%~95%。而地方在进行财政性教育经费划拨时,自2012年起,国家要求财政性教育经费占地区生产总值比例达到4%及以上。这样,以往普通高中阶段生均教育事业费没有达到标准的省份,在4%的标准下,会突然增加生均教育事业费的拨款,导致生均教育事业费突然出现较大的变化,这也是东部地区和东北地区的固定效应为负值,而中部和西部地区的固定效应为正值的重要原因。近几年普通高中阶段生均教育事业费增长最快的省份都在中西部也表明了这点,如2018年贵州增长20.27%(全国增长8.64%)、2017年河南增长27.38%(全国增长11.80%)、2016年湖南增长26.58%(全国增长13.81%)、2015年湖北增长47.23%(全国增长19.90%),如表4.23所示。

表4.23 普通高中阶段生均教育事业费增长最快的省份

年份	2012	2013	2014	2015	2016	2017	2018
省份	湖北	甘肃	天津	湖北	湖南	河南	贵州
增长率(%)	54.05	24.5	42.58	47.23	26.58	27.38	20.27
全国增长率(%)	29.61	8.64	6.83	19.90	13.81	11.80	8.64
当年实际值(元)	5275	7306	30090	11536	9740	8169	12795
全国平均值(元)	9668	10646	11658	13769	15376	17124	18258

续表

年份	2012	2013	2014	2015	2016	2017	2018
实际排名	31	21	3	12	26	31	21
上一年排名	31	29	3	20	30	31	28

资料来源：依据历年《中国教育经费统计年鉴》整理而成。

（二）普通高中阶段生均公用经费支出回归分析

从模型拟合度看，我国普通高中阶段生均公用经费支出回归结果的 R^2 为 0.934，表明普通高中阶段生均公用经费支出模型拟合效果较好，人均财政收入水平的 P 值在 1% 的水平下显著，在校生数的 P 值在 5% 的水平下显著，而专任教师数的 P 值远远没有通过显著性检验。

从回归结果可以发现，人均财政收入水平对普通高中阶段生均公用经费支出的差异产生了一定影响。人均财政收入水平在 1% 水平下显著，对普通高中阶段生均公用经费支出存在显著的正向影响，其回归系数为 1.882，表明在对其他变量进行控制下，人均财政收入水平每提高 1%，普通高中阶段生均公用经费支出会提高 1.882%。在校生数在 5% 水平下显著，对普通高中阶段生均公用经费支出存在显著的负向影响，其回归系数为 -0.421，表明在对其他变量进行控制下，在校生数每提高 1%，普通高中阶段生均公用经费支出则会减少 0.421%（见表 4.24）。专任教师数都没有通过显著性统计检验，表明二者对普通高中阶段生均公用经费支出可能不存在直接影响。

表 4.24 普通高中阶段生均公用经费支出模型的回归结果

解释变量	系数	标准差	T 值	P 值
常数	-2.942	1.427	-2.061	0.039**
人均财政收入水平	1.882	0.064	29.446	0.000***
在校生数	-0.421	0.183	-2.300	0.022**
专任教师数	-0.349	0.261	-1.336	0.182
观测值个数	465			
R^2	0.934			
F 值	184.327			
P 值	0.000			

注：***、*分别表示在 1%、5% 水平下显著。

从四类地区的固定效应看，不同地区之间存在较为明显的差异，不同省份之间也存在明显的省际差异。其中，东部地区的固定效应均值为-0.464，中部地区的固定效应均值为0.447，西部地区的固定效应均值为0.208，东北地区的固定效应均值为-0.179（见表4.25）。这些表明，我国当前的普通高中阶段生均公用经费的支出可能与地区经济基础和资源禀赋因素不是直接的对应关系，还存在其他一些因素在影响普通高中阶段生均公用经费的支出。可能的解释是，我国普通高中阶段生均公用经费支出的划拨并没有完全依据经济发展、在校生数和专任教师数的规模来实施，还存在许多其他因素发生了作用，模型中在校生数回归系数为负，而专任教师数统计检验不显著也说明了这一点。

表4.25　普通高中阶段生均公用经费的地区固定效应值

东部地区		中部地区		西部地区		东北地区	
省份	效应值	省份	效应值	省份	效应值	省份	效应值
北京	-0.582	山西	0.394	广西	0.433	辽宁	-0.325
上海	-1.192	安徽	0.582	内蒙古	-0.527	吉林	-0.310
河北	0.464	江西	0.570	四川	0.645	黑龙江	0.097
天津	-1.522	河南	0.914	重庆	0.131		
江苏	-0.700	湖北	-0.090	贵州	0.977		
浙江	-0.474	湖南	0.314	云南	0.994		
福建	-0.727			西藏	-0.682		
山东	0.004			陕西	0.459		
广东	0.261			甘肃	0.749		
海南	-0.173			青海	-0.567		
				宁夏	-0.512		
				新疆	0.395		
均值	-0.464	均值	0.447	均值	0.208	均值	-0.179

从近几年普通高中阶段生均公用经费最快的省份看，2018年贵州增长40.36%（全国增长7.40%）、2017年宁夏增长24.56%，（全国增长6.18%）、2016年湖南增长38.13%（全国增长9.41%），2015年湖北增长104.54%（全国增长8.28%），中西部省份由于以往普通高中阶段生均公用经费投入不足，故而近几年加大投入力度，出现了大幅增长趋势，这也是地区效应与经济状况没有直接对应的重要原因。再从生师比分析，也可以发现近几年普通高中阶段生均公用经费增长快的省份，生师比也远远高于全国平均值。2018年，贵州普通高中阶

段生师比 15.1，排全国 27 位；2017 年，宁夏普通高中阶段生师比 13.7，排全国 20 位；2016 年，湖南普通高中阶段生师比 15.4，排全国 27 位；2015 年，湖北普通高中阶段生师比 13.1，排全国 11 位（见表 4.26）。在校生数与专任教师数的效应系数为负值，普通高中阶段生师比中也能说明这点。

表 4.26　普通高中阶段生均公用经费增长最快的省份

年份	2012	2013	2014	2015	2016	2017	2018
省份	黑龙江	甘肃	天津	湖北	湖南	宁夏	贵州
增长率（%）	161.96	50.84	87.16	104.54	38.13	24.56	40.36
全国增长率（%）	53.66	5.74	-1.55	8.28	9.41	6.18	7.40
当年实际值（元）	3059	2513	10412	3718	2254	3257	3812
全国平均值（元）	3315	3594	3755	3950	4296	4533	4767
实际排名	13	20	2	12	29	14	13
上一年排名	24	27	3	27	31	21	21

资料来源：依据历年《中国教育经费统计年鉴》整理而成。

（三）单位根检验

为了确定回归模型是否可能存在伪回归，对本书中的面板数据进行了单位根检验。检验结果表明，模型数据平等，不存在伪回归现象，如表 4.27 所示。

表 4.27　单位根检验结果

检验方法	教育事业费		公用经费	
	统计值	P 值	统计值	P 值
LLC	-19.737	0.000	-17.493	0.000
IPS	-11.214	0.000	-11.257	0.000
ADF	237.082	0.000	223.643	0.000
PP	339.491	0.000	431.463	0.000

第四节　本章小结

基础教育小学、初中、普通高中阶段的计量模型均表明，我国当前的基础教育生均教育经费支出存在显著的区域效应。换言之，基础教育资源配置存在区域效应。同时,基础教育生均教育经费支出可能与地区经济基础和资源禀赋因素不是直接的对应关系,还存在其他一些因素在发生作用。中西部省份由于以往生均教育经费投入不足,自 2012 年后持续加大投入力度,出现了大幅增长趋势,打破了以往与经济增长相对应的比例关系,这是地区固定效应与经济状况没有直接对应的重要原因之一。另外,农村小规模学校的合并,基础教育生师比的变化等,也是影响地区固定效应的重要原因。具体地看,基础教育不同阶段,生均教育事业费和生均公用经费影响机制也存在较大不同。

小学阶段生均教育事业费计量模型分析结果表明,人均财政收入、在校生数和专任教师数对小学阶段生均教育事业费支出的差异产生了一定影响。其中,人均财政收入在 1%水平下显著,对小学阶段生均教育事业费支出存在显著的正向影响;在校生数在 1%水平下显著,对小学阶段生均教育事业费支出存在显著的负向影响;专任教师数在 1%水平下显著,对小学阶段生均教育事业费支出存在显著的正向影响。小学阶段生均公用经费计量模型分析结果表明,人均财政收入在 1%水平下显著,对小学阶段生均公用经费支出存在显著的正向影响;在校生数和专任教师数对小学阶段生均公用经费支出不存在直接影响。

初中阶段生均教育事业费计量模型分析结果表明,人均财政收入、在校生数和专任教师数对初中阶段生均教育事业费支出的差异产生了一定影响。其中,人均财政收入在 1%水平下显著,对初中阶段生均教育事业费支出存在显著的正向影响;在校生数在 1%水平下显著,但对初中阶段生均教育事业费支出存在显著的负向影响;专任教师数在 1%水平下显著,对初中阶段生均教育事业费支出存在显著的正向影响。初中阶段生均公用经费计量模型分析结果表明,人均财政收入在 1%水平下对初中阶段生均公用经费支出存在显著的正向影响;在校生数在 10%水平下显著,对初中阶段生均公用经费支出存在显著的负向影响;专任教师数对初中阶段生均公用经费支出不存在直接影响。

普通高中阶段生均教育事业费计量模型分析结果表明,人均财政收入、在校生数和专任教师数对普通高中阶段生均教育事业费支出的差异产生了一定影响。其中,人均财政收入在 1%水平下显著,对普通高中阶段生均教育事业费支出存在显著的正向影响;在校生数在 1%水平下显著,对普通高中阶段生均教育事业费支出存在显著的负向影响;专任教师数在 1%水平下显著,对普通高中阶段生均教育事业费支出存在显著的正向影响。普通高中阶段生均公用经费计量模型分析结果表明,人均财政收入在 1%水平下显著,对普通高中阶段生均公用经费支出存在显著的正向影响;在校生数在 5%水平下显著,对普通高中阶段生均公用经费支出存在显著的负向影响;专任教师数没有通过显著性统计检验,可能对普通高中阶段生均公用经费支出不存在直接影响。

第五章　基础教育资源公平配置的空间效应

第一节　导　言

　　基础教育均衡发展是一个相对抽象的理念，中央到地方的各种政策制定的目的，就是要将基础教育均衡发展转化为一系列具有可操作性且能够实际进行操作的各种技术手段。因此，如何实现基础教育资源优质均衡配置，还要看实际的财政性教育经费支出如何分配，城乡师资力量如何统筹等，最终取决于中央和地方政府的财政性教育支出及相关的教育资源能否在追求最优效率的基础上满足基础教育实际发展需要。依据当前我国基础教育财政支出体制，中央所占比例在4%~5%，地方所占比例在95%~96%。如果地方政府财政性教育支出有限，即使有更好的制度来保障教育资源配置，那么在公平均衡配置的基础上，只能牺牲配置效率。教育投入存在一定门槛和规模效应，如果教育投入的规模远远低于发生效应的门槛，那么教育投入在追求公平的同时，只会形成更人的教育资源浪费。国际上普遍要求一个国家或地区的教育总投入达到这个国家或地区的国内生产总值的4%，也基于教育资源配置需要兼顾公平与效率的事实。

　　我国历来重视基础教育的投入。随着经济高速增长，我国中央和地方政府的财政性教育支出也在以较快的速度增长，至2012年我国财政性教育经费支出历史性地实现了占地区生产总值4%的目标。2013年，全国公共财政性教育经费支出（包括教育事业费、基建经费和教育费附加）达到21405.67亿元，比2012年增长5.37%，占国内生产总值的4.30%，占公共财政支出的比例为15.27%，是2008年的2.40倍，表明近年来我国逐步加大了教育经费支出，教育经费投入出现了较大的改善。虽然我国财政性教育经费支出总量呈现大幅增长，已经超过了国内生产总值的4%，各个省份的财政性教育经费支出也呈现大幅增长，但从教育部、国家统计局、财政部关于2004年和2014年《全国教育经费执行情况统计公告》的 10 年对比中可以看到，全国 31 个省份间的公共财政教育支出、公共财政教育支出占公共财政支出比例、公共财政教育支出年增长比例等存在巨大差异。以 2014 年为例，公共财政教育支出最多的省份是广东，高达 1779.50 亿元，而最低的省份是宁夏，只有 119.59 亿元，两者相差 14.88 倍；公共财政教育支出占公共财政支出比例最高的省份是山东，占比为 20.34%，比例最低的省份是青海，占比为 11.59%，两者相差 1.75 倍。

我国提出教育起点公平，然而随着财政性教育经费支出差距的扩大，教育公平受到的挑战也在变大。我国自 1994 年 1 月 1 日开始实行分税制改革，1995 年正式实施转移支付办法，从此财政教育支出与地方财政收入开始挂钩。因此，当一个地方的财政支出较为固定的时候，增加财政性教育支出，必然要挤占其他支出。同时，地方政府之间在财政性教育支出方面也会存在相互影响的竞争效应和模仿效应，这种竞争效应和模仿效应会影响财政性教育支出的分配。那么，地方政府在进行财政性教育经费支出时会受到哪些因素影响，不同地区之间是否存在财政性教育支出竞争效应和模仿效应？这些在以往的研究中受到了一定程度的忽略，基于此，本章采用各省份的省际面板数据建立空间自回归计量模型，分析影响地方政府财政性教育支出的空间竞争效应和模仿效应。

财政性教育经费支出是基础教育资源中最重要的部分，以财政性教育经费支出为基础教育资源的标志，通过分析财政性教育经费支出的空间效应，进而推断基础教育资源是否存在空间效应，能够较好地解释基础教育资源配置中因空间地理位置而发生的竞争效应和模仿效应。

第二节　地方政府财政性教育经费支出现状

一、地方政府财政性教育经费支出总量

我国地方政府在进行公共预算支出时，财政性教育经费支出的占比比较低，不同省份存在较大差异。同时，不同省份的实际财政性教育经费支出更是存在巨大差距。虽然我国要求从 2012 年起国家财政性教育经费占国内生产总值比例超过 4%，实际上，2011 年为 3.93%、2012 年为 4.28%、2013 年为 4.16%、2014 年为 4.10%、2015 年为 4.26%、2016 年为 4.22%、2017 年为 4.14%、2018 年为 4.11%。[①] 但也从这些数据中可以发现，全国的财政性教育经费占国内生产总值

---

① 全国教育经费执行公告：http：//www.moe.edu.cn/jyb_sjzl/sjzl_jfzxgg/。

比例也刚刚超过4%，且这个数据带有平均值的性质，那么必然有的省份超过了
这个比例，还有的省份可能刚刚达到这个比例。

从表5.1中可以看到，以2018年为例，我国各省份中，财政性教育经费支
出最多的省份是广东，高达2805.31亿元，远远高于在第二的江苏2040.47亿元
和第三的山东2001.21亿元；最少的省份是宁夏，只有167.97亿元，随后是青
海198.94亿元和西藏229.02亿元。从这些数据可以发现，财政性教育经费支出
较多的省份是财政性教育经费支出较少的省份的十几倍，差距十分明显。

表5.1　各省份财政性教育经费支出（亿元）

年份	2011	2012	2013	2014	2015	2016	2017	2018
北　京	528.20	611.92	699.14	758.49	847.43	882.29	955.70	1020.72
天　津	302.90	378.75	461.51	517.01	464.23	425.80	434.61	448.04
河　北	594.69	795.83	769.33	802.31	1001.07	1115.58	1246.63	1354.50
山　西	413.15	490.29	511.37	495.80	598.89	607.59	618.09	668.96
内蒙古	373.29	420.23	438.14	459.34	518.60	543.29	545.77	566.65
辽　宁	539.00	722.57	671.01	604.14	609.45	632.84	647.42	653.70
吉　林	332.50	451.05	422.25	403.43	470.46	495.92	503.80	508.60
黑龙江	361.39	537.53	485.63	502.22	573.04	595.97	595.07	587.72
上　海	547.63	610.75	667.73	674.36	739.52	801.98	835.65	889.96
江　苏	1026.42	1263.36	1368.86	1485.19	1743.57	1841.94	1979.27	2040.47
浙　江	727.66	841.38	918.96	1018.57	1220.87	1313.65	1413.14	1567.41
安　徽	561.98	715.42	731.51	743.07	856.73	910.87	1012.52	1111.49
福　建	399.84	532.66	566.56	628.09	747.25	789.36	850.47	923.84
江　西	474.42	616.33	652.24	696.22	783.42	840.16	939.42	1048.51
山　东	1047.94	1311.11	1397.67	1460.15	1686.89	1823.18	1888.83	2001.21
河　南	816.00	1051.17	1102.47	1097.58	1150.62	1245.01	1441.41	1621.02
湖　北	437.88	550.84	591.90	690.63	860.20	979.79	1037.10	1050.96
湖　南	497.36	712.44	800.72	823.67	913.89	1027.39	1119.83	1177.77
广　东	1171.05	1415.52	1617.48	1779.50	2042.84	2243.90	2522.55	2805.31
广　西	454.60	589.78	611.85	659.35	789.34	850.78	911.92	927.82
海　南	117.51	149.28	154.16	170.71	206.45	213.92	220.73	248.98
重　庆	306.18	417.50	406.85	447.14	519.93	565.26	614.54	678.83
四　川	681.90	983.40	1031.33	1051.39	1243.87	1277.45	1397.19	1470.00

续表

年份	2011	2012	2013	2014	2015	2016	2017	2018
贵 州	365.52	500.94	553.48	631.83	766.05	840.25	906.66	983.86
云 南	479.01	664.07	670.87	669.14	758.02	864.12	988.75	1069.49
西 藏	75.61	91.33	110.37	142.64	178.93	175.83	216.36	229.02
陕 西	490.32	650.24	680.91	694.68	746.79	776.29	814.11	855.68
甘 肃	272.62	362.18	376.17	401.10	499.85	548.78	567.36	592.96
青 海	129.91	167.08	123.16	156.23	163.20	168.79	186.63	198.94
宁 夏	97.38	102.89	111.74	119.59	139.18	149.71	166.80	167.97
新 疆	399.83	462.72	520.50	558.25	641.52	664.59	721.70	815.64

资料来源：依据历年《中国统计年鉴》整理而成。

仅仅从各省份的财政性教育经费支出总量看，还无法发现各省份基础教育生均教育经费的差异。为了更好地考察不同地区基础教育财政性教育经费支出情况，以2018年为例，我们分别对东部、中部和西部的基础教育生均教育经费支出及增长率进行了比较分析。①

从表5.2中可以看到，2018年，广东是东部地区财政性教育经费支出最高的省份，小学、初中、普通高中的生均教育经费增长率也较高，但实际的生均教育经费并不高。2018年，广东小学、初中阶段生均教育经费在东部地区位于北京、天津、上海、江苏、浙江后，排第6位；普通高中阶段生均教育经费位于北京、天津、上海、江苏、浙江和海南后，排第7位。

表5.2　东部地区财政教育经费支出总量、基础教育阶段生均教育经费支出与增长率（%）

	支出总量（亿元）	小学（元）		初中（元）		普通高中（元）	
北 京	1020.72	34056.72	4.60	64382.26	5.21	75612.21	4.93
天 津	448.04	20497.47	0.96	33842.15	0.59	36951.66	4.53
河 北	1354.50	8829.12	6.76	12621.51	4.29	13589.28	6.80

---

① 与第二~四章的分析不同，由于东北地区只有辽宁、吉林和黑龙江3个省份，单独分离出来分析，后面的空间效应估计结果会受到影响。因此，本章按照传统的东部、中部和西部进行分析，把辽宁放入东部地区，吉林和黑龙江放入中部地区。即东部地区包括北京、天津、上海、河北、江苏、辽宁、浙江、广东、福建、山东、海南11个省份；中部地区包括山西、吉林、黑龙江、安徽、江西、河南、湖北、湖南8个省份；西部地区包括内蒙古、广西、四川、重庆、贵州、陕西、云南、甘肃、青海、西藏、新疆、宁夏12个省份。

续表

	支出总量（亿元）	小学（元）		初中（元）		普通高中（元）	
辽 宁	653.70	10603.33	-4.01	15701.34	2.06	14039.96	7.38
上 海	889.96	28044.14	2.81	43477.80	8.70	56313.87	4.67
江 苏	2040.47	13622.07	-4.64	23633.61	-3.51	28948.77	7.06
浙 江	1567.41	16369.99	7.82	24024.75	7.46	29489.61	14.64
福 建	923.84	11007.28	2.79	18284.00	4.96	18535.73	14.05
山 东	2001.21	10124.91	1.84	16865.73	1.82	15946.52	8.42
广 东	2805.31	12964.59	5.62	19562.29	11.09	19149.20	14.53
海 南	248.98	12815.16	9.16	17904.66	8.70	19367.30	4.69

资料来源：依据历年《中国统计年鉴》和《中国教育经费统计年鉴》整理而成。

从表5.3中可以看到，2018年，中部地区财政教育经费支出总量最高的省份是河南，且增长率也较高。在中部地区各省份中，2018年，河南小学阶段生均教育经费增长率排在第1位，初中和普通高中阶段生均教育经费增长率排在第2位。然而，河南实际的基础教育生均财政性教育经费并不高，反而是中部地区中最低的，小学、初中、普通高中的生均教育经费均远远低于中部其他省份。

表5.3 中部地区财政教育经费支出总量、基础教育阶段生均教育经费支出与增长率（%）

	支出总量（亿元）	小学（元）		初中（元）		普通高中（元）	
山 西	668.96	11139.29	4.17	15401.42	8.95	15020.11	19.23
吉 林	508.60	14404.53	-2.65	18397.70	-4.24	13438.81	4.52
黑龙江	587.72	14446.62	-1.59	16506.77	-1.14	12899.62	2.05
安 徽	1111.49	10419.13	7.78	16214.80	11.19	13374.66	10.93
江 西	1048.51	9687.58	8.00	12945.42	7.72	13970.79	9.30
河 南	1621.02	6801.84	10.81	10674.31	11.04	10047.73	13.56
湖 北	1050.96	10597.83	-4.09	17439.10	-6.81	17672.42	6.27
湖 南	1177.77	8999.26	2.39	13618.14	1.64	13443.81	4.21

资料来源：依据历年《中国统计年鉴》和《中国教育经费统计年鉴》整理而成。

从表5.4中可以看到，2018年四川是西部地区中教育经费支出总量最高的省份，基础教育生均教育经费增长率也较高，但实际生均教育经费并不高。小学阶段生均教育经费位于西部地区第11位，初中阶段生均教育经费位于第8位，普

我国区域基础教育资源公平配置量化研究

通高中阶段生均教育经费位于第 11 位。

表 5.4　西部地区财政教育经费支出总量、基础教育阶段生均教育经费支出与增长率（%）

	支出总量（亿元）	小学（元）		初中（元）		高中（元）	
内蒙古	566.65	14302.61	-0.01	18252.28	2.28	17205.96	9.10
广　西	927.82	8363.60	0.71	10874.68	1.50	10976.94	-2.02
重　庆	678.83	12300.58	9.93	16802.04	7.41	15048.84	8.49
四　川	1470.00	10682.82	4.67	14552.21	2.97	12488.62	6.79
贵　州	983.86	10842.93	4.89	13021.59	11.15	14061.30	19.89
云　南	1069.49	12088.65	9.84	14487.35	9.83	14123.11	5.48
西　藏	229.02	29613.96	2.86	32803.37	7.57	33786.13	-29.82
陕　西	855.68	12000.42	2.20	17230.40	6.71	16350.02	13.11
甘　肃	592.96	11592.78	0.60	14273.63	6.16	12618.89	4.84
青　海	198.94	15549.92	4.51	19469.17	2.54	19995.36	10.02
宁　夏	167.97	10847.96	4.69	14781.14	2.32	14302.11	-1.75
新　疆	815.64	12962.26	5.24	20368.47	4.08	16993.14	9.39

资料来源：依据历年《中国统计年鉴》和《中国教育经费统计年鉴》整理而成。

从东部、中部和西部各省份的基础教育生均教育经费统计数据中可以发现，地方政府当年财政性教育经费支出总量与基础教育生均教育经费支出并不是直接对应关系。财政性教育经费支出总量高，并不表示基础教育生均教育经费也高；财政性教育经费支出总量低，基础教育生均教育经费并不一定低。出现这种情况，可能存在以下几种原因：

一是财政性教育经费支出总量中，包括幼儿园、小学、初中、普通高中、中等职业学校、高等学校的支出，财政性教育经费支出总量高，而基础教育生均教育经费低的省份，可能把更大的比例分配给了基础教育之外的其他层次教育。

二是财政性教育经费支出总量高，而基础教育生均教育经费低的省份，其基础教育在校生数远远高于财政性教育经费支出总量低，但基础教育生均教育经费高的省份的基础教育在校生数。

三是财政性教育经费支出总量高，而基础教育生均教育经费低的省份，由于基础教育在校生数基数大，其基础教育专任教师数远远高于财政性教育经费支出总量低，而基础教育生均教育经费高的省份的基础教育专任教师数。

二、地方政府财政性教育经费支出比重

仅仅观察各个省份的财政性教育经费支出绝对支出可能还无法完全理解不同省份之间财政性教育经费支出的区域差异，因为各省人口密度、教育从业人员、在校生人数比例、财政收入水平、地区经济增长总量等存在差异，还需要观察财政性教育经费支出占公共财政预算支出比重的相对变化趋势。从表5.5～表5.7中可以看出，不同省份财政性教育经费支出占公共财政预算支出的比重保持了较为稳定的变化趋势，但不同省份之间的区域差异较大，山东、贵州等省份近几年的占比或超过了20%，或接近20%，而内蒙古、辽宁、宁夏、西藏等省份在2018则不到13%。

表5.5　东部地区财政性教育经费支出占公共财政预算支出的比重（%）

年份 省份	2011	2012	2013	2014	2015	2016	2017	2018	均值
北　京	16.28	16.60	16.75	16.76	14.77	13.77	14.01	13.66	15.33
天　津	16.86	17.67	18.10	17.92	14.36	11.51	13.25	14.44	15.51
河　北	16.81	19.51	17.45	17.15	17.77	18.44	18.84	17.53	17.94
辽　宁	13.80	15.85	12.91	11.89	13.60	13.83	13.37	12.25	13.44
上　海	13.99	14.60	14.74	13.70	11.94	11.59	11.07	10.66	12.79
江　苏	16.50	17.98	17.55	17.53	18.00	18.45	18.63	17.50	17.77
浙　江	18.94	20.22	19.43	19.74	18.37	18.84	18.77	18.16	19.06
福　建	18.19	20.43	18.46	18.99	18.67	18.46	18.02	19.12	18.79
山　东	20.95	22.21	20.90	20.34	20.45	20.82	20.40	19.81	20.74
广　东	17.45	19.16	19.23	19.44	15.93	16.69	16.77	17.83	17.81
海　南	15.09	16.37	15.25	15.52	16.66	15.54	15.28	14.72	15.55
均　值	16.80	18.24	17.34	17.18	16.41	16.18	16.22	15.97	—

资料来源：依据历年《中国统计年鉴》和《中国教育经费统计年鉴》整理而成。

表5.6　中部地区财政性教育经费支出占公共财政预算支出的比重（%）

年份 省份	2011	2012	2013	2014	2015	2016	2017	2018	均值
山　西	17.48	17.77	16.88	16.07	17.50	17.72	16.45	15.62	16.94
吉　林	15.10	18.25	15.38	13.85	14.62	13.83	13.52	13.42	14.75
黑龙江	12.93	16.95	14.41	14.62	14.25	14.10	12.82	12.57	14.08

续表

年份\省份	2011	2012	2013	2014	2015	2016	2017	2018	均值
安 徽	17.01	18.06	16.82	15.93	16.35	16.49	16.32	16.91	16.74
江 西	18.72	20.41	18.79	17.93	17.75	18.20	18.33	18.50	18.58
河 南	19.21	21.00	19.75	18.21	16.92	16.70	17.53	17.59	18.36
湖 北	13.62	14.65	13.54	14.00	14.03	15.25	15.18	14.48	14.34
湖 南	14.13	17.30	17.07	16.42	15.95	16.21	15.78	15.75	16.08
均 值	16.03	18.05	16.58	15.88	15.92	16.06	15.74	15.61	—

资料来源：依据历年《中国统计年鉴》和《中国教育经费统计年鉴》整理而成。

表5.7 西部地区财政性教育经费支出占公共财政预算支出的比重（%）

年份\省份	2011	2012	2013	2014	2015	2016	2017	2018	均值
内蒙古	12.49	12.27	11.88	11.84	12.19	12.04	12.07	11.73	12.06
广 西	17.86	19.76	19.07	18.95	19.42	19.15	18.56	17.47	18.78
重 庆	11.91	13.70	13.29	13.53	13.71	14.13	14.17	14.95	13.67
四 川	14.59	18.04	16.58	15.47	16.59	15.95	16.08	15.14	16.06
贵 州	16.25	18.18	17.95	17.83	19.45	19.71	19.69	19.56	18.58
云 南	16.35	18.59	16.38	15.08	16.08	17.22	17.31	17.60	16.83
西 藏	9.97	10.09	10.88	12.03	12.95	11.07	12.86	11.62	11.43
陕 西	16.73	19.56	18.58	17.53	17.07	17.69	16.84	16.14	17.52
甘 肃	15.22	17.59	16.29	15.78	16.90	17.42	17.15	15.72	16.51
青 海	13.43	14.42	10.03	11.59	10.77	11.07	12.20	12.08	11.95
宁 夏	13.79	11.90	12.11	11.95	12.22	11.93	12.12	11.84	12.23
新 疆	17.50	17.01	16.97	16.83	16.86	16.06	15.55	16.27	16.63
均 值	14.67	15.93	15.00	14.87	15.35	15.29	15.38	15.01	—

资料来源：依据历年《中国统计年鉴》和《中国教育经费统计年鉴》整理而成。

如表5.5所示，2011~2018年，东部地区财政性教育经费支出占公共财政预算支出的比重均值最大的省份是山东，占比为20.74%，最低的是上海，占比为12.79%。其中，北京和上海历年财政性教育经费支出占公共财政预算支出的比重均不高，但两个城市的生均教育经费远高于其他省份，主要原因可能在于两个方面：一是公共财政预算支出本身更高，财政性教育经费支出与公共财政预算支出相比就显得较低；二是它们的在校学生数相对而言较其他省份更低，财政性教育经费支出与在校生的比率，即生均财政性教育经费也就更高。

如表5.6所示，2011~2018年，中部地区财政性教育经费支出占公共财政预算支出的比重均值较大的省份是江西与河南，占比为18.58%，最低的省份是黑龙江，占比为14.08%。其中，尽管河南财政性教育经费支出占公共财政预算支出的比重较大，但河南是生源大省，基础教育在校生人数更是远远高于多数省份，因而实际的生均教育经费一直处于全国较低，甚至连续多年是全国最低。

如表5.7所示，2011~2018年，西部地区财政性教育经费支出占公共财政预算支出的比重均值最大的省份是广西，占比为18.78%，最低的地区是西藏，占比为11.43%。广西虽然历年的财政性教育经费支出占公共财政预算支出的比重较大，但其实际公共财政预算支出不高，且在校生人数也较多，因而导致生均教育经费也处于较低位置。而西藏虽然财政性教育经费支出占公共财政预算支出的比重较低，但其在校生人数较少，因而其实际的生均教育经费处于较高位置。

把东部、中部和西部合并分析（见图5.1），可以发现，东部地区的财政性教育支出占公共财政预算支出的比重最高，占比在15.97%~18.24%；其次是中部地区，占比在15.61%~18.05%；西部地区比重最低，占比在14.67%~15.93%。

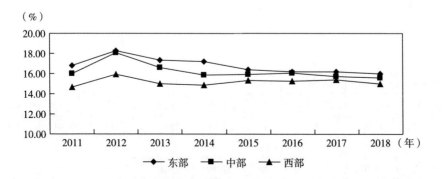

图5.1 东部、中部、西部财政性教育经费支出占公共财政预算支出的比重

三、地方政府财政性教育经费支出增长率

再从各省份的财政性教育经费支出年增长率进行分析，结果如表5.8~表5.10所示。

表5.8 东部地区财政性教育经费支出年增长率（%）

年份 省份	2011	2012	2013	2014	2015	2016	2017	2018
北 京	19.51	15.85	14.25	8.49	0.15	4.11	8.32	6.80
天 津	40.00	25.04	21.85	12.03	-14.51	-8.28	2.07	3.09
河 北	18.49	33.82	-3.33	4.29	17.96	11.44	11.75	8.65
辽 宁	30.19	34.06	-7.14	-9.97	-2.81	3.84	2.30	0.97
上 海	30.88	11.53	9.33	0.99	1.21	8.45	4.20	6.50
江 苏	25.66	23.08	8.35	8.50	9.55	5.64	7.46	3.09
浙 江	21.42	15.63	9.22	10.84	8.17	7.60	7.57	10.92
福 建	20.01	33.22	6.36	10.86	11.10	5.64	7.74	8.63
山 东	37.41	25.11	6.60	4.47	9.07	8.08	3.60	5.95
广 东	28.46	20.88	14.27	10.02	9.28	9.84	12.42	11.21
海 南	19.75	27.04	3.27	10.74	16.06	3.62	3.19	12.80
均 值	26.53	24.11	7.55	6.48	5.93	5.45	6.42	7.15

资料来源：依据历年《中国统计年鉴》整理而成。

表5.9 中部地区财政性教育经费支出年增长率（%）

年份 省份	2011	2012	2013	2014	2015	2016	2017	2018
山 西	27.30	18.67	4.30	-3.04	15.31	1.45	1.73	8.23
吉 林	29.11	35.65	-6.39	-4.46	11.15	5.41	1.59	0.95
黑龙江	24.60	48.74	-9.66	3.42	13.18	4.00	-0.15	-1.23
安 徽	42.45	27.30	2.25	1.58	9.56	6.32	11.16	9.77
江 西	57.32	29.91	5.83	6.74	10.11	7.24	11.81	11.61
河 南	35.73	28.82	4.88	-0.44	1.56	8.20	15.78	12.46
湖 北	25.01	25.80	7.45	16.68	18.41	13.90	5.85	1.34
湖 南	28.42	43.24	12.39	2.87	9.04	12.42	9.00	5.17
均 值	33.74	32.27	2.63	2.92	11.04	7.37	7.10	6.04

资料来源：依据历年《中国统计年鉴》整理而成。

表5.10 西部地区财政性教育经费支出年增长率（%）

年份 省份	2011	2012	2013	2014	2015	2016	2017	2018
内蒙古	21.86	12.57	4.26	4.84	8.09	4.76	0.46	3.83

续表

年份 省份	2011	2012	2013	2014	2015	2016	2017	2018
广 西	23.95	29.74	3.74	7.76	15.51	7.78	7.19	1.74
重 庆	34.03	36.36	-2.55	9.90	14.48	8.72	8.72	10.46
四 川	17.25	44.21	4.87	1.95	13.36	2.70	9.37	5.21
贵 州	22.90	37.05	10.49	14.16	18.14	9.69	7.90	8.51
云 南	26.12	38.63	1.02	-0.26	12.66	14.00	14.42	8.17
西 藏	27.45	20.79	20.85	29.24	23.67	-1.73	23.05	5.85
陕 西	40.48	32.62	4.72	2.02	5.24	3.95	4.87	5.11
甘 肃	17.33	32.85	3.86	6.63	19.48	9.79	3.39	4.51
青 海	48.10	28.61	-26.29	26.85	0.73	3.43	10.57	6.60
宁 夏	36.21	5.66	8.60	7.03	10.92	7.57	11.41	0.70
新 疆	27.84	15.73	12.49	7.25	11.10	3.59	8.59	13.02
均 值	28.63	27.90	3.84	9.78	12.78	6.19	9.16	6.14

资料来源：依据历年《中国统计年鉴》整理而成。

从表 5.8 中可以看到，东部地区财政性教育经费支出增长率比较高，并且总体保持较为均衡的增长趋势。2013~2018 年，东部地区财政性教育经费支出增长率保持在 5.45%~7.55%。其中，广东、浙江持续保持高速增长，一直在均值之上。同时可发现，2011 年和 2012 年东部地区各省份财政性教育经费支出增长率远远高于接下来的其他年份，个别省份甚至在 2012~2018 年出现了负增长率，如天津在 2015 年和 2016 年出现了负增长率，辽宁在 2013~2015 年出现了负增长率。

从表 5.9 中可以看到，2011~2018 年，中部地区财政性教育经费支出年增长率波动较大，从 33.74% 降为 2.63%。其中，江西在 2011~2018 年保持了较高的增长速度，尤其 2011 年更是高达 57.32% 的增长。尽管江西财政性教育经费支出保持了较高的增速，但实际生均教育经费还是处于全国较低的位置。整体看，除吉林、黑龙江外，中部省份的财政性教育经费支出均保持了较高的增长，但基础教育生均教育经费还是远低于东部和西部地区，表明中部地区各省份历年的财政性教育支出比较低，因而出现较低的实际性支出增长，则表现为较高的年增长率。

从表 5.10 中可以看到，西部地区大部分省份保持了高速增长，如宁夏的财政性教育经费支出在 2012~2017 年从 5.66% 增长至 11.41%，重庆的财政性教育支出在 2014~2018 年维持在 8.72%~14.48%，贵州的财政性教育经费支出

2012~2018 年维持在 7.90%~18.14%。而西藏和青海的财政性教育经费支出波动较大，其中西藏的财政性教育经费支出 2011~2015 年一直保持大于 20% 的增长趋势，2016 年出现-1.73%，2017 年又出现 23.05% 的增长。

结合表 5.8~表 5.10，不少省份的财政性教育经费支出增长率在不同年份出现了大幅的负增长，如 2013 年青海为 -26.29%，重庆为 -2.55%，辽宁为 -7.14%，吉林为 -6.39%，黑龙江为 -9.66%。分析这些省份财政性教育经费支出出现负增长的原因可以发现，2011 年和 2012 年，这些省份的财政性教育经费支出出现了明显的大幅度增长，如青海为 48.10% 和 28.61%，重庆为 34.03% 和 36.36%，辽宁为 30.19% 和 34.06%，吉林为 29.11% 和 35.65%，黑龙江为 24.60% 和 48.74%，主要原因在于我国政府明确要求在 2012 年财政性教育经费支出要达到地区生产总值的 4%，而许多省份离这个目标还存在较大的差距，因而导致 2011 年和 2012 年突然出现了财政性教育经费支出大幅增长这种行为。但地方财政性教育经费支出受多种因素影响，这种突然大幅度增加支出的行为不可能长期持续，地方政府的财政收入和支出水平也不可能长期支持财政性教育经费支出的高增长。因此，尽管多数省份的财政性教育经费支出在 2011 年和 2012 年均出现了大幅增长，但到了 2013 年，增长幅度马上就下降了，甚至如青海等出现了较大幅度的负增长。

从图 5.2 可以看到，东部、中部、西部地区财政性教育经费支出在 2011 年和 2012 年均出现了很高的增长率，但 2013 年出现了大幅下降趋势，增长率均低于 10%，东部地区财政性教育经费支出增长率均值为 7.55%，中部地区财政性教育经费支出增长率均值为 2.63%，西部地区财政性教育支出增长率均值为 3.84%。随后虽然均保持了一定的增长速度，但也不可能回到 2011 年和 2012 年的增长水平。

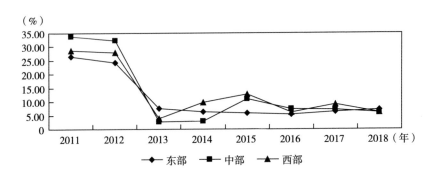

图 5.2 东部、中部、西部地区财政性教育经费支出年增长率

第三节　基础教育资源公平配置的空间效应

一、计量模型设定

本章对地方政府财政性教育经费支出空间效应的估计采用空间自回归模型。空间模型是 20 世纪 70 年代兴起的一种测量空间数据的模型，空间自回归模型是空间模型中的一种。空间面板模型是基于空间统计理论的模型。传统的统计理论是建立在独立观测值假定基础上的理论。然而，在现实世界中，特别是遇到空间数据问题时，独立观测值在现实生活中并不是普遍存在的（Anselin L.，Rey，2009）。对于具有地理空间属性的数据，一般认为离得近的变量之间比在空间上离得远的变量之间具有更加密切的关系（Anselin L.，Getis A.，1992）。不同地区之间的经济地理行为之间一般存在一定程度的空间效应或空间相互作用。一般而言，分析中涉及的空间单元越小，离得近的单元越有可能在空间上密切关联。在现实的经济地理研究中，许多涉及地理空间的数据，由于普遍忽视空间依赖性，其统计与计量分析的结果值得进一步深入探究（Wasserman S.，Chang H.，1995）。对于这种地理与经济现象中常常表现出的空间效应（特征）问题的识别估计，空间计量经济学提供了一系列有效的理论和实证分析方法。

空间自回归模型也叫空间滞后模型，它反映了因变量的影响因素会通过空间传导机制作用于其他地区，财政收入、教育支出、人口密度、人力资本等数据具有较为明显的滞后影响性，适合采用空间滞后模型分析（陶长琪和杨海文，2014）。其表达式如下：

$$Y = \rho W_y + X\beta + \varepsilon$$

式中，Y 代表因变量，为各地区人均预算内财政教育支出；ρ 代表空间滞后项 W_y 的参数，在本章中是财政教育支出反应系数；W 代表空间权重矩阵，β 代表 X 的参数向量，ε 代表误差项。在表达式中，主要考察空间自回归系数 ρ，若 ρ 值符号为正，表明不同地区之间进行的财政性教育支出竞争是策略相似的模仿竞争；若 ρ 值符号为负，表明不同地区之间进行的财政性教育支出竞争是策略不同的异质竞争；ρ 值不能显著异于 0，表明不同地区之间并没有开展显著的财政性教育支出竞争。

X 是自变量，一个地方的财政性教育支出会受到多种因素影响，在这些因素中，首先是地方的财政收入和生产总值，另外要考虑教育行业从业人口占比、各地在校生人口占比等指标。由于各地的人口规模等存在差异，采用总体水平数据会存在异方差，因此书中数据都处理为人均数值。

W 是空间权重矩阵，考虑到不同省份的地理位置和经济发展差异，本书中采用地理矩阵和经济矩阵两种不同的权重矩阵。地理矩阵采用空间回归模型传统的 1-0 赋值法，对于相邻接壤的地区赋值为 1，其他为 0。

$$W_G = \frac{g_{ij}}{\sum\limits_j g_{ij}}, \quad g_{ij} = \begin{cases} g_{ij} = 1, & i \neq j \\ g_{ij} = 0, & i = j \end{cases}$$

尽管国家要求财政性教育支出要占地区生产总值的 4%，但不同地区的教育基础不同，地区生产总值差距也较大，因而，设置经济矩阵时要考虑到我国不同地区之间财政性教育支出竞争的主要指标是财政性教育支出实际值，以及财政性教育支出占地区生产总值的比值，因而对经济矩阵进行赋值时采用的是观测期内各地区的人均地区 GDP。

$$W_E = \frac{e_{ij}}{\sum\limits_j e_{ij}}, \quad e_{ij} = \frac{1}{|GDP_i - GDP_j|}, \quad i \neq j$$

在进行空间模型分析时，需要检验变量之间是否存在空间自相关性。如果变量之间存在空间自相关性，则以空间计量经济学理论方法为基础，建立空间计量经济模型，进行空间计量估计和检验。常用检验空间自相关的方法包括 Moran' I 检验、LM 检验与稳健的 LM 检验等，但 Moran' I 检验无法区分采用哪种模型更为合适，而空间滞后和空间误差的 LM 检验与稳健的 LM 检验可以较好地区分模型的选择，本书选用空间滞后的 LM 检验（LMLag）。LMLag 检验常用于检验空间滞后模型，且结果报告简单明了，一般只需报告 LMLag 检验统计量的估计值检验的 P 值，具有较好的检验效果（郭国强，2013）。

二、模型测度指标和数据来源

关于地方政府之间存在何种形式的财政性教育支出空间竞争效应，财政性教育支出受到哪些因素影响，学者见仁见智。聂颖等（2011）研究认为，财政分权和地方政府之间的竞争会影响财政教育支出规模，地方政府之间为了提高本地区的 GDP，会减少教育支出等不能直接改善投资环境的公共支出，而增加能直接促进地方投资环境改善的相关基础设施建设等支出。周亚虹等（2013）研究认为，我国地方政府之间存在财政性教育支出的竞争行为，上级政府通过比较下一级政府的财政性教育支出来评估地方官员的教育政绩，从而引发地方政府之间的教育支出竞争。教育属于公共品范畴，地方政府在有限的财政支出下，如果在其他方面支出比例加大，那么必然选择减少包括教育、卫生等公共品在内的财政支出比例，这种情形下，地方政府围绕如何以最少的投入来获得较大的收益，会开展模仿性的财政教育支出竞争行为（罗贵明，2017）。

财政性教育支出是否存在竞争行为不但与地方经济发展水平有关，还与我国现行转移支付制度有关。王蓉等（2008）研究发现，经济发展水平（GDP）与地方财政教育支出存在负相关关系，即地方的财政性教育支出比例并没有随经济增长而提高，反而出现下降，在经济落后地区，其财政性教育支出比例反而更高，地方政府财政性教育支出与人口密度、人口结构、城市化水平等存在关系。中部地带转移支付对地方财政性教育支出的影响为负，东部地带转移支付对生均地方财政性教育支出的正向影响大于西部，西部地方财政性教育支出占地区GDP比重的正向影响大于东部（唐沿源，2015）。同时，中央政府在财政性教育支出转移支付方面实施倾斜政策加剧了地方政府财政性教育支出竞争行为，李贞（2012）发现，以2009年为例，北京、上海的财政性教育支出比例远高于全国平均水平，江西、安徽、湖南等22个省份则低于平均水平，且这些省份远远低于新疆、青海、宁夏等西部地区。李秉中（2014）研究发现，我国地方财政教育支出存在制度性缺陷，教育经费支出不足的现实没有得到改善，需要构建基本规范的国家财政教育支出制度，实施平衡的教育财政支出以解决其他支出挤占财政性教育支出和新的教育支出不平衡现象。合理的财政性教育支出对教育的发展有极为重要的影响，王甘等（2012）利用1998~2008年我国省际面板数据分析了财政性教育支出对教育水平的影响，发现财政性教育支出对各省的教育水平具有稳健且显著的正向影响，一个地区的经济开放度越高，这种正向影响越显著。

通过文献梳理可以发现，虽然研究者们分析了影响地方政府财政教育支出的多种因素，并且发现了政府在财政性教育支出之间存在一定竞争关系，但这些研究中存在一些相互矛盾的地方。同时，当前的研究在分析政府财政性教育支出时还缺乏精确的模型，并且对于政府之间的财政性教育支出竞争机制缺乏有效的分析。本章的目的在于通过建立模型分析实施转移支付以来地方政府财政性教育支出的空间竞争行为，以及影响财政性教育支出的相关因素，为地方政府如何分配财政性教育支出提供实证支持。

依据文献述评，结合实际情况，本章测度我国各省份财政性教育支出的空间竞争效应，在选择指标时主要考虑以是否会影响财政性教育支出来决定指标的入选，借鉴其他学者的研究，结合当前能够获得的权威性数据，选择以下几个指标：

（1）全国各省份人均地区生产总值（GDP），反映地方经济发展水平与财政教育支出的相关性。地方政府财政性教育支出与地区生产总值是密切相关的，国家要求财政性教育支出占地区生产总值比例必须达到一定目标值，地方政府在进行公共财政预算时，必然要考虑财政性教育支出与地区生产总值的比例关系。

（2）地方财政收入（fis），反映地方财政收入与财政性教育支出的相关性。

地方财政收入是财政性教育支出的主要来源，财政收入不足，地方政府也不可能分配更高比例的财政性教育支出，因此，财政收入在一定程度上与财政性教育支出存在正相关关系。

（3）人口密度（pd），用城市和农村的每平方公里人口数作为指标，反映财政性教育支出是否存在规模效应。人口密度大的地方，受教育人口也会更多，自然也会分配更多的财政性教育支出。

（4）教育行业从业人口占比（pr），教育行业从业人口占比会影响财政性教育支出规模，采用教育行业教职工数除以地区年末人口数获得。在生均预算内教育事业费中，教育行业从业人口的工资、福利、津贴等占有较大比例。因此，教育行业从业人口比重越大，需要分配的财政性教育支出也会越高。

（5）在校生人口占比（sr），在校生规模是财政性教育经费支出的重要依据，以各层次在校生人口数除以该地区年末总人口数获得。在校生人口占比越高，要求占有的教育资源也越多，必然需要划拨更多的财政性教育支出。

本章所有数据来源于历年《中国统计年鉴》《中国教育统计年鉴》和《中国区域经济统计年鉴》。

三、全国范围财政性教育经费支出估计结果

在进行模型估计前，先进行了 LMLag 检验。LMLag 检验统计量的估计值检验 P = 0.000，无限接近 0，表明选用空间滞后模型是恰当的。同时，还进行了自然对数极大似然比检验（Log-likelihood），Log-likelihood 检验结果表明模型拟合效果较好。

全国 31 个省份财政性教育支出的空间模型估计结果如表 5.11 所示。从估计结果可以看出，地理权重和经济权重的财政性教育支出反应系数 ρ 都没有通过统计学显著性水平检验（a = 0.05），不能显著拒绝 ρ = 0 的原假设，表明从全国总体上看，各地区的财政性教育支出并不存在显著的竞争效应。虽然财政教育支出总体上不存在竞争效应，但并不表明不同地区之间不存在财政性教育支出的竞争效应，仍需要通过划分不同地区检验空间分效应。

表 5.11　全国范围财政性教育支出模型估计结果

自变量	地理权重		经济权重	
	地区固定效应	时间固定效应	地区固定效应	时间固定效应
ρ	0.023 (0.667)	−0.011 (0.331)	0.041 (1.041)	0.011 (0.245)

续表

自变量	地理权重		经济权重	
	地区固定效应	时间固定效应	地区固定效应	时间固定效应
lnGDP	0.319*** (7.591)	0.311*** (7.322)	0.311*** (7.521)	0.303*** (7.301)
lnfis	0.733*** (8.071)	0.753*** (8.283)	0.725*** (7.862)	0.732*** (8.004)
lnpd	0.054** (2.781)	0.113*** (5.542)	0.052** (2.873)	0.112*** (5.540)
pr	0.054*** (5.320)	0.047*** (4.433)	0.053*** (5.319)	0.046*** (4.372)
sr	−0.064*** (3.861)	−0.042*** (3.271)	−0.063*** (3.853)	−0.041*** (3.270)
R^2	0.871	0.902	0.873	0.902
Log-likelihood	−76.221	−20.313	−75.153	−20.301

注：表中括号内对应的是统计量绝对值，***表示在0.01水平下显著，**表示在0.05水平下显著。下同。

从表5.11中可以看到，从地理权重和经济权重分析，人均地区生产总值（GDP）和财政收入（fis）都是显著性解释变量，表明全国范围的财政性教育支出是依据人均地区生产总值和财政收入而决定分配比例的。财政收入的效应系数远大于人均地区生产总值的效应系数，表明地方政府在进行财政性教育支出分配时，主要依据当地实际的财政收入来决策，这可以解释为什么我国直到2012年才实现财政性教育支出占地区生产总值的4%的目标。人口密度（pd）是显著性解释变量，表明人口密度在财政性教育支出方面存在规模效应。教育行业从业人口占比（pr）是显著性解释变量，说明地方的财政性教育支出有很大一部分是用来支付教育行业从业人口的人员支出。在校生人口占比（sr）是显著性解释变量，但与财政性教育支出呈现负相关关系，表明我国各级学校在校生占比与财政性教育支出增加是不同步的，这是一个值得关注的现象。

四、不同地区财政性教育经费支出模型估计结果

我国地区经济发展不平衡，而财政性教育支出与地区经济发展程度是紧密相连的，因而在分析财政性教育支出时，必须考虑到经济发展程度对财政性教育支出的影响。同时，考虑不同地区之间的财政性教育支出竞争也存在一定条件，经济发展程度相近地区、地理位置相近地区更有可能产生竞争。

如表 5.12 所示，从地理权重和经济权重看，东部地区的财政性教育支出反应系数 ρ 显著不为 0，且为负值，表明东部地区在财政性教育支出方面存在显著的策略不同的异质竞争行为。中部地区的财政性教育支出反应系数 ρ 显著不为 0，且为正值，表明中部地区在财政性教育支出方面存在显著的策略相似的模仿竞争行为。西部地区的财政性教育支出反应系数 ρ 不能显著拒绝 ρ=0 的原假设，表明西部地区的财政性教育支出不存在显著的竞争行为。

表 5.12　不同地区财政性教育支出模型估计结果

自变量	地理权重			经济权重		
	东部	中部	西部	东部	中部	西部
ρ	-0.049** (2.573)	0.041** (2.489)	0.018 (0.392)	-0.045** (2.371)	0.040** (2.483)	0.022 (0.648)
lnGDP	0.622*** (7.215)	0.246** (2.671)	-0.093 (0.663)	0.617*** (7.135)	0.248** (2.715)	-0.093 (0.649)
lnfis	0.255*** (5.439)	0.899*** (8.735)	0.961*** (9.817)	0.249*** (5.362)	0.873*** (8.711)	0.961*** (9.883)
lnpd	0.031 (1.578)	0.115*** (4.417)	0.087*** (4.103)	0.030 (1.559)	0.107*** (4.396)	0.089*** (4.137)
pr	0.065*** (5.868)	-0.044 (1.051)	0.273*** (5.437)	0.063*** (5.811)	-0.041 (0.973)	0.261*** (4.916)
sr	-0.041*** (4.818)	-0.065*** (6.563)	-0.033*** (4.134)	-0.039** (2.835)	-0.064*** (6.535)	-0.031*** (3.316)
R^2	0.975	0.973	0.911	0.975	0.971	0.901
Log-likelihood	97.327	80.873	3.641	96.553	80.127	3.873

东部地区人均 GDP 的系数最大，且统计检验显著，表明东部地区的财政性教育支出受 GDP 影响最大；西部地区人均 GDP 的系数最小，且为负值，表明西部地区的财政性教育支出受 GDP 影响最小，当地财政性教育支出并不是依据人均 GDP 分配的。分地区估计后，财政收入（fis）对财政性教育支出的效应系数出现了很大的改变，东部地区人均 GDP 的系数大于财政收入的系数，而中部地区人均 GDP 的系数远小于财政收入的系数，表明中部地区的财政性教育支出主要来自本地政府的财政收入，来自中央的转移支付份额远不如东部地区。西部地区人均 GDP 的系数远小于财政收入的系数：一是地区人均 GDP 水平不高，需要大力发展经济提高人均 GDP，因而就会在有限的财政支出中，分配更大比例的资金进行其他能改善投资环境的基建支出，进而削减如教育、卫生、社会保障等支

出比例，这从国家发布的 2012～2018 年的中部、西部地区的财政教育支出占 GDP 的比例刚好维持 4% 的水平可以得到解释。二是表明西部地区的财政性教育支出主要受益于中央财政转移支付，而地方在接受了中央转移支付后，纳入到财政收入范围来实施财政支出分配，因而其财政收入系数明显高于东部和中部地区。

中部、西部的人口密度（pd）均为显著性变量，且均为正值，表明财政性教育支出要受到人口密度的约束，其中中部地区的约束最大，这可能与中部地区人口密度大于东部、西部地区有关。在地理权重和经济权重中，东部、西部的教育行业从业人口占比（pr）对财政性教育支出有正向约束影响，表明这两个地区的教育行业从业人口占比较中部地区对财政性教育支出的影响更大。其中，西部地区的教育行业从业人口占比（pr）对财政性教育支出影响最大，远高于东部、中部地区，表明西部地区的财政性教育支出中，教育行业从业人口的工资、福利等支出是财政性教育支出的一个重要方面，存在"吃饭财政"现象。东、中、西部的在校生比例（sr）均为显著性变量，且均为负值，表明在校生比例对三个地区的财政性教育支出均有负向约束影响。

五、不同省份财政性教育经费支出模型估计结果

从表 5.12 中可以看到，西部地区的财政性教育支出不存在显著的竞争行为，那么是否说明西部地区内部各省份之间也不存在显著的竞争行为，还需进行进一步的分析。考虑西部地区内部各省份之间可能存在竞争行为，我们以地理位置是否毗邻、经济发展程度是否相当（以 2015 年人均 GDP 比较），分别选择了贵州和云南（西 1，地理位置毗邻，人均 GDP 相当）、重庆和四川（西 2，地理位置毗邻，人均 GDP 差距较大）、四川和广西（西 3，地理位置相隔较远，人均 GDP 相当）、陕西和贵州（西 4，地理位置相隔较远，人均 GDP 差距较大）来进行分析。

从表 5.13 和表 5.14 可以看出，尽管西部地区总体不存在财政性教育支出竞争行为，但地理位置毗邻的省份（贵州和云南、重庆和四川）无论经济发展程度是否相当，都会成为财政性教育支出竞争的对象；而地理位置相隔较远的省份（四川和广西、陕西和贵州），无论经济发展程度是否相当，它们之间也不存在竞争行为。另外，在地理位置毗邻方面，贵州和云南之间的财政性教育支出竞争要大于重庆和四川之间的竞争，可能原因在于贵州和云南之间的经济发展程度相当，而重庆和四川之间的经济发展差距较大；在地理位置相隔较远方面，四川与广西的经济发展程度相当，财政性教育支出反应系数 ρ 大于陕西与贵州的财政性教育支出反应系数 ρ，可能也是在于陕西与贵州之间的经济发展差距较大。

表 5.13　同一地区不同省份财政性教育支出模型估计结果（1）

自变量	地理权重			
	西 1	西 2	西 3	西 4
ρ	0.052***	0.043**	0.022	0.020
	(3.371)	(2.517)	(0.811)	(0.793)
lnGDP	0.211***	0.382***	0.257**	0.241**
	(3.173)	(3.571)	(2.313)	(2.207)
lnfis	0.977***	0.925***	0.945***	0.933***
	(10.016)	(9.487)	(9.615)	(9.593)
lnpd	0.112***	0.119***	0.103***	0.111***
	(4.311)	(4.517)	(3.993)	(4.217)
pr	0.243***	0.221***	0.211**	0.208**
	(2.913)	(2.817)	(2.277)	(2.213)
sr	−0.035***	−0.065***	−0.035**	−0.033**
	(3.337)	(5.733)	(3.173)	(2.981)
R^2	0.963	0.971	0.921	0.916
Log-likelihood	133.319	127.561	66.157	43.215

表 5.14　同一地区不同省份财政性教育支出模型估计结果（2）

自变量	经济权重			
	西 1	西 2	西 3	西 4
ρ	0.051***	0.041**	0.025	0.023
	(3.335)	(2.459)	(0.917)	(0.899)
lnGDP	0.203**	0.363***	0.243**	0.233**
	(3.115)	(3.395)	(2.243)	(2.157)
lnfis	0.973***	0.921***	0.937***	0.931***
	(10.006)	(9.445)	(9.512)	(9.407)
lnpd	0.107***	0.117***	0.101***	0.109***
	(4.013)	(4.483)	(3.975)	(4.011)
pr	0.241***	0.219**	0.203**	0.201**
	(2.858)	(2.756)	(1.975)	(1.881)
sr	−0.033***	−0.061***	−0.034**	−0.030**
	(3.329)	(5.387)	(3.106)	(2.935)
R^2	0.967	0.973	0.932	0.905
Log-likelihood	137.153	130.191	67.535	40.131

　　表 5.13 和表 5.14 的结果可以说明，尽管西部地区的财政性教育支出总体上不存在竞争效应，但相邻省份之间还是存在竞争的可能性。表 5.13 和表 5.14 中

不同省份的地区生产总值、财政收入、人口密度、教育行业从业人口占比、在校生人口占比等显著性变量明显多于表 5.11 和表 5.12，说明如果对不同省份之间进行对应分析，可能不同省份之间财政性教育支出的竞争效应会更明显。

第四节 本章小结

本章基于我国省际财政性教育经费支出的面板数据，分析了实施转移支付以来我国地方政府之间财政性教育支出的空间竞争效应。在分析地方政府的财政性教育经费支出空间竞争效应时，依据地理权重和经济权重，采用了地方经济发展水平、财政收入、人口密度、教育行业从业人员比例、在校生人数比例共 5 个指标度量地方政府的财政性教育支出行为。研究发现包括两个方面：

（1）我国东部地区财政性教育支出存在显著的策略不同的异质竞争效应，中部地区财政性教育支出存在显著的策略相似的模仿竞争效应，西部地区财政性教育支出不存在竞争效应。不同地区财政性教育支出存在不同竞争效应，表明财政性教育支出竞争与地理位置存在关联，经济发达地区财政支出较为宽松，有能力按照地方长期教育发展规划为地方教育支出；中部地区财政支出相对较为紧张，在财政性教育支出时更多存在模仿行为，更容易受邻近省份财政性教育支出的影响，而不是依据自身实际教育发展情况制定财政性教育支出计划；西部地区财政性教育支出更为紧张，对转移支付的依赖性更强，因此，在财政性教育支出时，西部地区总体上不存在竞争行为。

（2）影响地方政府财政性教育经费支出空间效应的因素较多，不同地区的影响因素存在差异。对于东部、中部地区，其人均地区生产总值与财政性教育经费支出呈正相关关系，而西部地区的人均地区生产总值与财政性教育经费支出呈负相关关系；东部地区的财政收入对财政性教育经费支出的效应系数小于人均地区生产总值对财政性教育经费支出的效应系数，中部、西部财政收入对财政性教育经费支出的系数则远大于人均地区生产总值对财政性教育经费支出的效应系数，其中，西部地区的效应系数最大，表明在中央倾斜性转移支付政策下，西部地区获得了更大比例的财政性教育转移支出，这间接导致了西部地区的教育行业从业人口占比在财政性教育经费支出方面出现较大比重，较东部、中部地区占用了较大比例的财政支出；人口密度在财政性教育经费支出方面能够形成规模效应；不同地区的在校生占比与财政性教育经费支出呈负相关关系，在校生占比与财政性教育经费支出增长比例不协调，总体上看，财政性教育经费支出占地方财政支出比例并没有随在校生占比增加而提高。

第六章　基础教育资源公平配置的影响因素

第一节　导　言

地方政府在配置基础教育资源时，必然要考虑多种因素。在分析基础教育资源配置的影响因素时，我们需要选择有代表性的解释变量和被解释变量进行分析，而不可能面面俱到。基础教育资源包含范围很广，生均教育经费和固定资产投资无疑是其中极具代表性的两种资源，尤其基础教育固定资产投资更处于十分重要的地位。校园基础设施建设、教室、实验室、图书馆、寝室、电脑、课桌椅等均属于教育固定资产投资范畴。如果选择以基础教育固定资产投资作为基础教育资源的替代变量，那么分析基础教育资源配置的影响因素会变得更为有说服力。因此，本章以基础教育固定资产投资为被解释变量，分析基础教育资源配置的影响因素。

基础教育资源要实现公平配置，首先从数量上来实现，生均教学及辅助用房面积、生均图书数量、生均多媒体教室数、生均计算机台数等均属于教育固定资产范畴。然而，在现有的研究中，学者们在分析基础教育资源配置时，选择有意或无意地忽略了基础教育固定资产投资，无疑是一个很大的缺陷。在地方政府的公共预算开支中，基础教育固定资产投资归属于社会固定资产投资，这也是很多学者（尤其是教育学科的学者）对基础教育固定资产投资不熟悉的重要原因之一。当前我国各地区基础教育固定资产投资存在很大的差异，主要原因在于基础教育固定资产投资属于社会公共品投资，对于经济增长的推进作用不明显，经济相对不发达地区的地方政府为了追求经济快速增长，更加愿意选择把有限的公共预算支出用在那些能够促进经济增长的投资项目。

教育通过培育人才，为社会提供人力资本来促进经济发展，但教育促进经济发展短期内很难看到效果，导致政府公共预算支出偏好于短期看到经济效果的投资取向。地方政府为获得更快的经济增长速度，从而通过地区生产总值的高速增长来获得更好的政治激励而偏好于以基础设施建设投资为标志的公共投资取向。在这种围绕经济增长速度的公共支出模式下，地方政府希望有限的财政支出能够短期内看到明显的促进经济增长的效果。无疑，地方政府偏好经济增长速度的支出模式，导致以公共教育为代表的社会公共品支出受到抑制。对于经济发达地区而言，政府财政收入丰盈，有足够的财力安排各种支出，对基础教育固定资产的投资也能够较为轻松地进行预算支出。但对于经济相对欠发达地区，政府本身财政收入极为有限，在有限的财力范围内，再对教育等公共品进行较大规模的预算支出，甚至要求这些地区与发达地区采用统一标准来配置基础教育资源，存在很大的难度。从我国历年各地区基础教育固定资产投资的统计数据中可以发现，经济发达程度不同的地区，对基础教育固定资产的投资也存在不同。

总而言之，教育投入在短期内看不到推动经济增长的效果，尤其基础教育投入更是如此。在以经济增长为目标的激励模式下，政府对教育固定资产的投入没有看到明显的地区生产总值增长效果，那么在经济增长偏好取向下，地方政府是否有动力增加教育固定资产投资？地方政府经济增长偏好取向下往往通过加大基础设施建设以引进外来建设资金，而每年的地方财政预算存在相对固定的分配比例，如果增加基础设施建设投入比例，必然影响教育、公共卫生、科技等分配比例，那么以基础设施建设为标志的经济增长偏好取向模式对教育固定资产投资的影响如何？在财政收入有限的情况下，如果政府把本来投入教育的资金用来发展经济，可以短期快速看到效果，那么在经济增长存在差异的冲击下，政府是否愿意增加教育固定资产投资？

由于各省份的基础教育固定资产投资的数据一般合并在公共教育固定资产投资数据中，而每年基础教育固定资产投资在公共教育投资中的占比存在较为稳定的变化趋势。因此，本章以各省份公共教育固定资产投资数据替代基础教育固定资产投资数据，能够较好地分析基础教育固定资产投资变化趋势和影响机制。本章以全国 31 个省份的 2000~2017 年的统计数据为基础建立动态面板模型，分析地方政府基础教育资源配置的影响因素。

第二节　基础教育生均固定资产现状

一、小学阶段生均固定资产

由于社会经济发展的不平衡，以及财政分权和转移支付政策的实施，我国不同省份基础教育生均固定资产值存在巨大的差距。为了较好地考察不同省份基础教育生均固定资产值差异，本章按照东部、中部、西部和东北地区分别进行分析。

东部地区小学阶段生均固定资产值如表6.1所示。可以看到，2012~2017年，北京小学阶段生均固定资产值一直最大，河北小学阶段生均固定资产值则一直最小。2012~2017年，东部地区小学阶段生均固定资产最大值与最小值比率分别为3.61倍、3.20倍、3.06倍、3.16倍、3.31倍、3.26倍。

表6.1　东部地区小学阶段生均固定资产值（元）

省份＼年份	2012	2013	2014	2015	2016	2017
北　京	15073	16609	17610	19568	21375	22972
天　津	8529	10502	11382	11542	11820	12000
河　北	4170	5194	5762	6184	6459	7054
上　海	12561	12822	14257	17075	17746	19571
江　苏	9093	10677	11092	11813	12585	13643
浙　江	8032	9189	10160	11112	12628	14776
福　建	6911	7858	8449	9028	9614	10660
山　东	5107	6258	7468	8258	9356	10999
广　东	7538	8634	9054	9450	9352	9468
海　南	6993	8183	9322	10275	10449	11828
均　值	8401	9593	10456	11431	12138	13297

资料来源：依据历年《中国统计年鉴》和《中国教育统计年鉴》整理而成。

中部地区小学阶段生均固定资产值如表6.2所示。可以看到，2012~2017年，山西小学阶段生均固定资产值一直最大，最小值则发生了变化。2012~2015年，江西小学阶段生均固定资产值一直最小，2016~2017年，河南小学阶段生均固定资产值最小。2012~2017年，中部地区小学阶段生均固定资产最大值与最小值比率分别为2.10倍、1.90倍、1.80倍、1.67倍、1.71倍、1.67倍。

表6.2　中部地区小学阶段生均固定资产值（元）

省份＼年份	2012	2013	2014	2015	2016	2017
山　西	5435	6638	7547	8154	9188	10389

续表

年份 省份	2012	2013	2014	2015	2016	2017
安　徽	5044	5733	6698	7422	8177	9094
江　西	2590	3493	4199	4871	5735	6811
河　南	2833	3765	4337	4930	5365	6229
湖　北	5433	6534	7455	8087	8766	9080
湖　南	3928	4715	5487	5926	6640	7692
均　值	4211	5146	5954	6565	7312	8216

资料来源：依据历年《中国统计年鉴》和《中国教育统计年鉴》整理而成。

西部地区小学阶段生均固定资产值如表 6.3 所示。可以看到，2012~2017年，西藏小学阶段生均固定资产值一直最大，最小值则发生了变化。2012~2013年，贵州小学阶段生均固定资产值最小，2014~2016 年，广西小学阶段生均固定资产值最小，2017 年，贵州小学阶段生均固定资产值又变为最小。2012~2017年，西部地区小学阶段生均固定资产最大值与最小值比率分别为 4.42 倍、4.18倍、4.21 倍、4.54 倍、4.08 倍、4.45 倍。

表6.3　西部地区小学阶段生均固定资产值（元）

年份 省份	2012	2013	2014	2015	2016	2017
内蒙古	7884	9765	11362	13163	14862	16907
广　西	3928	4428	5153	5979	7163	9133
重　庆	6906	6886	7690	8713	9697	10741
四　川	5394	6346	7008	7746	8534	9735
贵　州	3241	4392	5645	6568	7251	8207
云　南	5173	6236	7689	8991	11808	14996
西　藏	14328	18353	21675	27154	29202	36535
陕　西	6097	7203	8406	9280	9881	10792
甘　肃	4990	6239	7343	8652	9818	11469
青　海	7590	9691	11945	13755	15847	18461
宁　夏	5964	8264	9827	12014	13500	15414
新　疆	4285	5198	6312	7315	9159	10182
均　值	6315	7750	9171	10778	12227	14381

资料来源：依据历年《中国统计年鉴》和《中国教育统计年鉴》整理而成。

东北地区小学阶段生均固定资产值如表 6.4 所示。可以看到，2012～2017 年，吉林小学阶段生均固定资产值一直最大，最小值则发生了变化。2012 年，黑龙江小学阶段生均固定资产值最小，2013～2014 年，辽宁小学阶段生均固定资产值最小，2015 年又是黑龙江省小学阶段生均固定资产值最小，2016～2017 年，辽宁小学阶段生均固定资产值最小。2012～2017 年，东北地区小学阶段生均固定资产最大值与最小值比率分别为 1.20 倍、1.10 倍、1.17 倍、1.27 倍、1.22 倍、1.28 倍。

表 6.4　东北地区小学阶段生均固定资产值（元）

年份 省份	2012	2013	2014	2015	2016	2017
辽　宁	4391	5251	5926	6611	7198	7740
吉　林	4849	5768	6954	8161	8766	9882
黑龙江	4047	5476	5953	6408	7460	8932
均　值	4429	5498	6278	7060	7808	8851

资料来源：依据历年《中国统计年鉴》和《中国教育统计年鉴》整理而成。

不同地区小学阶段生均固定资产均值比较如图 6.1 所示。可以看到，我国不同地区小学阶段生均固定资产均值呈逐年增长趋势，但不同地区增长比率不同，存在明显的区域差异。2012～2015 年，小学阶段生均固定资产均值大小是：东部地区>西部地区>东北地区>中部地区。尔后，2016～2017 年，西部地区的小学阶段生均固定资产均值出现大幅增长，因而均值大小变化为西部地区>东部地区>东北地区>中部地区。即中部地区小学阶段生均固定资产均值一直最低，西部地区小学阶段生均固定资产均值则是后来居上，开始远超东部、东北和中部地区。

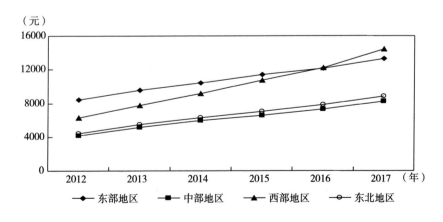

图 6.1　不同地区小学阶段生均固定资产均值比较

从表 6.5 可以看到，不同省份小学阶段生均固定资产值极差在逐渐变大，极差率总体趋势也在变大，小于全国平均值的省份也是逐渐增多，表明 2012 年以来小学阶段生均固定资产的区域差异出现了扩大趋势。同时可以发现，小学阶段生均固定资产值最小的省份都是在中部地区。

表6.5 不同地区小学阶段生均固定资产值极差率分析

年份	平均值	最小值	地区	最大值	地区	极差	极差率	小于均值数
2012	6398	2590	江西	15073	北京	12483	5.8	19
2013	7623	3493	江西	18353	西藏	14860	5.3	19
2014	8683	4199	江西	21675	西藏	17476	5.2	20
2015	9813	4871	江西	27154	西藏	22283	5.6	21
2016	10819	5365	河南	29202	西藏	23837	5.4	21
2017	12303	6229	河南	36535	西藏	30306	5.9	22

二、初中阶段生均固定资产

东部地区初中阶段生均固定资产值如表 6.6 所示。可以看到，2012～2017 年，上海初中阶段生均固定资产值一直是最大的，2012 年，河北初中阶段生均固定资产值最小，2013～2014 年，福建初中阶段生均固定资产值最小，2015～2017 年，河北初中阶段生均固定资产值最小。2012～2017 年，东部地区初中阶段生均固定资产最大值与最小值比率分别为 3.23 倍、3.02 倍、3.18 倍、3.33 倍、3.30 倍、3.75 倍。

表6.6 东部地区初中阶段生均固定资产值（元）

省份＼年份	2012	2013	2014	2015	2016	2017
北 京	18072	19637	21909	27749	35277	40281
天 津	10661	13388	14622	15724	17277	17222
河 北	8076	9622	10301	10802	11764	12395
上 海	26053	28411	32031	35921	38849	46429
江 苏	20250	24096	27358	29495	30931	32793
浙 江	19160	20726	22267	25142	27861	31058
福 建	8384	9397	10078	12068	12806	13282

续表

年份 省份	2012	2013	2014	2015	2016	2017
山　东	10530	13113	15987	17959	20044	22105
广　东	9843	12414	15591	17932	19546	20838
海　南	9916	12976	15780	18238	17929	18586
均　值	14095	16378	18592	21103	23228	25499

资料来源：依据历年《中国统计年鉴》和《中国教育统计年鉴》整理而成。

中部地区初中阶段生均固定资产值如表 6.7 所示。可以看到，2012~2017年，湖北初中阶段生均固定资产值一直是最大的，江西初中阶段生均固定资产值一直是最小的。2012~2017 年，中部地区初中阶段生均固定资产最大值与最小值比率分别为 2.30 倍、2.06 倍、1.91 倍、1.86 倍、1.80 倍、1.69 倍，总体上呈现差距逐渐变小趋势。

表 6.7　中部地区初中阶段生均固定资产值（元）

年份 省份	2012	2013	2014	2015	2016	2017
山　西	8083	10851	12939	15011	17124	18853
安　徽	8727	10962	13217	15598	16734	18212
江　西	5002	6810	7946	9136	10120	11178
河　南	5446	7734	8839	9871	10838	12592
湖　北	11513	14055	15198	17032	18257	18866
湖　南	9075	9926	11468	12813	14359	16315
均　值	7974	10056	11601	13244	14572	16003

资料来源：依据历年《中国统计年鉴》和《中国教育统计年鉴》整理而成。

西部地区初中阶段生均固定资产值如表 6.8 所示。可以看到，2012~2016年，西藏初中阶段生均固定资产值一直是最大的，2017 年，青海初中阶段生均固定资产值最大。2012 年，贵州初中阶段生均固定资产值最小，2013~2017 年，广西初中阶段生均固定资产值最小。2012~2017 年，西部地区初中阶段生均固定资产最大值与最小值比率分别为 3.63 倍、3.28 倍、3.16 倍、3.18 倍、2.82 倍、2.70 倍，总体上呈现差距逐渐变小趋势。

表6.8 西部地区初中阶段生均固定资产值（元）

省份 年份	2012	2013	2014	2015	2016	2017
内蒙古	11749	15799	18254	21814	25761	28118
广 西	6002	6464	7860	8829	10383	11740
重 庆	6962	8567	9733	11735	13247	15982
四 川	9364	11536	13548	15965	17713	18559
贵 州	4755	6597	7993	10326	13012	15562
云 南	6876	8103	9216	10412	13726	16636
西 藏	17272	21211	24842	28100	29302	31394
陕 西	8635	10920	13744	16499	17890	19178
甘 肃	7450	9761	12289	14956	17643	21049
青 海	15333	18614	21642	23763	28073	31745
宁 夏	11082	13493	16664	18304	21480	21906
新 疆	9953	12377	14774	18208	21490	23982
均 值	9619	11954	14213	16576	19143	21321

资料来源：依据历年《中国统计年鉴》和《中国教育统计年鉴》整理而成。

东北地区初中阶段生均固定资产值如表6.9所示。可以看到，2012～2017年，辽宁初中阶段生均固定资产值一直是最大的。2012年，黑龙江初中阶段生均固定资产值最小，2013年，吉林初中阶段生均固定资产值最小，2014～2017年，黑龙江初中阶段生均固定资产值最小。2012～2017年，东北地区初中阶段生均固定资产最大值与最小值比率分别为1.41倍、1.26倍、1.19倍、1.23倍、1.23倍、1.13倍，总体上也呈现差距逐渐变小趋势。

表6.9 东北地区初中阶段生均固定资产值（元）

省份 年份	2012	2013	2014	2015	2016	2017
辽 宁	10987	13010	14762	16914	18893	20191
吉 林	8828	10360	12740	16062	17030	18347
黑龙江	7815	10836	12405	13801	15397	17831
均 值	9210	11402	13302	15592	17107	18790

资料来源：依据历年《中国统计年鉴》和《中国教育统计年鉴》整理而成。

不同地区初中阶段生均固定资产均值比较如图6.2所示。可以看到，不同地区初中阶段生均固定资产均值差异巨大，2012~2017年，初中阶段生均固定资产均值大小依次为：东部地区>西部地区>东北地区>中部地区，东部地区一直最大，中部地区一直最小。同时，2012~2017年，小学阶段生均固定资产均值也是中部地区最小。

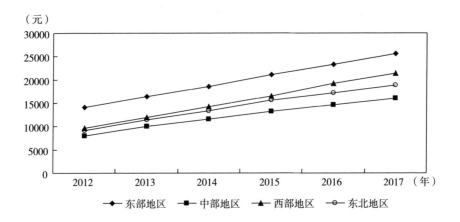

图6.2　不同地区初中阶段生均固定资产均值比较

从表6.10可以看到，不同地区初中阶段生均固定资产极差逐渐变大，极差率先急剧缩小，又逐渐变大，小于全国平均值的省份也先变少，后逐渐增多，表明初中阶段生均固定资产值的区域差异也呈现逐步扩大趋势。同时，比较不同年份基础教育初中阶段和小学阶段生均固定资产值，可以发现，同一个省份的初中阶段生均固定资产值要远大于小学阶段。

表6.10　不同地区初中阶段生均固定资产值极差率分析

年份	平均值	最小值	地区	最大值	地区	极差	极差率	小于均值数
2012	10705	4755	贵州	26053	上海	21298	5.5	21
2013	12960	6464	广西	28411	上海	21947	4.4	18
2014	15032	7860	广西	32031	上海	24171	4.1	19
2015	17296	8829	广西	35921	上海	27092	4.1	19
2016	19379	10120	江西	38849	上海	28729	3.8	20
2017	21394	11178	江西	46429	上海	35251	4.2	21

资料来源：依据历年《中国统计年鉴》和《中国教育统计年鉴》整理而成。

三、普通高中阶段生均固定资产

东部地区普通高中阶段生均固定资产值如表 6.11 所示。可以看到，2012~2013 年，上海普通高中阶段生均固定资产值最大，2014~2017 年，北京普通高中阶段生均固定资产值最大。2012~2017 年，河北普通高中阶段生均固定资产值一直最小。2012~2017 年，东部地区普通高中阶段生均固定资产最大值与最小值比率分别为 5.09 倍、4.84 倍、5.14 倍、5.71 倍、6.37 倍、6.26 倍。

表 6.11　东部地区普通高中阶段生均固定资产值（元）

省份＼年份	2012	2013	2014	2015	2016	2017
北　京	77215	93435	107695	123588	143945	154450
天　津	29829	33408	36168	41068	47659	49731
河　北	17252	19625	20941	21627	22594	24685
上　海	87735	94971	100582	110704	117770	125454
江　苏	37994	44604	50735	55913	61004	65506
浙　江	36259	40115	45242	47159	52872	57375
福　建	25722	29844	33578	37976	42289	45436
山　东	19577	20660	23712	26307	29529	33730
广　东	22737	24491	30531	32504	37153	42832
海　南	26785	28778	35735	41921	49211	54406
均　值	38111	42993	48492	53877	60403	65361

资料来源：依据历年《中国统计年鉴》和《中国教育统计年鉴》整理而成。

中部地区普通高中阶段生均固定资产值如表 6.12 所示。可以看到，2012~2013 年，湖南普通高中阶段生均固定资产值最大，2014~2016 年，湖北普通高中阶段生均固定资产值最大，2017 年，山西普通高中阶段生均固定资产值最大。2012~2017 年，河南普通高中阶段生均固定资产值一直最小。2012~2017 年，中部地区普通高中阶段生均固定资产最大值与最小值比率分别为 2.04 倍、1.84 倍、1.97 倍、1.98 倍、2.05 倍、2.14 倍。

表 6.12　中部地区普通高中阶段生均固定资产值（元）

省份＼年份	2012	2013	2014	2015	2016	2017
山　西	19955	20510	25024	27082	32627	36113

续表

省份 \ 年份	2012	2013	2014	2015	2016	2017
安 徽	17889	19311	23616	26600	29639	33178
江 西	14599	17129	18189	19919	21292	23608
河 南	10974	12597	13533	14634	15955	16851
湖 北	18374	22586	26612	28996	32710	35439
湖 南	22418	23218	24671	24654	27481	32927
均 值	17368	19225	21941	23648	26617	29686

资料来源：依据历年《中国统计年鉴》和《中国教育统计年鉴》整理而成。

西部地区普通高中阶段生均固定资产值如表6.13所示。可以看到，2012~2014年，西藏普通高中阶段生均固定资产值最大，2015年，内蒙古普通高中阶段生均固定资产值最大，2016年，青海普通高中阶段生均固定资产值最大，2017年，西藏普通高中阶段生均固定资产值最大。2012~2017年，广西普通高中阶段生均固定资产值一直最小。2012~2017年，西部地区普通高中阶段生均固定资产最大值与最小值比率分别为2.34倍、2.17倍、2.25倍、2.47倍、2.56倍、2.67倍。

表6.13　西部地区普通高中阶段生均固定资产值（元）

省份 \ 年份	2012	2013	2014	2015	2016	2017
内蒙古	19778	25599	31807	37799	41611	47099
广 西	11703	12839	14183	15311	16355	18681
重 庆	19363	21489	21842	25103	27239	31272
四 川	19182	20974	23754	27126	30362	34121
贵 州	11938	16395	20000	23995	27099	32366
云 南	21051	21996	23494	26548	30936	36486
西 藏	27386	27801	31975	32909	37119	49839
陕 西	15673	18984	22934	26982	29408	33135
甘 肃	13172	14752	17731	20358	22649	28146
青 海	20289	22246	22577	25287	41841	40504
宁 夏	20059	20884	26865	30945	36512	40895
新 疆	20052	25799	31208	30804	32101	35538
均 值	18304	20813	24031	26931	31103	35674

资料来源：依据历年《中国统计年鉴》和《中国教育统计年鉴》整理而成。

东北地区普通高中阶段生均固定资产值如表 6.14 所示。可以看到，2012~2017 年，辽宁普通高中阶段生均固定资产值一直最大，2012~2016 年，吉林普通高中阶段生均固定资产值最小，2017 年，黑龙江普通高中阶段生均固定资产值最小。2012~2017 年，东北地区普通高中阶段生均固定资产最大值与最小值比率分别为 1.25 倍、1.41 倍、1.19 倍、1.23 倍、1.17 倍、1.14 倍。

表 6.14 东北地区普通高中阶段生均固定资产值（元）

年份 省份	2012	2013	2014	2015	2016	2017
辽　宁	16731	20373	21361	24078	25308	26883
吉　林	13345	14412	17885	19639	21670	23638
黑龙江	14914	16131	19055	20212	21753	23584
均　值	14997	16972	19434	21310	22910	24702

资料来源：依据历年《中国统计年鉴》和《中国教育统计年鉴》整理而成。

不同地区普通高中阶段生均固定资产均值比较如图 6.3 所示。可以看到，不同地区普通高中阶段生均固定资产均值差异巨大，2012~2017 年，普通高中阶段生均固定资产均值大小依次为：东部地区>西部地区>中部地区>东北地区，东部地区一直最大，东北地区一直最小。

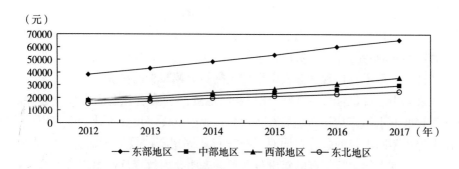

图 6.3 不同地区普通高中阶段生均固定资产均值比较

从表 6.15 可以看到，不同地区普通高中阶段生均固定资产值极差逐渐变大，极差率则先缩小，然后逐渐扩大，2017 年已经远远高于 2012 年。同时，小于全国平均值的省份近两年保持不变。综合而言，普通高中阶段生均固定资产值区域差异呈现扩大趋势。对 2012~2017 年小学、初中和普通高中阶段生均固定资产值进行比较,同一省份普通高中阶段生均固定资产值最大,初中阶段居中,小学阶段生均固定资产值最小。

表 6.15　不同地区普通高中阶段生均固定资产值极差率分析

年份	平均值	最小值	地区	最大值	地区	极差	极差率	小于均值数
2012	24192	10974	河南	87735	上海	76761	8.0	23
2013	27289	12597	河南	94971	上海	82374	7.5	23
2014	31072	13533	河南	107695	北京	94162	8.0	21
2015	34443	14634	河南	123588	北京	108954	8.4	23
2016	38893	15955	河南	143945	北京	127990	9.0	22
2017	43029	16851	河南	154450	北京	137599	9.2	22

资料来源:依据历年《中国统计年鉴》和《中国教育统计年鉴》整理而成。

第三节　教育行业固定资产投资总体状况

一、教育行业固定资产投资概况

教育行业固定资产投资是社会固定资产投资的一部分。地方政府在进行社会固定资产投资预算时,会依据历年分配比例,综合实际情况及未来发展规划等因素,制定当年教育行业固定资产投资份额。换言之,教育行业固定资产投资存在支出惯性,一般不会出现突然大幅增加、突然大幅减少的情况。

从表 6.16 可以看出,我国教育行业固定资产投资占社会固定资产投资的比重处于较低的水平,从长期趋势看,教育行业固定资产投资占社会固定资产投资的比重处于不断下降的趋势。同时,教育行业固定资产投资年增长率波动很大,有的年份出现大幅增长,有的年份负增长,表明我国教育行业固定资产投资在编制预算开支时,可能存在重要因素发生了影响作用,导致增长波动较大。

表 6.16　全国教育行业固定资产投资

年份　项目	社会固定资产投资（亿元）	教育固定资产投资（亿元）	教育固定资产投资占比（%）	社会固定资产投资年增长率（%）	教育固定资产投资年增长率（%）
2003	55566.6	1671.1	3.01	—	—

续表

项目年份	社会固定资产投资（亿元）	教育固定资产投资（亿元）	教育固定资产投资占比（%）	社会固定资产投资年增长率（%）	教育固定资产投资年增长率（%）
2004	70477.4	2024.8	2.87	26.83	21.17
2005	88773.6	2209.2	2.49	25.96	9.11
2006	109998.2	2270.2	2.06	23.91	2.76
2007	137323.9	2375.6	1.73	24.84	4.64
2008	172828.4	2523.8	1.46	25.85	6.24
2009	224598.8	3521.2	1.57	29.95	39.52
2010	278121.9	4033.6	1.45	23.83	14.55
2011	311485.1	3894.6	1.25	12.00	-3.45
2012	374694.7	4613.0	1.23	20.29	18.45
2013	446294.1	5433.0	1.22	19.11	17.78
2014	512020.7	6708.7	1.31	14.73	23.48
2015	561999.8	7726.8	1.37	9.76	15.18
2016	606465.7	9326.7	1.54	7.91	20.71
2017	641238.4	11104.3	1.73	5.73	19.06

资料来源：依据历年《中国统计年鉴》整理而成。

如表6.17所示，各省份教育行业固定资产投资也存在巨大的区域差异。以2015年为例，教育行业固定资产投资超过400亿元的省份包括江苏、浙江、山东、河南、湖南、广东、四川，而低于100亿元的省份包括上海、海南、西藏、青海、宁夏。影响教育行业固定资产投资的因素很多，如财政收入水平、人口密度、当地常住人口、各层次学生人数、教育从业人数、教育发展基础、未来教育发展趋势等，如果仅仅依据当年教育固定资产投资实际支出额来判断是否出现了大幅增长，则有可能得出错误的结论，还需要结合教育固定资产投资占社会固定资产投资比重的历史变化趋势进行评价。

表6.17 各省份教育行业固定资产投资（亿元）

省份 年份	2012	2013	2014	2015	2016	2017
北 京	95.0	142.7	124.2	142.2	139.9	129.3
天 津	73.8	98.0	180.1	172.0	140.4	118.0
河 北	208.9	206.1	254.6	260.3	325.3	317.8

续表

省份 年份	2012	2013	2014	2015	2016	2017
山　西	168.5	152.2	140.7	182.6	188.5	76.5
内蒙古	111.0	93.9	153.2	140.6	149.2	163.1
辽　宁	196.2	236.2	254.4	178.4	57.9	79.9
吉　林	66.1	76.0	116.0	111.5	123.9	168.1
黑龙江	103.4	186.0	135.8	161.9	164.2	159.5
上　海	50.9	71.9	107.2	89.2	79.1	96.4
江　苏	301.7	330.1	479.8	543.3	590.1	677.4
浙　江	199.8	253.3	340.6	400.9	506.8	517.5
安　徽	204.0	229.9	235.8	276.4	375.4	443.4
福　建	194.9	185.9	214.5	273.4	328.2	387.3
江　西	137.8	176.4	182.4	243.6	218.3	243.9
山　东	333.0	452.9	518.1	607.0	745.4	1168.1
河　南	278.1	290.4	361.8	417.9	533.7	763.4
湖　北	148.8	136.7	198.3	213.1	366.7	363.6
湖　南	212.7	262.9	366.3	439.9	568.1	692.7
广　东	299.0	308.8	408.5	415.3	514.7	528.5
广　西	175.6	251.0	308.9	381.3	478.4	517.7
海　南	31.1	23.1	44.2	41.7	62.5	81.9
重　庆	109.3	134.6	162.4	178.9	243.5	292.7
四　川	202.2	301.9	411.7	483.7	579.3	711.2
贵　州	117.2	123.6	205.4	267.7	326.2	507.6
云　南	184.9	208.8	236.3	297.5	438.8	584.9
西　藏	18.4	30.6	28.8	31.5	39.5	48.2
陕　西	166.1	201.8	221.6	299.3	424.7	584.8
甘　肃	64.8	92.6	107.2	205.3	294.3	151.7
青　海	46.2	49.6	50.8	56.1	64.4	56.2
宁　夏	29.1	28.9	29.0	53.0	56.9	68.1
新　疆	84.2	96.3	129.9	161.2	202.4	413.9

资料来源：依据历年《中国统计年鉴》整理而成。

二、教育行业固定资产投资占比

不同省份由于经济发展差异，社会固定资产投资也会存在很大的差异，进而导致教育行业固定资产投资会存在巨大不同。从表 6.18 可以看到，我国各省份社会固定资产投资存在很大的差距，江苏、山东的社会固定资产投资远远高于全国其他省份，海南、西藏、青海、宁夏的社会固定资产投资则远远低于全国其他省份。

表 6.18　各地区全社会固定资产投资（亿元）

省份 ＼ 年份	2012	2013	2014	2015	2016	2017
北　京	6112.4	6847.1	6924.2	7496.0	7943.9	8370.4
天　津	7934.8	9130.2	10518.2	11832.0	12779.4	11288.9
河　北	19661.3	23194.2	26671.9	29448.3	31750.0	33406.8
山　西	8863.3	11031.9	12354.5	14074.2	14198.0	6040.5
内蒙古	11875.7	14217.4	17591.8	13702.2	15080.0	14013.2
辽　宁	21836.3	25107.7	24730.8	17917.9	6692.2	6676.7
吉　林	9511.5	9979.3	11339.6	12705.3	13923.2	13283.9
黑龙江	9694.7	11453.1	9829.0	10182.9	10648.3	11292.0
上　海	5117.6	5647.8	6016.4	6352.7	6755.9	7246.6
江　苏	30854.2	36373.3	41938.6	46246.9	49663.2	53277.0
浙　江	17649.4	20782.1	24262.8	27323.3	30276.1	31696.0
安　徽	15425.8	18621.9	21875.6	24386.0	27033.4	29275.1
福　建	12439.9	15327.4	18177.9	21301.4	23237.4	26416.3
江　西	10774.2	12850.3	15079.1	17388.1	19694.4	22085.3
山　东	31256.0	36789.1	42495.5	48312.4	53322.9	55202.7
河　南	21450.0	26087.5	30782.2	35660.3	40415.1	44496.9
湖　北	15578.3	19307.3	22915.3	26563.9	30011.7	32282.4
湖　南	14523.2	17841.4	21242.9	25045.1	28353.3	31959.2
广　东	18751.5	22308.4	26293.9	30343.0	33303.6	37761.7
广　西	9808.6	11907.7	13843.2	16227.8	18236.8	20499.1
海　南	2145.4	2697.9	3112.2	3451.2	3890.4	4244.4
重　庆	8736.2	10435.2	12285.4	14353.2	16048.1	17537.0
四　川	17040.0	20326.1	23318.6	25525.9	28812.0	31902.1

续表

省份 \ 年份	2012	2013	2014	2015	2016	2017
贵 州	5717.8	7373.6	9025.8	10945.5	13204.0	15503.9
云 南	7831.1	9968.3	11498.5	13500.6	16119.4	18936.0
西 藏	670.5	876.0	1069.2	1295.7	1596.0	1975.6
陕 西	12044.5	14884.1	17191.9	18582.2	20825.3	23819.4
甘 肃	5145.0	6527.9	7884.1	8754.2	9664.0	5827.8
青 海	1883.4	2361.1	2861.2	3210.6	3528.1	3883.6
宁 夏	2096.9	2651.1	3173.8	3505.4	3794.2	3728.4
新 疆	6158.8	7732.3	9447.7	10813.0	10287.5	12089.1

资料来源：依据历年《中国统计年鉴》整理而成。

如表 6.19 所示，尽管有的省份教育行业固定资产投资增长幅度较快，但与社会固定资产投资相比较，可以发现这些省份的教育行业固定资产投资相对增长还是不高。表 6.17 中，2015 年教育行业固定资产投资超过 400 亿元的省份包括江苏、浙江、山东、河南、湖南、广东、四川，但从表 6.19 可以看到，江苏、山东等省份教育行业固定资产投资占社会固定资产投资的比重并不高，远远低于北京、上海、广东等省份。以北京为例，尽管从全国范围看，北京的教育行业固定资产投资实际支出额并不高，在全国属于较低的水平，但在 2010～2015 年，其教育行业固定资产投资占社会固定资产投资的比重最小值为 1.55%，最大值为2.08%。同期，江苏的教育行业固定资产投资占社会固定资产投资的比重最小值为 0.82%，最大值为 1.17%，远远小于同期北京的教育行业固定资产投资占社会固定资产投资的比重。再从全国范围看，绝大部分省份在 2010～2015 年的教育行业固定资产投资占社会固定资产投资比重小于 1.5%，远远低于北京的最小值。因此，分析教育行业固定资产投资，需要从各省份的教育基础，从教育发展历史入手才能得出正确的结论。

表 6.19　各地区教育行业固定资产投资占社会固定资产投资的比重 （%）

省份 \ 年份	2012	2013	2014	2015	2016	2017
北 京	1.55	2.08	1.79	1.90	1.76	1.54
天 津	0.93	1.07	1.71	1.45	1.10	1.05
河 北	1.06	0.89	0.95	0.88	1.02	0.95

续表

年份 省份	2012	2013	2014	2015	2016	2017
山 西	1.90	1.38	1.14	1.30	1.33	1.27
内蒙古	0.93	0.66	0.87	1.03	0.99	1.16
辽 宁	0.90	0.94	1.03	1.00	0.87	1.20
吉 林	0.69	0.76	1.02	0.88	0.89	1.27
黑龙江	1.07	1.62	1.38	1.59	1.54	1.41
上 海	0.99	1.27	1.78	1.40	1.17	1.33
江 苏	0.98	0.91	1.14	1.17	1.19	1.27
浙 江	1.13	1.22	1.40	1.47	1.67	1.63
安 徽	1.32	1.23	1.08	1.13	1.39	1.51
福 建	1.57	1.21	1.18	1.28	1.41	1.47
江 西	1.28	1.37	1.21	1.40	1.11	1.10
山 东	1.07	1.23	1.22	1.26	1.40	2.12
河 南	1.30	1.11	1.18	1.17	1.32	1.72
湖 北	0.96	0.71	0.87	0.80	1.22	1.13
湖 南	1.46	1.47	1.72	1.76	2.00	2.17
广 东	1.59	1.38	1.55	1.37	1.55	1.40
广 西	1.79	2.11	2.23	2.35	2.62	2.53
海 南	1.45	0.86	1.42	1.21	1.61	1.93
重 庆	1.25	1.29	1.32	1.25	1.52	1.67
四 川	1.19	1.49	1.77	1.89	2.01	2.23
贵 州	2.05	1.68	2.28	2.45	2.47	3.27
云 南	2.36	2.09	2.06	2.20	2.72	3.09
西 藏	2.74	3.49	2.69	2.43	2.47	2.44
陕 西	1.38	1.36	1.29	1.61	2.04	2.46
甘 肃	1.26	1.42	1.36	2.35	3.05	2.60
青 海	2.45	2.10	1.78	1.75	1.83	1.45
宁 夏	1.39	1.09	.91	1.51	1.50	1.83
新 疆	1.37	1.25	1.37	1.49	1.97	3.42

资料来源：依据历年《中国统计年鉴》整理而成。

第四节　基础教育资源配置的影响因素

一、计量模型设定

地方政府在编制每年的教育固定资产投资预算支出时，都会参考以前的实际投入占比。因此，在确定了度量指标后，设定动态面板数据模型时，本章有必要设定滞后指标来确保模型的精确性。模型设定如下：

$$edu_{i,t} = \beta_1 edu_{i,t-1} + \beta_2 gdp_{i,t} + \beta_3 gov_{i,t} + \beta_4 fis_{i,t} + \beta_5 pr_{i,t} + \beta_6 sr_{i,t} + \alpha_i + \eta_t + \varepsilon_{i,t}$$

式中，i 代表全国各省份，t 代表时期，$edu_{i,t}$ 代表全国各省份 i 在 t 期的教育固定资产投资，$edu_{i,t-1}$ 代表滞后一期。其中 $gdp_{i,t}$、$gov_{i,t}$、$fis_{i,t}$、$pr_{i,t}$ 和 $sr_{i,t}$ 分别代表人均地区生产总值增长率、基础设施建设投资占比、财政收入水平、教育行业从业人口占比和在校生人口占比。α_i 代表全国各省份的哑变量，表示各地区不因时间变化而出现改变的固定效应，可以度量不同时期其他变量对教育固定资产投资的影响；η_t 代表时间哑变量，表示不因地区变化而出现改变的时间固定效应；$\varepsilon_{i,t}$ 代表随机变动项。实际分析时，本章需要对数据进行对数化处理，以防不同数据之间由于差异太大，导致模型估计结果产生较大的误差。

模型包括了教育固定资产投资滞后项，同时包括教育从业人口和在校人口。理论上，教育固定资产投资的滞后一期就已经包含了教育从业人口和在校人口的相关趋势信息，三者会产生多重共线性问题。实际上，通过查阅和前面对各省份历年的地方政府教育固定资产投资进行比较，可发现一个事实，即地方政府在进行教育固定资产投资预算决策时，并没有完全依据教育从业人口和在校生人口规模来预算下一年的教育固定资产投资。同时，还发现多个省份的基础教育中也存在这种教育固定资产投资与教育从业人口和在校人口规模增长不一致的事实。因此，模型中同时包括教育固定资产投资滞后项、教育从业人口和在校人口，反而更能把问题解释清楚。

文中采用固定效应模型（Fixed Effects Regression Model）、混合效应模型（Pooled-effects Regression Model）、差分 GMM 模型（Dif-ferential GMM）和系统 GMM 模型（System GMM）四种模型进行估计。通常情形下，混合效应模型在估计时会忽略地区固定效应，因而出现高估因变量滞后项的系数。固定效应模型在估计时能够较好地估计地区效应，但要求样本采集的时间周期达到一定长度，否则会出现低估滞后项的系数。差分 GMM 模型在估计时，需要预先选择合适的工具变量处理好模型内生性问题，如果工具变量选择不合适，则容易出现有偏估计，导致估计结果出现较大偏差。系统 GMM 估计可以克服难以选择工具变量问题，能够得到一致且无偏的模型估计值。因而，书中采用四种模型进行估计，主要目的在于相互补充和验证，最终以确定采用系统 GMM 是否恰当。差分 GMM 模型和系统 GMM 模型的估计结果都需要通过检验，书中分别采用 Sargan 检验来判断模型是否存在过度识别，Hansen 检验来验证选择的工具变量是否准确，序列相关检验 AR（2）判断差分后的误差项是否属于二阶序列相关。

二、模型测度指标和数据来源

当前学界专门针对教育固定资产投资的计量研究还十分稀缺，目前检索到的文献主要在于以下几个方面：

一是针对教育投资与经济增长等进行分析，但在这些分析中，涉及的教育投资指财政性教育支出，并不包括社会固定资产投资中教育固定资产投资，或者直接混淆了二者的关系。才国伟和刘剑雄（2014）分析了政府公共教育投资对人力资本的作用，认为在市场经济下，政府需要扩大公共教育投资，提高公共教育投资效率。周金燕和祁翔（2013）分析了西方发达国家 1965~1990 年公共教育投资对经济增长的贡献，发现只有中等教育对经济增长有显著效应，而初等教育和高等教育对经济增长的影响不显著。在这些研究者的分析中，教育投资指财政性公共教育支出。

二是分析了教育投资对个人和家庭发展的影响，其中教育投资是指个人或家庭的教育支出，也不是教育固定资产投资。王明进和岳昌君（2007）以国家统计局 1991 年、1995 年、2000 年和 2004 年中国城镇住户调查数据，分析了我国城镇居民个人教育投资的风险。马晓强和丁小浩（2005）分析了我国城镇居民个人教育投资风险，发现教育投资风险与收益呈正相关关系，但仅通过投资取得高层次的教育水平来减少工资不平等是不现实的。

三是针对不同层次教育投资机制进行分析，停留于定性的层面，缺乏计量的分析。孟旭和樊香兰（2003）分析了我国基础教育投资机制，发现我国基础教育投资中存在财政投入不足、投资比例欠妥、缺乏科学的管理监督等问题，制约了基础教育的正常发展，拉大了城乡基础教育发展水平的差距。黄维（2004）分析了我国高等教育投资机制，认为高等教育投资中存在学费占了主要投资力量，而财政拨款明显不足等问题，国家需要改进高等教育投资现状。

从上述文献述评可以发现，学界关于教育投资是个笼统的提法，一般与教育固定资产投资没有必然联系。在教育资源的配置中，教育固定资产投资处于非常重要的地位，教学大楼、实验室、学生寝室、计算机、教学仪器设备等都归属在教育固定资产范畴内。因此，分析政府如何进行教育固定资产投资决策，开展教育固定资产投资的研究是公平、均衡配置教育资源的关键之一。依据文献述评与本研究需要，可以进行如下变量选择。

（1）被解释变量。教育固定资产投资（edu）。书中采用全国各省份教育固定资产投资占全社会固定资产投资的比率表示，即：

教育固定资产投资占比（edu）＝各省份教育固定资产投资/全社会固定资产投资

（2）解释变量。

第一，人均地区生产总值增长率（gdp）。地方政府在进行全社会固定资产投资时，主要依据地区经济增长总量和实际增长速度进行预算。因此，经济增长是影响全社会固定资产投资，尤其是教育固定资产投资的重要因素。一般而言，经济增长速度越快的地方，教育固定资产投资实际额即增长幅度会越大。

地方政府之间在经济增长速度差别不大的情形下，一个更为重要的指标是人均地区生产总值增长率。因此，本书认为以人均地区生产总值增长率为指标，能较为恰当地反映当前我国政府之间围绕经济增长而开展的竞争行为。在计算人均地区生产总值增长率时，需要考虑当年人均地区生产总值和上一年的人均地区生产总值，按照下式来获得各省份的人均地区生产总值增长率：

人均地区生产总值增长率（gdp）＝（当年各省份的人均地区生产总值-上一年各省份的人均地区生产总值）/上一年各省份的人均地区生产总值

第二，基础设施建设投资占比（gov）。在以地区生产总值增长为指标的考核制下，地方政府为了地区生产总值的增长，必然会加大能拉动地区生产总值增长的基础设施建设投资力度，进而基础设施建设投资成为地方政府竞争的因素之一。地方政府每年公共投资的总量有限，增加了基础设施建设投资，必然要挤占以公共教育、卫生等为代表的公共品的投资，进而减少相应的投资比例和额度，产生了基础设施建设投资对公共教育、卫生等公共品投资的挤占效应。对于经济欠发达省份而言，更会优先选择增加基础设施建设投资，而较为忽略教育、公共卫生等公共品的投资。同时，由于教育固定资产投资和基础设施建设投资同属于社会固定资产投资统计归类，因此本书以基础设施建设投资占比作为地方政府教育固定资产投资的一个解释变量，能较好地解释地方政府围绕地区生产总值竞争而减少教育固定资产投资这一现象。

基础设施建设投资占比（gov）＝各省份地方基础设施建设投资额/各省份地方公共投资总额

（3）控制变量。为了更好地理解地方政府对教育固定资产投资的决策机制，较好地解释哪些因素对教育固定资产投资产生了影响，书中引入对教育固定资产投资影响较强的相关变量作为控制变量。

第一，人均财政收入水平（fis）。财政收入水平是影响教育固定资产投资的重要因素。地方政府进行教育投入时，需要依据本地的财政收入水平来安排是否增加或减少教育固定资产投资。在计算时，以各省份的当年人均财政收入水平除以全国当年人均财政收入水平，即：

财政收入水平占比（fis）= 各省份当年人均财政收入水平/全国当年人均财政收入水平

第二，教育行业从业人口占比（pr）。教育从业人员是影响教育固定资产投资的一个重要因素。一般而言，教育从业人员多的省份，教育资源投入总额也会更大。在计算时，采用各省份教育行业教职工数除以各省份年末人口数获得，即：

教育行业从业人口占比（pr）= 各省份教育行业教职工数/各省份年末人口数

第三，在校生人口占比（sr）。在校生人数也是影响教育固定资产投资的重要因素，生均拨款中有一部分是用于教育固定资产投资，生均计算机台数、生均多媒体教室数、生均图书数量、教室、寝室等均是以在校生数为基准而度量。以在校生人口来反映教育资源配置，更能说明教育配置中存在的区域差异。计算时以各省份的各层次在校生人口数除以各省份的年末总人口数获得，即：

在校生人口占比（sr）= 各省份的各层次在校生人口数/各省份的年末总人口数

各变量数据均来源于历年《中国统计年鉴》《中国教育统计年鉴》和各省份的地方统计数据，笔者加以整理而成。

三、模型结果分析

固定效应、混合效应、差分 GMM 和系统 GMM 四种模型估计结果如表 6.20 所示。Sargan 检验的 P 值在差分 GMM 估计下为 0.990，在系统 GMM 估计下为 0.991，均显著大于 0.1，表明工具变量零假设成立，说明选用的工具变量有效。同时，在系统 GMM 估计下，Sargan 检验、Hansen 检验和 AR（2）检验的结果均表明采用系统 GMM 方法在统计上成立，能够获得有效无偏估计值。可以看出，因变量教育固定资产投资的滞后项非常显著，表明地方政府在进行教育支出预算时，会参考前期实际支出，使历年的教育预算支出具有持续性。

表 6.20　地方政府教育行业固定资产投资的回归估计结果

解释变量	固定效应	混合效应	差分 GMM	系统 GMM
edu（-1）	0.5873 ***	0.6735 ***	0.4116 ***	0.6773 ***
	(0.02481)	(0.0301)	(0.0399)	(0.0327)
gdp	0.0801 ***	-0.0835 ***	-0.1173 ***	0.1155 ***
	(0.0239)	(0.0211)	(0.0351)	(0.0335)
gov	0.0701 ***	-0.0733 ***	-0.0932 ***	-0.1125 ***
	(0.0257)	(0.0243)	(0.0282)	(0.0319)
fis	0.1231 ***	0.1106 ***	0.1142 ***	0.1613 ***
	(0.0452)	(0.0349)	(0.0355)	(0.0552)
pr	0.0831 ***	0.0853 ***	0.0793 ***	0.0871 ***
	(0.0273)	(0.0286)	(0.0251)	(0.0295)
sr	0.1353 ***	0.1164 ***	0.1527 ***	0.1315 ***
	(0.0807)	(0.0233)	(0.0426)	(0.0307)
常数项	0.8133	0.6077		
	(0.0589)	(0.0532)		
R^2	0.7629	0.8137		
F 值	66.4982	76.5329		
Sargan 检验 P 值			0.990	0.991
Hansen 检验			1.000	1.000
AR（2）检验 P 值			0.815	0.803

注：括号中是各变量系数估计标准误；*** 表示显著水平 0.01。

　　如表 6.20 所示，系统 GMM 估计结果表明，人均地区生产总值增长率与教育固定资产投资占比存在正相关关系，回归系数为 0.1155，表明随着人均地区生产总值增长率每扩大 1%，地方政府对教育固定资产投资的预算支出会上升 0.1155%。地方基础设施建设投资占比与教育固定资产投资占比存在负相关关系，回归系数为 -0.1125，表明随着地方政府竞争加剧，在基础设施建设投资方面每增加 1%，对教育固定资产投资的预算支出会下降 0.1125%。地方人均财政收入水平与教育固定资产投资占比存在正相关关系，回归系数为 0.1613，表明随着地方财政收入增加 1%，地方政府对教育固定资产的投资会增加 0.1613%。教育行业从业人口占比与教育固定资产投资占比存在正相关关系，回归系数为 0.0871，表明随着教育从业人口占比增加 1%，教育固定资产投资将会增加 0.0871%。在校生人口占比与教育固定资产投资占比存在正相关关系，回归系数为 0.1315，表明随着在校生人口占比增加 1%，教育固定资产投资占比将会增加 0.1315%。

在以经济增长为目标的政治激励下，尤其自 1995 年正式实施财政分权以来，财政性教育支出和教育固定资产投资中来自中央部分的资金支出呈现逐年下降趋势，地方政府的资金支出部分则呈现逐年上升趋势。随着地方政府承担的财政性教育支出和教育固定资产投资比例大幅上升，对于地方财政，尤其经济相对不发达的地区是一个极大的财政挑战。在这种财政分权体制下，地方政府普遍会选择通过加大基础设施建设投资比例和实际支出额度，通过大力支持基础设施建设来创造更好的投资环境，进而吸引更多外来资金参与本地经济发展以推进本地经济增长，使财政收入大幅上升来进行竞争。而随着财政收入大幅增加，地方政府通过财政分权机制又能获得更大的财政支配权，进而能够使财政支出预算也大幅增加。表 6.20 中系统 GMM 估计结果表明，以基础设施建设投资为标志的地方政府竞争对教育固定资产投资有负向影响，在地方财政预算支出总额相对固定的情形下，地方政府对基础设施建设的支出比例越高，则以公共教育、卫生为代表的公共品投资所占比例越容易受到挤占。教育固定资产投资对经济增长的作用主要体现在人力资本上，而在短期内，甚至长期内很难看到对经济增长的效果。政府在压缩其他预算支出分配比例时，教育固定资产投资的预算支出相对更容易受到削减。人均地区生产总值增长率对教育行业固定资产投资有正向影响，原因在于随着政府之间经济增长差异拉大，经济相对落后，人均地区生产总值增长率不理想的地区更为迫切地希望通过增加财政性公共支出，能够最大限度地发挥推动经济增长的作用，而以教育固定资产投资为代表的公共品支出显然无法帮助政府在短期内快速完成这个目标。因此，随着人均地区生产总值增长率差异扩大，经济相对落后地区的教育固定资产投资在公共开支中的占比首当其冲受到抑制。

在控制变量中，地方政府人均财政收入水平对教育固定资产投资占比存在正向影响，表明随着地方政府人均财政收入水平不断提高，地方政府在分配预算支出比例时，分配给教育固定资产投资的份额也会上升。地方政府的财政收入存在较为稳定的变化性，地方政府在进行教育固定资产投资预算决策时，往往依据前期的财政收入来决定是否增加教育固定资产投资的预算支出比例。教育行业从业人口占比对教育固定资产投资占比存在正向影响，表明随着教育行业从业人口占比的增加，地方政府对教育固定资产投资预算支出的比例也在增加。在校生人口占比对教育固定资产投资预算支出有正向影响，表明随着在校生人口占比扩大，教育固定资产投资预算支出比例也在增加。在所有的回归系数中，在校生人口占比对教育固定资产投资的回归系数最大，这点可以从国家关于教育支出的政策中得到解释。当前，我国对于每一层次的学校存在关于生均教育经费、图书数量、教学实施等相关规定，随着在校生人口占比的增加，即使地方政府主观上不愿增加对应的教育固定资产投资占比，但客观上还需要增加财政性教育支出和教育固定资产投资。

从表6.20中的固定效应模型和混合效应模型的回归估计结果可以看出，在混合效应模型中，自变量和控制变量的回归系数值变化不大，正负关系也没有改变；在固定效应中，虽然自变量和控制变量的回归系数值变化不大，但以基础设施为标志的地方政府竞争对教育固定资产投资的正负关系出现了改变，即地方政府竞争中基础设施建设投资比例每增加1%，政府对教育固定资产投资预算支出比例会增加0.0701%，即地方政府在相对固定的预算支出中，增加基础设施建设的预算支出会促使教育固定资产投资预算支出比例增加，这与混合效应的估计结果相反，也与全国各省份历年实际统计数据不相符，因此估计结果不具有参考意义。

为判断各种模型的设置是否合理，选用的工具变量是否恰当，需要采用相关的检验方法进行检验。当前常用的检验方法主要有 Fisher-ADF 检验、IPS 检验、Fisher-PP 检验、Breitung 检验和 LLC 检验。书中采用 IPS 检验对模型残差进行单位根检验，同时辅以 Breitung 检验来相互验证，结果如表6.21所示。从检验结果看，在0.01的显著水平下残差平稳，表明选用的工具变量有效，采用系统 GMM 模型进行估计较为合理。

表 6.21　残差单位根检验结果

	IPS 检验	Breitung 检验
固定效应	-3.885（0.000）	-3.438（0.000）
混合效应	-4.573（0.000）	-4.768（0.000）
系统 GMM	-3.335（0.000）	-3.579（0.000）

注：括号中是 P 值。

第五节　本章小结

本章采用全国各个省份的统计数据，以地方政府教育行业固定资产投资为例，分析了教育资源配置的影响因素，得出了一些较为重要的结论。

2012~2015 年，小学阶段生均固定资产均值大小是：东部地区>西部地区>东北地区>中部地区。2016~2017 年，西部地区的小学阶段生均固定资产均值出现大幅增长，因而均值大小变化为：西部地区>东部地区>东北地区>中部地区。不同地区初中阶段生均固定资产均值差异巨大，2012~2017 年，初中阶段生均固定资产均值大小依次为：东部地区>西部地区>东北地区>中部地区，东部地区一直最大，中部地区一直最小。不同地区高中阶段生均固定资产均值差异巨大，2012~2017 年，高中阶段生均固定资产均值大小依次为：东部地区>西部地区>中部地区>东北地区，东部地区一直最大，东北地区一直最小。

人均地区生产总值增长率对教育行业固定资产投资有正向影响，人均财政收入水平对教育固定资产投资有正向影响。人均地区生产总值增长率决定了地方政府在财政支出中能够进行公共预算支出的差异。经济发达地区的地区生产总值高，人均财政收入水平高，能够用于公共预算开支的实际支出额也会水涨船高；经济相对欠发达地区的地区生产总值低，人均财政收入水平相对也低，能够用于公共预算开支的实际支出额会受到极大抑制。且在经济相对欠发达地区，由于当前各地不断进行人均地区生产总值的竞争，这些地区必然要压缩教育支出等公共品的开支，以便能在有限的公共开支中挤出更大比例和份额的开支用于经济建设。

地方基础设施建设投资对教育固定资产投资有负向影响。在当前财政分权制下，地方政府（尤其在经济相对欠发达地区）为了获得较好的政治激励和更大的财政预算权，往往会在有限的预算支出中，通过加大基础设施建设预算支出比例，以加大基础建设投资，吸引更多的外来资金来参与本地经济建设，进而促进经济增长，增加财政收入。然而，每年的公共预算支出相对固定，地方政府对基础设施建设投资比例增加，而教育等公共预算支出又要符合国家的支出比例，在这种倾向下，地方政府就有可能削减包括教育固定资产投资在内的其他非固定性预算支出。全国各省份历年的基础设施建设预算支出比例与教育固定资产投资预算支出比例的变化也说明了这一点。

教育从业人口和在校生人口对教育固定资产投资有正向影响作用。教育从业人口和在校生人口占比增大，意味着教育规模在变大，因此政府需要投入更多的资金用于教育场所的扩建，增加相关教育设施和硬件设备。即使在地方政府预算开支有限的情况下，但随着公共开支规模的扩大，只要地方政府确保教育固定资产投资在社会公共投资中的占比不出现大幅下降，那么教育固定资产投资的实际支出额是逐渐增加的，这从一些省份的统计数据中得到了验证。

第七章　基础教育资源公平配置的决策机制

第一节　导　言

　　基础教育资源优质均衡配置是我国"十四五"期间要解决的教育发展重大问题。基础教育属于公共教育范畴，公共教育属于社会公共品范畴，是一种稀缺性资源，政府有责任承担公共教育的开支，并实现教育资源的有效配置。基础教育资源配置涉及存量和增量的问题，从当前看，增量主要体现在财政性教育经费支出方面，存量主要体现在师资配置方面。要实现基础教育资源的公平优质均衡配置，需要从增量和存量两个方面同时进行，而要解决这两个方面的问题，需要从中央到地方的各级各类政府部门的协同治理。中央需要制定好教育资源优化配置的相关宏观政策，如财政性教育经费的转移支付与倾斜制度，教师的工资结构和职称评聘制度，不断强化自上而下的评价机制，加强对地方基础教育的宏观管理和控制，促进相关政策落到实处。地方政府需要严格落实中央的相关政策，结合本地实际情况，灵活制定更为细致的操作规则，为基础教育资源均衡配置提供制度和政策的支持。教育督导部门需要依据现代信息技术，采用大数据建立基础教育资源优质均衡配置动态监测机制，及时将相关信息和数据反馈给相关部门，实现基础教育资源公平优质配置。

　　基础教育资源配置的目标之一是缩小区域差距，该差距首先是数量上的，其次是结构上的。加大转移支付力度，改变经济欠发达地区的办学条件，实施统一办学标准是从数量上缩小基础教育资源区域差距的一个重要措施。我国财政性教育支出实行的是二分制，即中央和地方财政性教育支出的分开支出，这与我国的财政体制有关。同时，地方政府在公共政策上采用"城乡二元制"，基础教育资源向城市倾斜，形成了巨大的城乡差距，"城市挤，乡村弱"现象短期难以改变。与此同时，在转移支付制下，现行的考核评价机制又促使地方政府之间形成围绕经济增长为标的的竞争模式，有意或无意地选择忽略以公共教育为代表的公共品支出。因此，地方政府如何决策财政性教育支出，必然避不开经济增长偏好取向。地方政府之间的竞争主要是希望通过促进经济快速增长来获得更大的财政自主权和更好的政治激励，各级政府都在围绕如何采取措施来促进本地经济快速增长，如何达到较高的经济增长速度而努力。对于地方政府来说，能够促进经济增长的主要措施就是加大以公路、铁路等为代表的基建投资来加强基础设施建设，改善投资环境，从而吸引更多的外来资金进入当地进行投资以促进经济增长。然而，地方政府的预算内财政支出总量是相对固定的，增加基建投资的比例，必然会抑制其他满足居民偏好的公共品支出，其中影响较大的要数公共教育投资。地方政府在有限的公共预算开支中不断加大基础设施投资的比重，致使财政性教育支出占公共预算支出的比重表现为较为明显的下降趋势。

但我们必须看到一个事实，地方政府增加财政性教育经费支出与促进经济快速增长并不是对立的，反而是相互促进的关系。经济是教育发展的基础，教育促进经济增长，地方经济快速发展了，即使财政性教育经费支出占比下降，但其实际支出额度也会水涨船高，出现大幅增长，这从我国历年财政性教育支出的变化趋势中可以看到。尽管 2011～2018 年，财政性教育经费支出占地方公共预算支出的比重总体上呈下降趋势，但地方政府财政性教育经费实际支出额度呈现大幅增长趋势。因此，在讨论教育资源配置时，既要考虑到财政分权下地方政府经济增长竞争模式对财政性教育经费支出的负向影响，更要看到经济快速增长对财政性教育经费支出的正向影响，需要从二者的关系中理解地方政府基础教育资源公平配置的决策机制。

第二节　财政性教育经费支出体制分析

一、中央与地方财政性教育经费支出构成

教育资源配置涉及多个方面，如人员配置、学校配置、教学器材配置等，其资金主要来源于财政性教育支出，其他来源渠道的资金只占很小比例。尤其在城乡二元制下，来自家庭渠道的资金更少。通过考察地方政府财政性教育支出的决策机制，能够较好地发现教育资源配置的平衡机制与布局安排。从财政性教育支出的来源渠道看，用于教育资源配置的支出主要包括两个部分：一是来自中央的财政性教育支出，二是来自地方的财政性教育支出。在这两部分中，地方财政性教育支出远远高于来自中央的财政教育支出，且这种差距在进一步扩大。

我国公共预算支出主要包括两个部分：一是来自中央政府的公共预算支出部分，二是来自地方政府自身的公共预算支出部分。从表 7.1 中可以看出，在 2011~2018 年的统计数据中，来自中央政府的公共预算支出部分总体呈现下降趋势，从高点的 54.26%下降到 2018 年的 14.81%；地方政府自身的公共预算支出部分呈现上升趋势，从低点的 45.74%上升到 2018 年的 85.19%。

表 7.1 国家一般公共预算支出中的中央与地方公共预算支出构成

项目 年份	公共预算支出 （亿元）	中央预算支出 部分（亿元）	中央预算支出 部分占比（%）	地方预算支出 部分（亿元）	地方预算支出 部分占比（%）
1978	1122.09	532.12	47.42	589.97	52.58
1980	1228.83	666.81	54.26	562.02	45.74
1985	2004.25	795.25	39.68	1209.00	60.32
1990	3083.59	1004.47	32.57	2079.12	67.43
1995	6823.72	1995.39	29.24	4828.33	70.76
2000	15886.50	5519.85	34.75	10366.65	65.25
2005	33930.28	8775.97	25.86	25154.31	74.14
2010	89874.16	15989.73	17.79	73884.43	82.21
2011	109247.79	16514.11	15.12	92733.68	84.88
2012	125952.97	18764.63	14.90	107188.34	85.10
2013	140212.10	20471.76	14.60	119740.34	85.40
2014	151785.56	22570.07	14.87	129215.49	85.13
2015	175877.77	25542.15	14.52	150335.62	85.48
2016	187755.21	27403.85	14.60	160351.36	85.40
2017	203085.49	29857.15	14.70	173228.34	85.30
2018	220904.13	32707.81	14.81	188196.32	85.19

资料来源：依据历年《中国统计年鉴》整理而成。

在统计国家财政性教育支出时，为了保证数据的一致性，选择《中国统计年鉴》中的财政性教育支出数据进行分析。但由于 1978~2005 年统计数据中把财政性教育支出统一归类在文教、科学、卫生中，因此本章在分析国家层面的财政性教育支出时，只统计了 2005~2018 年的数据，分析结果如表 7.2 所示。

表 7.2 国家财政性教育支出中的中央与地方的财政性教育支出构成

项目 年份	财政性教育支出 总量（亿元）	中央预算支出 部分（亿元）	中央预算支出 部分占比（%）	地方预算支出 部分（亿元）	地方预算支出 部分占比（%）
2005	3974.83	244.85	6.16	3729.98	93.84

续表

项目 年份	财政性教育支出 总量（亿元）	中央预算支出 部分（亿元）	中央预算支出 部分占比（%）	地方预算支出 部分（亿元）	地方预算支出 部分占比（%）
2010	12550.02	720.96	5.74	11829.06	94.26
2011	16497.33	999.05	6.06	15498.28	93.94
2012	21242.10	1101.46	5.19	20140.64	94.81
2013	22001.76	1103.65	5.02	20895.11	94.97
2014	23041.71	1253.62	5.44	21788.09	94.56
2015	26271.88	1358.17	5.17	24913.71	94.83
2016	28072.78	1447.72	5.16	26625.06	94.84
2017	30153.18	1548.39	5.14	28604.79	94.86
2018	32169.47	1731.29	5.38	30438.24	94.62

资料来源：依据《中国统计年鉴》"一般公共预算支出"中的"教育支出"条目计算。

从表7.2可以看出，我国财政性教育支出呈逐年增加趋势，地方政府是财政性教育支出的主要承担者。以2011年和2015年为例，在财政性教育支出构成中，2015年中央财政性教育支出比2011年增加了359.12亿元，绝对增加了1.36倍；2015年的地方财政性教育支出比2011年增加了9415.43亿元，绝对增加了1.61倍。2011年，地方财政性教育支出是中央财政性教育支出的15.51倍，2015年，地方财政性教育支出是中央财政性教育支出的18.34倍。从中央和地方财政性教育支出占比看，中央部分占比在5.02%~6.16%，地方部分占比在93.84%~94.97%。

从表7.3可以看出，2011~2018年的财政性教育支出中，中央财政教育支出部分占中央公共预算支出部分的比重（以财政性教育支出中的中央财政性教育预算支出部分占中央公共预算支出的比例来计算）较为稳定，保持在5.19%~6.05%，总体上呈现下降趋势，但近几年变化不大，估计未来会在5.20%的比例上下浮动。地方财政性教育支出部分占地方公共预算支出部分的比重维持在16.57%~18.79%，总体上呈下降趋势，估计未来会在16.50%的比例上下浮动。

表7.3 中央和地方财政性教育支出占比（%）

项目 年份	中央财政性教育支出占中央公共预算支出比重	地方财政性教育支出占地方公共预算支出比重
2011	6.05	16.71
2012	5.87	18.79

续表

项目 年份	中央财政性教育支出占中央公共预算支出比重	地方财政性教育支出占地方公共预算支出比重
2013	5.39	17.45
2014	5.55	16.86
2015	5.32	16.57
2016	5.28	16.60
2017	5.19	16.51
2018	5.29	16.17

资料来源：依据历年《中国统计年鉴》整理而成。

　　分别对财政性教育支出总量占一般公共预算支出的比重、中央财政性教育支出部分占财政性教育支出总量的比重、地方财政性教育支出部分占财政性教育支出总量的比重进行比较，结果如表 7.4 所示。可以看出，2011~2018 年，2012 年起财政性教育支出总量在一般公共预算支出中的占比也在呈现逐年下降趋势，从 2012 年的 16.87% 下降为 2018 年的 14.56%。在财政性教育支出中，来自中央的财政性教育支出占财政性教育总支出的比重维持在 5.02%~6.06%，来自地方的财政性教育支出占财政性教育总支出的比重维持在 93.94%~94.97%。总体上，自 2012 年起，中央财政性教育支出和地方财政性教育支出在财政性教育预算总支出中保持了较为稳定的比重。同时，2012 年起我国各省份地方政府财政性教育经费支出占地区生产总值的比例一直在微微超过 4% 的范围内变化。

表 7.4　财政性教育支出相关数据比较（%）

项目 年份	财政性教育支出占 公共预算支出比重	中央财政性教育支出占 财政性教育预算支出比重	地方财政性教育支出占 财政性教育预算支出比重
2011	15.10	6.06	93.94
2012	16.87	5.19	94.81
2013	15.69	5.02	94.97
2014	15.18	5.44	94.56
2015	14.94	5.17	94.83
2016	14.95	5.16	94.84
2017	14.85	5.14	94.86
2018	14.56	5.38	94.62

资料来源：依据历年《中国统计年鉴》整理而成。

二、地方财政性教育支出与财政经常性收入增长幅度比较

从地方看，依据当前我国财政性教育支出体制，把一般公共预算教育经费与财政经常性收入增长幅度进行比较，看二者增长差异以判断财政性教育支出的增长是否合理，进而据此决策随后是否需要增加或减少财政性教育预算支出。

从表 7.5 可以看到，我国各省份的一般公共预算教育经费在 2011 年和 2012 年均出现了大幅增长。2011 年增幅最大的省份是青海，达到了 47.29%；增幅最小的省份是甘肃，达到了 16.05%；2012 年增幅最大的省份是黑龙江，达到了 48.74%；增幅最小的省份宁夏是 5.66%。然而，到 2013 年，一般公共预算教育经费增幅出现了急剧下降，绝大部分省份是个位数增长，还有部分省份是负增长。这其中原因在于国家要求 2012 年起地方财政性教育支出要占到地区生产总值的 4% 以上，之前达不到要求的省份只能大力增加财政性教育支出。但这种增长显然不可持续，故 2013 年及之后多数省份回落到个位数增长，乃至连续出现多年负增长，比如辽宁。

表 7.5　一般公共预算教育经费本年比上年增长（%）

省份＼年份	2011	2012	2013	2014	2015	2016	2017	2018
北　京	18.84	15.85	14.25	8.49	0.15	4.11	8.32	6.80
天　津	38.82	25.04	21.85	12.03	-14.51	-8.28	2.07	3.09
河　北	17.93	33.82	-3.33	4.29	17.96	11.44	11.75	8.65
山　西	27.38	18.67	4.30	-3.04	15.31	1.45	1.73	8.23
内蒙古	20.73	12.57	4.26	4.84	8.09	4.76	0.46	3.83
辽　宁	29.35	34.06	-7.14	-9.97	-2.81	3.84	2.30	0.97
吉　林	27.78	35.65	-6.39	-4.46	11.15	5.41	1.59	0.95
黑龙江	23.13	48.74	-9.66	3.42	13.18	4.00	-0.15	-1.23
上　海	21.86	11.53	9.33	0.99	1.21	8.45	4.20	6.50
江　苏	22.50	23.08	8.35	8.50	9.55	5.64	7.46	3.09
浙　江	20.35	15.63	9.22	10.84	8.17	7.60	7.57	10.92
安　徽	41.50	27.30	2.25	1.58	9.56	6.32	11.16	9.77
福　建	18.13	33.22	6.36	10.86	11.10	5.64	7.74	8.63
江　西	58.10	29.91	5.83	6.74	10.11	7.24	11.81	11.61
山　东	37.44	25.11	6.60	4.47	9.07	8.08	3.60	5.95

续表

省份＼年份	2011	2012	2013	2014	2015	2016	2017	2018
河 南	35.56	28.82	4.88	-0.44	1.56	8.20	15.78	12.46
湖 北	25.25	25.80	7.45	16.68	18.41	13.90	5.85	1.34
湖 南	28.87	43.24	12.39	2.87	9.04	12.42	9.00	5.17
广 东	25.22	20.88	14.27	10.02	9.28	9.84	12.42	11.21
广 西	23.95	29.74	3.74	7.76	15.51	7.78	7.19	1.74
海 南	18.64	27.04	3.27	10.74	16.06	3.62	3.19	12.80
重 庆	33.63	36.36	-2.55	9.90	14.48	8.72	8.72	10.46
四 川	16.32	44.21	4.87	1.95	13.36	2.70	9.37	5.21
贵 州	22.69	37.05	10.49	14.16	18.14	9.69	7.90	8.51
云 南	23.88	38.63	1.02	-0.26	12.66	14.00	14.42	8.17
西 藏	27.85	20.79	20.85	29.24	23.67	-1.73	23.05	5.85
陕 西	40.83	32.62	4.72	2.02	5.24	3.95	4.87	5.11
甘 肃	16.05	32.85	3.86	6.63	19.48	9.79	3.39	4.51
青 海	47.29	28.61	-26.29	26.85	0.73	3.43	10.57	6.60
宁 夏	36.29	5.66	8.60	7.03	10.92	7.57	11.41	0.70
新 疆	27.39	15.73	12.49	7.25	11.10	3.59	8.59	13.02

资料来源：依据历年《中国教育经费统计年鉴》整理而成。

从表7.6可以看到，财政经常性收入本年较上年增长比总体上为正增长，但也有个别省份在不同年份出现了负增长，如辽宁在2014年、2015年和2018年是负增长，吉林在2016年和2017年是负增长，黑龙江在2015年和2016年是负增长。同时，中部和西部地区部分省份的财政经常性收入持续保持高速增长，如湖南、贵州、甘肃、新疆等。

表7.6 各省份财政经常性收入本年较上年增长比（%）

省份＼年份	2011	2012	2013	2014	2015	2016	2017	2018
北 京	16.15	14.28	6.61	8.26	19.09	12.70	9.16	6.72
天 津	13.19	18.20	15.30	9.22	6.21	1.17	2.51	-0.20
河 北	23.47	18.15	9.91	2.90	2.96	6.90	10.57	8.42
山 西	23.78	17.94	8.77	0.12	-3.29	0.98	29.14	15.21

续表

省份＼年份	2011	2012	2013	2014	2015	2016	2017	2018
内蒙古	23.72	11.61	9.95	3.80	9.15	8.42	-9.69	8.81
辽　宁	29.30	18.27	7.99	-6.26	-23.69	5.92	18.44	-0.23
吉　林	26.45	22.82	12.76	4.58	2.23	-1.21	-2.09	4.66
黑龙江	25.26	13.87	6.57	5.56	-9.84	-6.39	7.39	3.15
上　海	21.78	7.48	9.58	10.68	20.37	16.06	3.69	7.01
江　苏	14.29	14.89	12.43	10.22	12.24	3.57	1.82	7.30
浙　江	21.92	14.14	9.17	8.10	8.05	6.32	11.85	12.37
安　徽	19.80	17.08	8.01	12.09	5.56	5.24	2.41	5.99
福　建	19.85	13.52	16.23	12.88	5.17	5.33	4.43	5.21
江　西	21.35	12.40	9.80	6.50	8.50	5.00	5.97	7.79
山　东	13.60	14.10	10.10	7.40	6.40	5.50	5.00	4.40
河　南	18.70	13.06	10.45	9.18	9.19	5.63	7.89	10.76
湖　北	16.92	16.84	15.28	12.70	9.55	7.44	4.34	6.12
湖　南	24.47	16.25	14.41	9.79	9.08	10.50	7.98	6.02
广　东	26.47	11.22	13.21	12.47	8.14	9.69	9.97	8.57
广　西	17.67	15.52	12.70	6.01	7.07	8.02	5.54	0.98
海　南	10.60	16.57	15.88	15.17	9.32	1.02	7.87	15.09
重　庆	22.48	8.49	11.21	10.75	8.75	1.41	0.94	-0.33
四　川	28.26	15.10	10.92	6.11	1.20	2.54	5.04	5.04
贵　州	18.20	25.04	15.33	13.86	8.29	8.35	4.85	8.38
云　南	22.04	16.69	12.72	2.94	2.52	3.87	4.21	4.09
西　藏	25.47	20.95	20.81	19.27	2.47	9.44	11.74	20.69
陕　西	27.43	24.75	8.96	8.90	11.63	-8.78	13.28	14.51
甘　肃	32.31	18.98	14.07	13.17	10.85	8.11	7.82	10.65
青　海	6.19	26.60	10.13	10.92	7.77	2.98	3.03	2.25
宁　夏	27.35	8.09	18.24	18.78	7.02	6.21	7.29	4.39
新　疆	24.52	12.15	12.12	37.82	12.42	11.89	4.66	13.94

资料来源：依据历年《中国统计年鉴》整理而成。

　　在进行各省份财政性教育支出与财政经常性收入的增长幅度比较时，通常做法是求取财政性教育支出增长幅度与财政经常性收入增长幅度二者的差。从表

7.7 可以看到，不同省份财政性教育支出与财政经常性收入的增长幅度存在巨大差异。总体来看，2012年，大部分省份的财政性教育支出比财政经常性收入的增长幅度要高，而到2013年，又出现多数省份的财政性教育支出比财政经常性收入的增长幅度要低，负值更多。综合而言，不同省份的财政性教育支出与财政经常性收入的增长幅度之间呈现"S"变化。

表7.7　各省份财政性教育支出与财政经常性收入的增长幅度比较（个百分点）

省份\年份	2011	2012	2013	2014	2015	2016	2017	2018
北　京	5.65	1.57	7.64	0.23	-1.94	-8.59	-0.84	0.08
天　津	15.35	6.84	6.55	2.81	-20.72	-9.45	-0.44	3.29
河　北	-5.85	15.67	-13.24	1.39	15.00	4.54	1.18	0.23
山　西	3.66	0.73	-4.47	-3.16	18.60	0.47	-27.41	-6.98
内蒙古	-8.57	0.97	-5.69	1.04	-1.06	-3.66	10.15	-4.98
辽　宁	2.90	15.79	-15.13	-3.71	20.88	-2.08	-16.14	1.20
吉　林	2.52	12.84	-19.15	-9.04	8.92	6.62	3.68	-3.71
黑龙江	1.35	34.87	-16.23	-2.14	23.02	10.39	-7.54	-4.38
上　海	7.57	4.05	-0.25	-9.69	-19.16	-7.61	0.51	-0.51
江　苏	0.58	8.19	-4.08	-1.72	-2.69	2.07	5.64	-4.21
浙　江	0.55	1.49	0.05	2.74	0.12	1.28	-4.28	-1.45
安　徽	21.65	10.22	-5.76	-10.51	4.00	1.08	8.75	3.78
福　建	-3.22	19.70	-9.87	-2.02	5.93	0.31	3.31	3.42
江　西	44.50	17.51	-3.97	0.24	1.61	2.24	5.84	3.82
山　东	18.74	11.01	-3.50	-2.93	2.67	2.58	-1.40	1.55
河　南	18.64	15.76	-5.57	-9.62	-7.63	2.57	7.89	1.70
湖　北	0.78	8.96	-7.83	3.98	8.86	6.46	1.51	-4.78
湖　南	2.40	26.99	-2.02	-6.92	-0.04	1.92	1.02	-0.85
广　东	7.55	9.66	1.06	-2.45	1.14	0.15	2.45	2.64
广　西	13.35	14.22	-8.96	1.75	8.44	-0.24	1.65	0.76
海　南	-3.84	10.47	-12.61	-4.43	6.74	2.60	-4.68	-2.29
重　庆	5.37	27.87	-13.76	-0.85	5.73	7.31	7.78	10.79
四　川	-1.88	29.11	-6.05	-4.16	12.16	0.16	4.33	0.17
贵　州	0.65	12.01	-4.84	0.30	9.85	1.34	3.05	0.13
云　南	-1.59	21.94	-11.70	-3.20	10.14	10.13	10.21	4.08

续表

年份 省份	2011	2012	2013	2014	2015	2016	2017	2018
西　藏	0.42	-0.16	0.04	9.97	21.20	-11.17	11.31	-14.84
陕　西	8.52	7.86	-4.24	-6.88	-6.39	12.73	-8.41	-9.40
甘　肃	9.86	13.87	-10.21	-6.54	8.63	1.68	-4.43	-6.14
青　海	19.94	2.02	-36.42	15.93	-7.04	0.45	7.54	4.35
宁　夏	11.77	-2.43	-9.64	-11.75	3.90	1.36	4.12	-3.69
新　疆	1.24	3.58	0.37	-30.57	-1.32	-8.30	3.93	-0.92

资料来源：依据历年《中国统计年鉴》整理而成。

　　同时，可以看到，2012 年，中西部和东北地区多数省份财政性教育支出增长幅度远远高于财政经常性收入的增长幅度，如湖南为 26.99 个百分点，四川为 29.11 个百分点。但 2012 年东部地区多数省份财政性教育支出增长幅度与财政经常性收入增长幅度相差不大，如北京为 1.57 个百分点，浙江为 1.49 个百分点。

　　再对东部、中部、西部和东北地区进行比较，结果如表 7.8 所示。可以看到，2011 年和 2012 年，东部、中部、西部和东北地区的财政性教育支出与财政经常性收入增长幅度差值均为正值，中部地区的财政性教育支出与财政经常性收入增长幅度差值综合起来明显高于东部、西部和东北地区。但 2013 年和 2014 年，东部、中部、西部和东北地区的财政性教育支出与财政经常性收入增长幅度的差值全部为负值，尤其 2013 年东北地区低至-16.83%。至 2015 年，东北地区的财政性教育支出与财政经常性收入增长幅度的差值又达到了 17.60%，波动十分明显。

表 7.8　财政性教育支出与财政经常性收入增长幅度比较（%）

年份 地区	2011	2012	2013	2014	2015	2016	2017	2018
东部	4.30	8.86	-2.82	-1.60	-2.99	-1.21	0.15	0.28
中部	15.27	13.36	-4.93	-4.33	4.23	2.45	-0.40	-0.55
西部	4.92	10.60	-9.25	-2.91	5.35	0.98	4.26	-1.64
东北	2.25	21.16	-16.83	-4.96	17.60	4.97	-6.66	-2.29

资料来源：依据历年《中国统计年鉴》整理而成。

第三节 基础教育财政性教育经费支出的溢出效应

一、计量模型设定

为了确立地方政府在基础教育资源配置中如何进行财政性教育支出决策，本部分采用空间杜宾模型进行分析，该模型包括空间滞后模型和空间误差模型的综合模型。其表达式如下：

$$y = \rho Wy + X\beta + WX\delta + \varepsilon$$

式中，Y 是因变量，为各省份人均预算内财政性教育支出；X 是自变量，表示影响财政性教育支出的因素；ρ 是空间自回归系数，在本章中是财政性教育支出的反应系数；W 是空间权重矩阵，β 是 X 的参数向量；$WX\delta$ 表示来自相邻地区自变量的影响，δ 是相应的系数向量；ε 是满足经典假设的误差项；W 是空间权重矩阵，采用空间回归模型传统的 1-0 赋值法，对于相邻接壤的地区赋值为1，其他为 0。

空间杜宾模型嵌套了许多其他被广泛使用的空间回归模型，对模型的系数加以不同的约束，便可以获得其他不同的模型：

（1）如果 $\delta = 0$，空间杜宾模型变化为空间滞后模型；

（2）如果 $\delta = -\rho\beta$，空间杜宾模型变化为空间误差模型；

（3）如果 $\rho = 0$，且 $\delta = 0$，空间杜宾模型就变化为标准的最小二乘回归模型。

在使用空间杜宾模型时，需要进行相关的检验（一般是进行 wald 检验）以确定最终模型形式。

在空间数据的分析中，首先要关注空间依赖性。空间依赖性，即空间自相关性，是空间效应识别的第一个来源，它产生于空间组织观测单元之间缺乏依赖性的考察。空间依赖不仅意味着空间上的观测值缺乏独立性，而且意味着潜在于这种空间相关中的数据结构。也就是说，空间相关的强度及模式由绝对位置（格局）和相对位置（距离）共同决定。空间相关性表现出的空间效应可以用两种模型表征和刻画：当模型的误差项在空间上相关时，即为空间误差模型；当变量间的空间依赖性对模型显得非常关键而导致了空间相关时，即为空间滞后模型（Anselin L.，1988）。

鉴于空间回归模型由于自变量的内生性，对于空间误差模型和空间滞后模型的估计如果仍采用普通最小二乘法（OLS），系数估计值会有偏或者无效，需要通过 IV、ML 或 GLS、GMM 等其他方法进行估计。在判断地区间财政性教育支出行为的空间相关性是否存在，以及空间误差模型和空间滞后模型中哪个模型更恰当，一般可通过包括 Moran's I 检验、LM 误差、LM 滞后及其稳健的 R-LM 误差、R-LM 滞后等形式实现。

二、模型测度指标和数据来源

结合现有研究存在的不足，以及目前能够获得的完整数据是从 1997 年开始的，本章基于省际面板数据，分析转移支付制下财政分权与以基础设施投资为标志的我国地方政府竞争和财政性教育支出的关系。书中所有数据均来自历年的《中国统计年鉴》《中国教育统计年鉴》和《中国教育经费统计年鉴》。

结合前面各章的分析，可以发现，地方政府在进行财政教育支出预算时，首要考虑财政性教育支出在地方财政支出中的比重，地方政府需要依据历年数据，综合权衡地方财政支出中各支出部分比重的路径依赖和发展变化，进而做出适当的调整，如 2011 年和 2012 年大部分省份财政性教育支出较往年占地方财政支出的比重发生了较大变化。同时，地方政府要结合中央的转移支付来估算中央下拨额度，还必须考虑地方经济发展规划等。由此，本章所选择的各变量指标主要包括如下：

（1）地方财政性教育支出占比。在讨论财政性教育支出时，许多学者以国家财政性教育支出等同于地方公共教育投资（或地方财政性教育支出），这是不恰当的。依据当前我国教育经费来源制度，国家财政性教育支出包括的范围较广，既包括国家财政预算内教育经费、各级地方政府征收用以教育的税收，还包括企业用于办学的拨款、校办企业和社会服务用于办学的经费等。如果用国家财政性教育支出表示公共教育投资，显然扩大了公共教育投资的范畴，无法真实解释地方政府对公共教育的支出比例，而采用地方政府财政预算内教育支出则能较为精确地衡量地方政府对公共教育的支出，采用预算内教育支出衡量地方财政性教育支出更为合适。

地方财政性教育支出占比（edu）＝地方财政预算内教育支出/地方财政支出

（2）财政分权占比。国家要求地方政府预算内教育支出占地区生产总值的比重要达到一个较为稳定的标准（自 2012 年起要在 4% 以上），但由于各省经济发展程度存在较大差异，如果简单依据地方政府预算内教育支出占地区生产总值的比重划拨教育经费必然导致各省预算内教育支出差距拉大，加大了教育的不均衡发展。在财政分权制下，中央政府依据各地的财政收入，可以通过转移支付来平衡这个问题。因而，财政分权是本书的一个重要解释变量。

财政分权占比（fis）＝各省预算内本级财政收入/中央预算内本级财政收入

（3）地方政府竞争占比。在以地区生产总值增长为指标的考核制下，地方政府为了地区生产总值的增长，必然会加大能拉动地区生产总值增长的基础设施投资，进而基础设施投资成为地方政府竞争的因素之一。地方投资的总量有限，增加了基础设施投资，必然要减少对教育、卫生等公共品的投资。本章以基础设施投资作为地方财政性教育支出的一个解释变量，能较好地解释地方政府围绕地区生产总值竞争而减少公共教育投资这一现象。

地方政府竞争占比（gov）= 地方基础设施投资额/地方公共投资额

（4）人力资本占比。人力资本占比是基础设施投资比率是否过重的重要指标，采用人力资本除以物质资本计算。人力资本占比反映了教育投入与基础设施投资的关系，如果人力资本占比与基础设施投资比重成反比，说明基础设施投资对地方财政性教育支出构成挤占效应。物质资本采用当年本地区固定资产总值，人力资本采取把人均受教育程度乘以对应教育程度的经费投入（包括国家教育经费和家庭教育经费投入）。

人力资本占比（hc）= 人力资本/物质资本

三、模型结果分析

采用空间面板模型进行分析时，首先要确定空间数据之间是否存在空间自相关，如果不存在空间自相关，就不能采用空间面板模型进行分析。常用检验空间自相关的方法主要包括 Moran' I 检验、LM 检验与稳健的 LM 检验等。Moran' I 检验虽然较为常用，计算也较为简单，但空间面板模型是一系列模型，而 Moran' I 检验无法区分采用哪种模型进行分析更为合适，因此许多研究者转而采用其他检验方法。LM 检验与稳健的 LM 检验，不但能够检验空间数据的空间自相关，还可以较好地区分模型的选择，本章选择它们检验空间自相关，并进行模型选择。

LM 检验或稳健的 LM 检验的统计量计算不仅取决于传统面板回归模型的残差项，还取决于模型包含的不同类型的固定效应，需要针对不同模型分别进行 LM 检验或稳健的 LM 检验，以决定最终采用哪种模型才能较好地拟合数据。为获得较为稳健的估计结果，书中分别对混合模型、时间固定效应模型、个体固定效应模型，以及个体—时间固定效应模型进行了估计。估计结果如表7.9所示。

表 7.9　传统面板回归不同模型估计结果

解释变量	混合模型	个体固定效应模型	时间固定效应模型	个体—时间固定效应模型
fis	0.265 (0.52)	−4.253 (6.77)	0.103 (0.26)	−4.657 (6.50)

续表

解释变量	混合模型	个体固定效应模型	时间固定效应模型	个体—时间固定效应模型
gov	-0.041 (0.19)	-0.537 (3.36)	0.101 (0.51)	0.347 (2.13)
hc	10.517 (4.83)	7.654 (2.73)	8.993 (4.08)	0.235 (0.05)
常数项	-1.739 (68.76)			
δ^2	0.018	0.004	0.017	0.004
R^2	0.061	0.261	0.041	0.192
logL	263.471	593.267	271.379	618.253
LM sl	2.613	47.569 ***	6.133 **	8.463 ***
LM se	9.783 ***	22.395 ***	3.517 *	2.218
稳健的 LM sl	0.518	30.429 ***	17.651 ***	17.113 ***
稳健的 LM se	8.371 ***	6.039 **	14.675 ***	10.118 ***

注：表中括号内对应的是 t 值绝对值，＊＊＊表示 0.01 的显著性水平，＊＊表示 0.05 的显著性水平，＊表示 0.10 的显著性水平。

从表 7.9 可以发现：

（1）LM 空间滞后检验统计量（LM sl）在个体固定效应模型和个体—时间固定效应模型的 0.01 显著水平下显著，在时间固定效应模型的 0.05 显著水平下显著，但在混合效应模型中不显著。LM 空间误差检验统计量（LM se）在混合模型和个体固定效应模型的 0.01 显著水平下显著，在时间固定效应模型的 0.10 显著水平下显著，但在个体—时间固定效应模型中不显著。

（2）稳健 LM 空间滞后检验统计量（稳健 LM sl）在个体固定效应模型、时间固定效应模型、个体—时间固定效应模型的 0.01 显著水平下显著，在混合模型中不显著。稳健 LM 空间误差检验统计量（稳健 LM se）在混合模型、时间固定效应模型、个体—时间固定效应模型的 0.01 显著水平下显著，在个体固定效应模型的 0.05 显著水平下显著。

表 7.9 的结果表明，变量之间存在空间溢出效应，采用个体—时间固定效应模型分析基础设施投资对公共教育投资的挤占效应是合适的。因此，综合分析结果，应该选择空间滞后模型进行分析。

虽然选定了空间滞后模型作为分析模型，但考虑到各省份的基础设施投资与公共教育投资之间存在空间依赖性，而空间依赖性可能通过误差项表示，此时需要用空间误差模型进行分析。因此，单独采用空间滞后模型或空间误差模型进行分析都不合适，需要采用两种模型的一般化形式进行分析更为恰当，而空间杜宾模型可以同时包含空间滞后模型和空间误差模型，故采用空间杜宾模型来进行随后的分析。同时，采用 wald 进行模型检验，以确立采用的模型是否恰当。wald 检验的原假设为：①空间杜宾模型可以简化为空间滞后模型；②空间杜宾模型可以简化为空间误差模型。模型估计结果如表 7.10 所示。

表 7.10　空间杜宾模型估计结果

解释变量	估计值	t 值
fis	−5.153	−6.874
gov	−0.131	−0.757
hc	1.419	1.157
W×fis	0.116	0.083
W×gov	−0.275	−1.131
W×hc	−11.872	−3.118
δ^2	0.007	
R^2	0.809	
logL	499.156	
fis 直接效应	−5.007	−6.993
fis 间接效应	−3.541	−2.136
fis 总效应	−8.548	−4.683
gov 直接效应	−5.223	−7.162
gov 间接效应	−3.661	−2.339
gov 总效应	−8.884	−5.531
hc 直接效应	−4.803	−5.571
hc 间接效应	−1.791	−1.335
hc 总效应	−6.594	−7.875
	统计量	p 值
wald sl	16.237	0.001
wald se	38.736	0.000
hausman 检验	6.837	0.591

从估计结果可以看出：①wald 空间滞后检验统计量（wald sl）等于 16.237，p 值等于 0.001，表明拒绝原假设，不能把空间杜宾模型简化为空间滞后模型。

wald 空间误差检验统计量（wald se）等于 38.736，p 值无限接近于 0，表明拒绝原假设，同样不能把空间杜宾模型简化为空间误差模型。②hausman 检验统计量等于 6.837，p 值等于 0.591，因此，采用随机效应模型比固定效应模型更为恰当。

财政分权占比对地方财政性教育支出占比的直接效应为-5.007，间接效应为-3.541，间接效应大于直接效应，且 t 值都是显著的，说明财政分权度的提高会直接抑制当地政府的地方财政性教育支出，导致地方政府减少对公共教育的投入比重，产生了挤占效应。同时，当地政府对公共教育投入比重减少的信息会传递给相邻地区的同级政府，引起它们也减少对公共教育的投入，从而对相邻地区的地方财政性教育支出产生空间溢出效应，进而又引起其他相邻地区降低对地方财政性教育支出的比重。从财政分权占比对地方财政性教育支出占比的直接效应和间接效应中可以发现，财政分权占比反映的是地方财政收入占中央财政收入的比重，理论上地方财政收入水平越高，地方财政性教育支出越高，但实际上在转移支付制下，国家总财政性教育支出会存在政策性的倾斜，如西部部分省份，地方财政性收入在全国所占比重并不高，但由于政策性的倾斜，其财政性教育支出较高。同时，财政收入水平高的省份，更有动力加大基础设施建设投资，增加基础设施建设投资比重，尽管财政教育支出实际预算增加了，但在公共支出中的比重则出现了下降。所以，财政分权占比对地方财政性教育支出占比的直接效应和间接效应为负值，不但不矛盾，反而恰恰反映了财政分权下各省份财政性教育支出的实际情况。

地方政府竞争占比对地方财政性教育支出占比的直接效应等于-5.223，间接效应等于-3.661，间接效应大于直接效应，且 t 值都是显著的，说明政府竞争会导致当地政府控制地方财政性教育支出，降低地方财政性教育支出比重，转而增加基础设施投资比重，并且对邻近地区的地方财政性教育支出产生空间溢出效应，引起相邻地区降低对地方财政性教育支出的比重，然后这种空间溢出效应产生连环反应，引起其他相邻地区也降低对地方财政性教育支出的比重。综合财政分权和地方政府竞争对地方财政性教育支出的效应估计结果，可以说明，随着财政分权度的增加，以及地方政府竞争的加剧，当地政府会进一步控制对公共教育的投资，降低地方财政性教育支出在财政公共预算中的比重，增加基础设施投资比重，并且会对相邻地区的地方财政性教育支出产生负面影响，引起相邻地区减少对教育的支出比重。同时，由于财政分权占比和地方政府竞争占比的间接效应大于直接效应，说明相邻地区加大对基础设施投资的比重对地方财政性教育支出产生的影响，要大于本地往年基础设施投资比重对当年地方财政性教育支出的影响，从而形成相互竞争而降低地方财政性教育支出比重的恶性循环。

人力资本占比对地方财政性教育支出占比的直接效应为-4.803，间接效应为-1.791，且只有直接效应的t值显著，说明人力资本占比对当地的地方财政性教育支出能够产生消极影响，且影响显著；对邻近地区的地方财政性教育支出也会产生消极影响，但影响不显著。人力资本包括多方面，本书中人力资本的界定与其他研究者略有不同，采取把人均受教育程度乘以对应教育程度的经费投入，其中教育经费投入包括国家教育经费和家庭教育经费投入，国家教育经费占主要部分。依据本书人力资本的界定，在地方政府公共支出份额相对稳定的前提下，如果人力资本占比过大，即国家教育经费投入过多，意味着地方政府教育经费支出比例增加过快，就会挤占基础设施投资等支出份额。因此，从较长时期看，地方财政性教育经费支出不可能一直挤占基础设施支出份额，即人力资本占比必然会对地方财政性教育支出能够产生消极影响。

自2012年起，各省份的财政性教育经费支出均达到或超过了地区生产总值的4%。在这个标准下，各省份的财政性教育经费支出较2012年前出现了大幅增长，生均教育经费也得到大幅提高。但是，不同省份的地区生产总值差距非常大，对应的4%地区生产总值下的财政性教育经费差距同样非常大。因此，仅仅从财政性教育经费占GDP的4%这个标准考虑，地方政府在面临如何决策财政性教育经费支出时，至少要处理好两个关系：一是在财政分权制下，如何平衡因不同省份地区生产总值差距巨大而带来的财政性教育经费过多而浪费，或过少而不足；二是在经济增长偏好下，如何做到加大基础设施建设投资，而不减少财政性教育经费的实际支出额度，或降低财政性教育经费支出比例。

第四节　本章小结

本章基于我国财政性教育支出的省际面板数据，结合中央和地方财政教育经费支出构成，采用空间面板模型分析了我国转移支付下财政分权、以基础设施投资为标尺的地方政府竞争对地方财政性教育支出的空间溢出效应，讨论了区域基础教育资源公平配置的决策机制。

从中央和地方财政性教育支出构成看，中央部分占比在5.02%~6.16%，地方部分占比在93.84%~94.97%，地方政府是财政性教育经费支出的主要承担者。从财政性教育支出与财政性经常收入比率看，地方财政性教育支出与财政性经常收入之间呈正相关，但对于不同省份基础教育的生均财政性教育支出而言，未必如此。

财政分权对当地政府的地方财政性教育支出具有挤占效应，相邻地区的财政分权占比的提高会对当地的地方财政性教育支出产生显著的空间溢出效应。财政分权占比的提高，意味地方财政收入出现增长，但从本章的分析结果看，地方财政收入的增加，不但没有对地方财政性教育支出起到促进作用，反而抑制了当地和相邻地区地方财政性教育支出。这说明在转移支付制下，地方政府对经济增长更为关注，将更多的财政收入投入能短期、快速促进经济增长的领域，从而选择故意忽略以教育为代表的不能带来明显经济效益的行业和公共品的投资。

政府竞争对当地政府的地方财政性教育支出具有负向的消极影响，对相邻地区的地方财政性教育支出也会产生空间溢出效应。本书的政府竞争界定为基础设施投资占比，在当前政府的经济增长偏好取向激励机制下，各级政府需要大力增加能够促进经济增长的基础设施投资以获得较好的奖励。然而，政府的财政收入是有限的，对基础设施投入过多，自然要挤占对教育、卫生等公共品的投入。因此，随着地方政府竞争加剧，基础设施投资占比也会大幅扩大，进而对公共教育投资产生进一步的抑制效应。不过，本书认为，随着地方政府的基础设施投资增加，地方经济出现较快增长，经济总量变大，此时尽管地方财政性教育支出的比重由于挤占效应出现下降，但地方财政性教育支出的总量还是在增加，进而出现政府竞争促使地方财政性教育支出增加的现象，这从我国地方政府财政性教育支出总量逐年增长可以获得佐证。

人力资本占比对当地财政性教育支出有负向影响，相邻地区人力资本占比对地方财政性教育支出也存在较弱的空间溢出效应。人力资本占比反映了政府和家庭的教育经费投入与当年固定资产总值的比重，随着这个比重加大，意味政府和家庭的教育投入在增加。当人力资本占比逐步增大时，政府会采取措施减少教育支出。因此，人力资本占比与地方财政性教育支出会形成反比例关系。当经济出现逐步增长，固定资产总值增大，人力资本占比变小，地方政府会转而增加财政性教育支出。本书认为，政府增加基础设施投资，虽然会对公共教育投资产生挤占效应，但同时也会增加固定资产总值，使人力资本与物质资本差距拉大，人力资本占比变小，进而促使政府增加地方财政性教育支出以缩小人力资本与物质资本之间的差距。

尤其值得注意的是，本书研究分析发现，财政分权和地方政府竞争对地方财政性教育支出的影响，会通过相邻地区的空间效应进行传递，形成一种连环反应，最终导致全国范围内的同级政府间做出相同的反应，即各级政府在增大基础设施投资比重时，抑制地方财政性教育支出，这也是我国地方财政教育支出多年来一直无法达到占地区生产总值4%的重要原因，直到在国家强制性要求下才在2012年达到这个目标，且之后一直维持比4%稍微高点，2011年是3.93%，2012年是4.28%，2013~2018年分别为：4.16%、4.10%、4.26%、4.22%、4.14%、4.11%。

第八章 研究结论与政策建议

第一节 研究结论

一、我国基础教育资源配置的区域差异

从基础教育生均计算机台数看，至 2017 年，基础教育不同阶段生均计算机台数中，小学阶段是东部地区>东北地区>西部地区>中部地区；初中阶段是东北地区>东部地区>西部地区>中部地区；普通高中阶段是东部地区>西部地区>东北地区>中部地区。

从基础教育生均多媒体教室看，至 2017 年，基础教育不同阶段生均多媒体教室中，小学阶段生均多媒体教室是东部地区>西部地区>东北地区>中部地区；初中阶段是东部地区>东北地区>西部地区>中部地区；普通高中阶段是东部地区>西部地区>中部地区>东北地区。

从基础教育生均图书数量看，至 2017 年，小学阶段生均图书数量是东部地区>东北地区>西部地区>中部地区；初中阶段是东北地区>东部地区>西部地区>中部地区；普通高中阶段是东部地区>西部地区>中部地区>东北地区。

从基础教育生均教学仪器设备资产值看，至 2017 年，小学阶段生均教学仪器设备资产值是东部地区>东北地区>西部地区>中部地区；初中阶段是东部地区>东北地区>西部地区>中部地区；普通高中阶段是东部地区>西部地区>东北地区>中部地区。

从基础教育研究生毕业的专任教师数占比看，东部、中部、西部和东北地区的是普通高中阶段>初中阶段>小学阶段。从小学、初中和普通高中阶段研究生毕业的专任教师数占比看，总体上东部地区最大，西部地区最小。

依据对小学阶段生均教育经费的分析，2010~2017 年，生均教育事业费的均值是东部>东北>西部>中部，2018 年是东部>西部>东北>中部，中部一直最低；

从生均公用经费的均值看，2010~2013年是东部>东北>西部>中部，2014~2017年是东部>西部>东北>中部，2018年是东部>西部>中部>东北。

依据对初中阶段生均教育经费的分析，2010~2017年，生均教育事业费的均值是东部>东北>西部>中部，2018年是东部>西部>东北>中部；从生均公用经费的均值看，2010~2014年是东部>东北>西部>中部，2015~2018年是东部>西部>中部>东北。

依据对普通高中阶段生均教育经费的分析，2010~2017年，生均教育事业费的均值是东部>西部>东北>中部，2018年是东部>西部>中部>东北；从生均公用经费的均值看，2010~2014年是东部>西部>东北>中部，2014~2018年是东部>西部>中部>东北。

二、我国基础教育财政性教育经费配置的区域效应

基础教育小学、初中、普通高中阶段的计量模型均表明，我国当前的基础教育财政性教育经费支出存在显著的区域效应。

对于小学阶段生均教育经费：①人均财政收入对生均教育事业费支出存在显著的正向影响；在校生数对生均教育事业费支出存在显著的负向影响；专任教师数对生均教育事业费支出存在显著的正向影响。从小学阶段生均教育事业费的地区效应看，东部地区的效应值为-0.364，中部地区为-0.018，西部地区为0.324，东北地区为-0.046。②人均财政收入对生均公用经费支出存在显著的正向影响；在校生数和专任教师数对生均公用经费支出不存在直接影响。从小学阶段生均公用经费的地区效应看，东部地区的效应值为-0.691，中部地区为0.177，西部地区为0.496，东北地区为-0.033。

对于初中阶段生均教育经费：①人均财政收入对生均教育事业费支出存在显著的正向影响；在校生数对生均教育事业费支出存在显著的负向影响；专任教师数对生均教育事业费支出存在显著的正向影响。从初中阶段生均教育事业费的地区效应看，东部地区的效应值为-0.358，中部地区为0.282，西部地区为0.190，东北地区为-0.128。②人均财政收入对生均公用经费支出存在显著的正向影响；在校生数对生均公用经费支出存在显著的负向影响；专任教师数对生均公用经费支出不存在直接影响。从初中阶段生均公用经费的地区效应看，东部地区的效应值为-0.652，中部地区为0.553，西部地区为0.290，东北地区为-0.092。

对于普通高中阶段生均教育经费：①人均财政收入对生均教育事业费支出存在显著的正向影响；在校生数对生均教育事业费支出存在显著的负向影响；专任教师数对生均教育事业费支出存在显著的正向影响。从普通高中阶段生均教育事业费的地区效应看，东部地区的效应值为-0.296，中部地区为0.227，西部地区

为 0.173，东北地区为-0.157。②人均财政收入对生均公用经费支出存在显著的正向影响；在校生数对生均公用经费支出存在显著的负向影响；专任教师数都没有通过显著性统计检验，可能不存在直接影响。从普通高中阶段生均公用经费的地区效应看，东部地区的效应值为-0.464，中部地区为 0.447，西部地区为 0.208，东北地区为-0.179。

三、我国基础教育财政性教育经费支出的空间效应

不同地区间存在不同形式的财政性教育支出空间效应。东部地区财政性教育支出存在显著的策略不同的异质竞争效应，中部地区财政性教育支出存在显著的策略相似的模仿竞争效应，西部地区财政性教育支出不存在竞争效应。即经济发展不同，地方政府的财政性教育支出模式也存在差异。

地方政府财政性教育支出空间效应的影响因素较多，不同地区的影响因素存在差异。对于东部和中部地区，其人均地区生产总值与地方政府的财政性教育支出呈正相关关系，而西部地区的人均地区生产总值与地方政府的财政性教育支出呈负相关关系。

不同地区之间的效应系数显著不同。东部地区地方政府的财政收入对财政性教育支出的效应系数小于人均地区生产总值对财政性教育支出的效应系数；中部、西部地区地方政府的财政收入对财政性教育支出的效应系数远大于人均地区生产总值对财政性教育支出的效应系数。人口密度在财政性教育支出方面能够形成规模效应；不同地区的在校生占比与财政性教育支出呈负相关关系，在校生占比与财政性教育支出增长比例不协调。总体上，财政性教育支出占地方财政支出的比重并没有随在校生占比增加而提高，反而出现下降趋势。

四、我国基础教育资源配置的影响因素

本书以地方政府教育行业固定资产投资为例，分析了教育资源配置的影响因素，得出了一些较为重要的结论。

2012~2015 年，小学阶段生均固定资产均值大小是东部地区>西部地区>东北地区>中部地区。2016~2017 年，西部地区的小学阶段生均固定资产均值出现大幅增长，因而均值大小变化是西部地区>东部地区>东北地区>中部地区。

不同地区初中阶段生均固定资产均值差异巨大，2012~2017 年，初中阶段生均固定资产均值大小依次为：东部地区>西部地区>东北地区>中部地区，东部地区一直最大，中部地区一直最小。

不同地区普通高中阶段生均固定资产均值差异巨大，2012~2017 年，普通高中阶段生均固定资产均值大小依次是东部地区>西部地区>中部地区>东北地区，

东部地区一直最大，东北地区一直最小。

人均地区生产总值增长率对教育行业固定资产投资有正向影响，人均财政收入水平对教育固定资产投资有正向影响。地方基础设施建设投资对教育固定资产投资有负向影响。教育从业人口和在校生人口对教育固定资产投资有正向影响作用。

五、我国基础教育财政性教育经费支出的溢出效应

财政分权对地方政府财政性教育经费支出具有显著挤占效应，相邻地区的财政分权占比的提高会对本地政府的财政性教育经费支出产生显著的空间溢出效应。这种溢出效应是相互影响而形成的。地方政府减少对包括基础教育在内的公共教育投入比重，会对相邻地区产生影响，进而相邻地区模仿这种行为以减少对公共教育的投入比重。

政府竞争对当地政府的地方财政性教育支出具有负向的显著挤占效应，对相邻地区的地方财政性教育支出也会产生空间溢出效应。政府竞争会导致本地政府压缩财政性教育支出，降低财政性教育支出比重，对邻近地区的财政性教育支出产生空间溢出效应，引起相邻地区降低财政性教育支出的比重，然后这种空间溢出效应产生连环反应。反过来，也是如此。

人力资本占比对本地政府财政性教育支出有负向挤占效应，相邻地区人力资本占比对本地财政性教育支出也存在较弱的空间溢出效应。人力资本占比主要反映了政府对教育的投入与当年固定资产总值的比重，地方政府需要控制这个比例关系，主动抑制人力资本占比，以加大固定资产投资比重，进而造就了人力资本占比对当地财政性教育支出有负向挤占效应。同样，不同地区间的空间溢出效应也是相互的。

第二节　政策建议

一、改革当前基础教育转移支付财政制度，建立一套相对中立的、不受地方经济发展影响的财政性教育支出制度

我国各省份基础教育资源配置存在较大的区域差异，尤其以高学历教师为代表的基础教育优质资源不平衡。东部地区办学条件明显优于中部、西部和东北地区，小学、初中和普通高中阶段生均教育经费区域差异十分明显。这种较长时期存在的区域差异，既与地方基础教育发展历史有关，更是地方基础教育财政性教

育支出与经济发展挂钩所引起。因此，人均财政收入相对不足的地方，以生均教育经费投入和基本办学条件为标志的基础教育资源配置明显低于经济发达地区。

当前基础教育转移支付财政制度下，地方政府的财政性教育支出与经济发展水平是紧密相连的。在保持财政性教育支出与经济发展水平的一致增长性基础上，国家要优化转移支付结构，增加财政性教育经费支出在转移支付中的比重。对于经济发展水平相对落后的地区，国家要实施财政性教育支出的政策性倾斜，提高转移支付中基础教育师资工资、教学软件等的比重，以提高基础教育工资水平和生活状况，但又要防止因倾斜性政策造成新的教育发展不平衡。地方政府既要从宏观政策层面确定基础教育经费支出的细化预算标准，又要从微观层面将反映教育功能和经济功能的经费支出预算条目精确到某一具体教育活动。教育相关部门要按照法律、法规和政策逐一细化教育预算条目，保证预算的严谨和细致。而建立一套相对独立的财政性教育支出制度，有助于从中央到地方直接保证基础教育经费满足学生发展的充足性。

二、客观对待当前基础教育资源配置的区域差异，资源配置不均衡的省份要设立省内统一的中小学办学标准

经济相对落后省份基础教育生均教育经费的提高，尽管增长幅度高于经济发达省份，但由于历年实际生均教育经费要低于经济发达省份，进而生均教育经费实际增长额低于经济发达省份。因此，基础教育生均教育经费增长幅度的大比例提高，并不意味着区域差异的消失，随着经济发达省份基础教育生均教育经费实际支出额的提高，区域差异反而会加大。同时，在当前的基础教育财政拨款机制中，占基础教育经费主体部分的教师工资分担体制并没有发生变化。而地方政府在仅仅保持财政性教育支出占地区生产总值4%的基础上，为达到快速发展经济而将更大比例的经费开支投入基础设施建设中，挤占了以基础教育为代表的公共教育财政性支出。

中央要加大财政性教育经费支出的承担责任，促使地方设立省内统一的办学标准，制定各省基础教育教师的工资标准，结合地方财政负担，重新设立合适的中央与地方的分担比例。近年来，我国为促进基础教育弱势地区弱势学校的发展，先后实施了顶岗支教、师范生免费教育等一系列政策，取得了巨大的成效。国家还需要加大对基础教育弱势地区弱势学校的扶持力度，推行不同省份实行省内统一中小学办学标准，给予长期、稳定的政策支持，如优先评职称、给予农村教师特殊补贴等，促使弱势地区弱势学校首先达到国家最低标准，再逐渐实现不同地区基础教育均等化。只有这样，才会有大量优秀的教师愿意扎根薄弱学校，薄弱学校的改造才会成功，基础教育优质均衡发展才有可能实现。

三、在中央合理补偿下，生均教育经费较低的省份要制定相对稳定的、逐步递增的生均教育经费拨款制度

由于各地经济发展差异，财政收入中用于公共开支的比例和实际额度也存在巨大差异。尽管自 2012 年起，国家要求地方教育经费支出必须达到地区生产总值的 4%。但对于经济不发达、历史教育资源配置处于劣势的地区，即使按照地区生产总值的 4% 标准实施财政性教育支出，实际投入额也是远远不足，与发达地区相比，教育资源配置还存在巨大的缺口。这种情形下，中央政府有必要依据各地经济增长差异、教育资源配置现状和未来发展趋势，实施全国统筹安排，对经济相对落后、财政收入不足、基础教育资源配置滞后的地区进行补偿安排，以帮助这些地区尽可能地减少教育投入的缺口，加速实现基础教育资源的均衡配置。

财政分权下，尽管中央政府依据各地教育资源配置实际情况进行合理补偿，但这种补偿中，最终基础教育实际分配到的比例并不固定。因此，基础教育生均教育经费较低的省份，不断出现生均教育经费增速忽高忽低的现象，从长期看，最终增长不多，与基础教育生均教育经费较高省份的差异越来越大。对于基础教育生均教育经费较低的省份，要强化省级政府的统筹职能，调整省级政府与县级政府基础教育财政支出责任，建立以省级政府供给为主的基础教育经费制度。省级政府要结合本地经济与社会发展实际，制定相对稳定、逐步递增的生均教育经费拨款制度。只有这样，才能不断缩小生均教育经费的区域差异。

四、不应片面追求基础教育阶段资源配置的均等化，而应实施财政性教育经费的精准化投入

我国不同省份的基础教育，由于历史原因和现实经济社会发展差异，基础教育资源配置不均等是客观事实，短时期内要达到资源配置的均等化存在巨大压力，也非常不现实。基础教育生均教育经费均等化是实现基础教育资源配置的前提，但要实现全国基础教育生均教育经费均等化，目前中西部地区基本不可能达到，地方政府财政性收入有限，即使财政预算超额开支，也根本无法支付因生均教育经费均等化而大幅提高的财政性教育支出。尤其基础教育固定投资要实现均等化，更是一笔巨大的开支。

由于地方财政经常性收入和财政预算支出的限制，尽管地方政府确实需要增加财政性教育经费投入，以缩小基础教育阶段生均教育经费的区域差异，进而缩小教育资源配置的区域差异，但实际操作中，必须改变过去出现的普惠、漫灌式的投入，应采取精准、定向式的投入，确保基础教育经费和资源投入薄弱地区和

薄弱学校，以提升薄弱地区和薄弱学校的办学条件和教育质量。国家需要引导不同地区依据实际情况安排本地区的财政性教育支出，制定合理的教育固定资产投资和生均教育经费增长速度，避免不同地区间出现不必要的财政性教育支出空间影响行为而形成过度财政性教育支出，导致为了追求缩小区域差异而出现教育投入的浪费。

五、地方政府制定生均教育经费支出预算时，要充分考虑在校生数和专任教师数

从基础教育生均教育经费影响机制、地方政府财政性支出空间影响的计量模型估计结果看，基础教育在校生的回归系数均为负值，表明基础教育生均教育经费与在校生规模呈负向关系，即随着在校生人数的增加，基础教育生均教育经费反而出现下降趋势。毫无疑问，这明显违反教育经费支出规律，间接说明部分省份的基础教育生均教育经费支出存在较大的随意性。要改变这种情况，地方政府必须提前预测在校生数，做好长期规划，及时依据在校生数而制定基础教育生均教育经费支出预算，及时依据在校生数制定基础教育固定资产投资规模。

同时，从多个模型的估计结果看，基础教育专任教师数对基础教育生均教育事业费的影响基本上是显著的，但对基础教育生均公用经费的影响基本上不显著，意味着基础教育人员支出的占比较高。地方政府在安排基础教育财政性支出时，要注重财政性教育支出内部分配比例，缩减不必要的人员支出，确保更多经费落实在教育发展上，要注重教师优质均衡发展。基础教育财政性教育支出需要与在校生和专任教师数增长比例保持一致，保证教育固定资产投资、生均教育经费与其他必要的教育经费稳定增长；在注重财政投入等硬指标均衡的基础上，更要注重课堂教学质量、成长环境等软指标的均衡。政府财政性教育支出、学校教育项目开支等要公开透明，接受公众监督，以减少教育经费使用的浪费和低效。

六、重视基础教育阶段生师比的区域差异，采取多项措施多方促进中小学师资均衡化

基础教育资源均衡化，包括硬件和物质性投入的均衡化、学校布局的均衡化、师资的均衡化以及生源的均衡化等诸多方面，而师资均衡化和生源均衡化是基础教育均衡化的关键。从东部、中部、西部和东北地区基础教育生师比可以看到，中部地区小学、初中和普通高中阶段的生师比最高。师生比过大，意味教师工作量更多，分配给单个学生的教学辅导时间更少。从小学、初中和普通高中阶段研究生毕业的专任教师数占比看，总体上东部地区最大，西部地区最小。这些差异短期内难以消除，尤其中小学高学历教师占比差异会存在较长时期。我们还可以看到，小学阶段研究生毕业的专任教师数占比要低于初中阶段，而初中阶段又要低于普通高中阶段。这并不表示小学和初中阶段不需要高学历教师，而是社会对于高学历人才任教基础教育阶段存在异样偏见。

政府需要重视基础教育阶段生师比的区域差异，要采取多项措施多方促进中小学师资均衡化，促进高学历教师占比的提高。京津沪地区由于地理位置优势，中小学对研究生毕业的人才有较大的吸引力。但中部、西部和东北地区多数省份，由于地理位置、社会地位、经济待遇等各种原因，中小学对高学历人才吸引力不足，尤其小学阶段更是如此。因此，中部、西部和东北地区，一方面，通过增加中小学教师编制，持续招聘中小学教师，并继续保持招聘中小学特岗教师，以缩小生师比；另一方面，政府要从待遇、职称、社会地位、发展空间等制定相关措施，加大吸引力，既确保已经在中小学任教的高学历人才安心，又能够吸引更多高学历人才加入基础教育教师队伍。

七、建立教育资源配置长效激励机制，利用各种力量促进基础教育资源均衡配置和发展

在当前的基础教育资源配置机制中，基础教育投资渠道较少，且主要来自财政性预算内资金。总体上，基础教育基本建设投资的主要资金来源渠道有五个方面：中央国家预算内资金、省级国家预算内资金、学校自筹资金、个人捐资、其他来源资金。以 2018 年陕西为例，当年各级教育基本建设投资中，来自中央国家预算内资金为 250520 万元，来自省级国家预算内资金为 986244 万元，来自学校自筹资金 241106 万元，来自其他来源资金 20010 万元，来自个人捐资 25117 万元。在这些资金中，学校自筹资金、其他来源资金和个人捐资占整个教育基本建设投资的 18.8%，接近 1/5，超过了来自中央国家预算内资金。

基础教育资源配置需要的预算内资金数额巨大，仅仅依靠中央和省级国家预算内资金根本无法实现资源优化配置，尤其在基础教育资源配置相对处于劣势的省份更是如此。而基础教育与公共医疗、卫生等属于公共品范畴，对社会资本的吸引力不强。在保证加大财政性投入的前提下，政府需要建立教育资源配置长效激励机制，利用多种手段，打破地域、时间等外界条件限制，实现基础教育资源供给路径多样化，引导各方资金参与到基础教育建设投资中来，尽一切可能利用各种外在力量来支持、帮助弱势地区弱势学校，确实促进基础教育资源得到均衡配置和发展。在社会资金参与基础教育资源配置的过程中，政府可以考虑适当放宽进入标准，降低进入门槛，鼓励多种投资方式，拓宽社会资本进入基础教育领域的渠道，让社会资金能够获得一定的收益和回报。

八、推进财政性教育支出公示监督机制，确立基础教育财政性支出绩效问责制度

我国基础教育资源配置不均衡，主要存在以下几方面问题：一是基础教育资源的数量不足，不同地区之间基础教育数量差异明显，尤其表现为基础教育优质资源不足，无法满足社会公众对基础教育优质资源的需求；二是基础教育资源分布不均，尤其以优质师资和优质学校在不同地区、城乡之间的分布不均衡；三是由于自身基础不足，薄弱地区薄弱学校自我发展停滞，即使得到政策的支持，改造成效也不明显。而基础教育财政性经费支出的逐渐增长是解决基础教育资源配置不均衡的重要手段。基础教育财政性经费支出的增长可从两个方面实现：一是绝对数额的增长，即从中央到地方，逐步直接增加基础教育财政性投入；二是相对增长，即精心编制，计划化每一项教育活动，提高财政性资金投入的使用效率，减少教育经费的浪费，相对地减少基础教育对资金不足的需求。

自 2012 年我国实现财政性教育经费占地方 GDP 的 4% 以来，不同省份的基础教育财政性教育经费支出得到了快速增长，但也出现了支出预算粗糙、经费管理混乱、经费使用较为随意等问题，导致浪费了本就紧缺的资源。要解决当前基础教育资源浪费问题，让本就紧张的财政性教育经费得到充分利用，政府必须实行推进财政性教育支出预算公示监督机制，确立基础教育财政性支出绩效问责制度。地方政府实现基础教育资源优质均衡配置，本质是实现基础教育结果公平均衡，即要以结果为导向。确立基础教育财政性支出绩效问责制度，政府要转变作为资源供给者的角色，要承担制定规则和行使监督的责任。政府要推进信息公开，及时公示教育经费开支预算，拓展教育经费使用绩效问责渠道，根据地方基础教育发展状况制定连贯性较好的财政经费投入考核指标和办法，让基础教育均衡发展成为衡量政府绩效的重要内容。

参考文献

［1］柏檀，周德群，王水娟．教育财政分权与基础教育公共支出结构偏向
［J］．清华大学教育研究，2015，36（2）：53-63.

［2］才国伟，刘剑雄．收入风险、融资约束与人力资本积累——公共教育投
资的作用［J］．经济研究，2014（7）：67-80.

［3］曹浩文．京津冀基本公共教育服务差距缩小了吗？——基于2014～2016
年数据的对比［J］．教育科学研究，2018（9）：17-22.

［4］陈纯槿，郅庭瑾．教育财政投入能否有效降低教育结果不平等——基于
中国教育追踪调查数据的分析［J］．教育研究，2017，38（7）：68-78.

［5］陈伟．长江经济带区域基础教育均等化水平比较分析——基于区域教育
资源配置视角［J］．重庆交通大学学报（社会科学版），2015，15（5）：50-54.

［6］陈燕，李光龙．财政改革与义务教育支出结构偏向［J］．中南财经政
法大学学报，2018（4）：100-109.

［7］成刚，孙晓梁，孙宏业．省内财政分权与"新机制"对城乡义务教育
经费差距的影响——基于浙江省普通小学数据的分析［J］．北京师范大学学报
（社会科学版），2015（2）：130-141.

［8］杜莉．我国基础教育公式拨款：模式构建与运行机制［J］．教育与经
济，2017（3）：36-41.

［9］段从宇，迟景明．中国高等教育资源配置的历史态势及未来进路——兼
论地方新建本科院校转型发展［J］．教育科学，2015，31（3）：50-54.

［10］方芳，张昆仑．论我国公共教育资源公平配置的制度保障［J］．四川
教育学院学报，2011，27（9）：11-15.

［11］凡勇昆，邬志辉．我国城乡义务教育资源均衡发展研究报告——基于
东、中、西部8省17个区（市、县）的实地调查分析［J］．教育研究，2014，
35（11）：32-44+83.

［12］冯建军．走向以质量为核心的义务教育均衡发展［J］．人民教育，
2012（17）：22-25.

[13] 耿乐乐. 义务教育生均经费支出更公平了吗？——基于 1995~2016 年生均经费基尼系数的测算 [J]. 教育学术月刊, 2020 (2)：50-55.

[14] 顾佳峰. 县际竞争和公共教育财政资源配置——基于空间经济计量研究 [J]. 经济地理, 2012, 32 (4)：38-43.

[15] 顾铁军, 夏媛. 上海市基础教育资源配置现状及对策分析——基于基本公共服务均等化的视角 [J]. 教育导刊, 2015 (2)：34-37.

[16] 哈巍, 陈晓宇, 刘叶, 张子衿. 中国农村义务教育经费体制改革四十年回顾 [J]. 教育学术月刊, 2017 (12)：3-11.

[17] 黄斌, 苗晶晶, 金俊. "新机制"改革对农村中小学公用经费的因果效应分析——基于准实验研究设计 [J]. 中国教育学刊, 2017 (11)：38-46.

[18] 黄斌, 汪栋. 中国义务教育财政投入的回顾与展望 [J]. 华中师范大学学报（人文社会科学版）, 2016, 55 (4)：154-161.

[19] 黄新苹. "全面二孩"政策下城乡基础教育资源优化配置与均衡发展研究——以河南省为例 [J]. 教育探索, 2018 (3)：18-23.

[20] 贾缓. 芬兰基础教育资源均衡配置及其对我国的启示 [J]. 现代中小学教育, 2016, 32 (7)：119-122.

[21] 贾婷月. 公共基础教育配置效率：资源优化还是资源浪费 [J]. 上海财经大学学报, 2017, 19 (1)：49-60.

[22] 贾炜. 新型城镇化背景下上海基础教育资源配置的挑战与对策 [J]. 教育发展研究, 2015, 35 (10)：15-19.

[23] 靳卫东, 王林杉. 我国义务教育财政投入的地区差距——基于教育改革成效的评价 [J]. 经济理论与政策研究, 2015 (1)：78-93.

[24] 雷丽珍. 省级统筹体制下义务教育经费支出的省际差异分析 [J]. 上海教育科研, 2018 (7)：26-29.

[25] 雷万鹏, 王浩文. 70 年义务教育学校布局调整回顾与反思 [J]. 华中师范大学学报（人文社会科学版）, 2019, 58 (6)：12-24.

[26] 李秉中. 我国教育经费支出的制度性短缺与改进路径 [J]. 教育研究, 2014 (10)：41-47.

[27] 李波, 黄斌, 汪栋. 回顾与前瞻：中国义务教育财政体制 70 年 [J]. 华中师范大学学报（人文社会科学版）, 2019, 58 (6)：35-44.

[28] 李成宇, 史桂芬, 聂丽. 中国式财政分权与公共教育支出——基于空间面板模型的实证研究 [J]. 教育与经济, 2014 (3)：8-15.

[29] 李慧勤, 刘虹. 县域间义务教育均衡发展的影响因素及对策思考——以云南省为例 [J]. 教育研究, 2012, 33 (6)：86-90.

[30] 李柯柯. "后均衡化"时代基础教育优质资源供给模式及路径研究 [J]. 江苏教育研究, 2018 (31): 3-7.

[31] 李玲, 陶蕾. 我国义务教育资源配置效率评价及分析——基于 DEA-Tobit 模型 [J]. 中国教育学刊, 2015 (4): 53-58.

[32] 李鹏, 朱德全, 宋乃庆. 义务教育发展"中部塌陷": 表征、原因与对策——基于 2010~2014 年区域义务教育发展数据的比较分析 [J]. 教育科学, 2017, 33 (1): 1-9.

[33] 李群峰. 动态面板数据模型的 GMM 估计及其应用 [J]. 统计与决策, 2010 (16): 161-163.

[34] 李强. 基础设施投资、教育支出与经济增长基础设施投资"挤出效应"的实证分析 [J]. 财经理论与实践, 2012 (3): 72-77.

[35] 李晓欣. 基于空间计量模型的地区财政教育支出对经济增长影响研究 [J]. 天津大学学报 (社会科学版), 2014 (1): 22-25.

[36] 李小球, 李琼. 2005-2015 年中国义务教育均衡性的实证检验——基于生均经费视角 [J]. 教育科学, 2019, 35 (3): 67-74.

[37] 李振宇, 王骏. 中央与地方教育财政事权与支出责任的划分研究 [J]. 清华大学教育研究, 2017, 38 (5): 35-43.

[38] 柳海民, 李子腾, 金燨然. 县域义务教育经费投入均衡状态及改进对策 [J]. 东北师大学报 (哲学社会科学版), 2017 (6): 149-154.

[39] 刘凤娟, 司言武. 面向供给侧改革的教育战略对策研究——基于 31 个省级教育财政投入面板数据的建模分析 [J]. 技术经济与管理研究, 2017 (7): 18-25.

[40] 刘宏燕, 陈雯. 中国基础教育资源布局研究述评 [J]. 地理科学进展, 2017, 36 (5): 557-568.

[41] 刘善槐, 韦晓婷, 朱秀红. 农村学校公用经费测算标准研究 [J]. 中国教育学刊, 2017 (8): 8-14.

[42] 刘叶, 哈巍. "新机制"对我国东部农村学校教育经费支出的影响——基于东部六省面板数据的实证研究 [J]. 教育科学研究, 2020 (1): 46-54.

[43] 刘志辉. 我国省级区域义务教育均衡的实证研究——基于 2009—2015 年的统计数据分析 [J]. 教学与管理, 2018 (9): 23-27.

[44] 吕利丹, 刘小珉. 西部民族地区农村学龄儿童基础教育现状和影响因素——基于家庭背景和地区教育资源的研究视角 [J]. 中南民族大学学报 (人文社会科学版), 2017, 37 (3): 54-58.

[45] 马佳宏，尹春杰．民族地区义务教育公用经费的问题与对策——基于广西的实证分析［J］．当代教育与文化，2017，9（2）：78-84．

[46] 马林琳，姚继军．公办普通高中生均经费充足标准的测算——以南京市为例［J］．教育与经济，2018（1）：74-79．

[47] 马晓强，丁小浩．我国城镇居民个人教育投资风险的实证研究［J］．教育研究，2005（4）：25-31．

[48] 孟旭，樊香兰．我国基础教育投资中存在的问题与建议［J］．中国教育学刊，2003（4）：12-15．

[49] 聂颖，郭艳娇，韩讷洁．财政分权、地方政府竞争和财政教育支出相关关系研究［J］．地方财政研究，2011（11）：50-54．

[50] 潘天舒．我国县级义务教育投资的区域差异及其影响因素分析［J］．教育与经济，2000（4）：36-44．

[51] 钱佳，雷万鹏．如何解释省内教育财政分权差异？［J］．教育与经济，2017（5）：20-26．

[52] 秦玉友，曾文婧．农村中小学公用经费支出：发展判断与优化逻辑［J］．中国教育学刊，2019（7）：54-61．

[53] 沈百福．我国教育投资的进展与问题［J］．教育科学，2003（2）：11-15．

[54] 沈有禄．普通高中教育经费区域差异研究——基于2007~2016年的数据［J］．教育与经济，2019（6）：35-45．

[55] 史宇鹏，李新荣．公共资源与社会信任：以义务教育为例［J］．经济研究，2016，51（5）：86-100．

[56] 司晓宏．优化教育资源配置，促进西部农村义务教育优质发展［J］．教育研究，2009，30（6）：17-21．

[57] 宋乃庆，李森，朱德全等．中国义务教育发展报告［M］．北京：教育科学出版社，2013．

[58] 孙桂芝．"新教改"与公共教育资源配置：问题与对策［J］．浙江社会科学，2010（5）：106-111．

[59] 唐沿源．转移支付与地方财政教育支出：激励效应及实证检验——基于协整、向量误差修正模型的分析［J］．教育发展研究，2015（Z1）：19-28．

[60] 田芬，刘江岳．公共教育资源向农村倾斜政策研究——以江苏省为例［J］．中国教育学刊，2009（10）：5-7．

[61] 万国威．小学教育福利供给的区域差异：现实状况与未来走向——基于我国31省、市小学教育状况的定量研究［J］．教育与经济，2011（3）：

16-20.

　　［62］王津港．动态面板数据模型估计及其内生结构突变检验理论与应用［D］．华中科技大学硕士学位论文，2009.

　　［63］王青，李芳蹊．财政教育支出与经济增长关系的动态研究［J］．辽宁大学学报（哲学社会科学版），2013（6）：58-64+4.

　　［64］王蓉，杨建芳．中国地方政府财政教育支出行为实证研究［J］．北京大学学报（哲学社会科学版），2008（4）：128-137.

　　［65］王善迈．"后4%"时代财政教育投入的长效机制［N］．光明日报，2015-12-08（014）．

　　［66］王少峰．基础教育资源配置公平指数构建及实证研究——以北京市西城区小学教育为例［J］．经济社会体制比较，2018（1）：122-129.

　　［67］王振坡，梅林，王丽艳．基础教育资源资本化及均衡布局对策研究：以天津为例［J］．现代财经（天津财经大学学报），2014，34（7）：92-102.

　　［68］王智勇．生育政策调整对城市基础教育资源配置的影响研究［J］．教育学术月刊，2016（3）：28-37.

　　［69］吴强．公共教育财政投入对居民教育支出的影响分析——以湖北省城镇居民为例［J］．教育研究，2011（1）：55-60.

　　［70］武向荣．义务教育经费均衡现状调查与对策分析［J］．教育研究，2013，34（7）：46-53+97.

　　［71］谢蓉．基本公共教育资源均衡配置定量研究［J］．教育科学，2012，28（6）：18-22.

　　［72］熊艳艳，刘震，周承川．初始禀赋、资源配置、教育扩展与教育公平——关于教育不平等影响因素实证研究的述评［J］．清华大学教育研究，2014，35（3）：96-103.

　　［73］许春淑，闫殊．城乡义务教育均等化减贫效应及区域差异——基于30个省级动态面板数据GMM方法的实证研究［J］．经济问题，2017（9）：6-12.

　　［74］薛海平，唐一鹏．我国普通高中教育经费投入：现状、问题与建议［J］．教育学报，2016，12（4）：89-101.

　　［75］闫德明．城乡义务教育经费投入一体化水平实证研究——以 X 省为例［J］．教育发展研究，2015，35（3）：16-21.

　　［76］闫荣国．农村小学规模、地理位置与公用经费支出的关系——基于陕西省 X 县调查数据的实证分析［J］．教育与经济，2015（1）：23-28.

　　［77］杨道宇，姜同河．教育资源的城乡不均衡分布——以黑龙江省基础教育为例［J］．教育与经济，2011（1）：19-24.

［78］杨东亮，杨可．财政分权对县级教育公共服务均等化的影响研究［J］．吉林大学社会科学学报，2018，58（2）：93-103+205-206.

［79］杨慧．收入差距、寻租与公共教育资源分配不平等的相关性分析［J］．学习与实践，2010（8）：33-41.

［80］杨继生，王少平．非线性动态面板模型的条件 GMM 估计［J］．数量经济技术经济研究，2008（12）：149-156.

［81］杨军昌，周惠群．贵州民族地区基础教育资源配置的问题与优化分析——以黔东南苗族侗族自治州为例［J］．贵州民族研究，2018，39（9）：241-246.

［82］杨倩茹，胡志强．基于 DEA 模型的我国农村义务教育资源配置效率研究［J］．现代教育管理，2016（11）：15-21.

［83］杨秀芹．教育资源利用效率研究综述［J］．现代教育管理，2009（2）：40-43.

［84］姚继军，许芸．集权化教育财政改革是否促进了省域内教育经费均等——基于县级数据的考察［J］．教育与经济，2016（5）：44-48.

［85］尹德挺，胡玉萍，郝妩阳．首都教育资源配置与人口发展态势的互动［J］．人口与经济，2016（4）：62-70.

［86］喻登科，周荣，郎益夫．区域基础教育资源配置均等化指数的测量模型［J］．南昌大学学报（人文社会科学版），2012，43（5）：151-156.

［87］于璇．我国中西部贫困地区普通高中教育经费投入：成就、问题及对策［J］．教育学报，2019，15（3）：94-103.

［88］袁连生，何婷婷．2006—2015 年北京市义务教育区县均衡进展研究［J］．教育学报，2018，14（2）：120-128.

［89］曾满超，丁延庆．中国义务教育资源利用及配置不均衡研究［J］．教育与经济，2005（2）：34-40.

［90］张传萍．从追求效率到追求公平：我国义务教育资源配置政策的变化［J］．教育科学研究，2013（7）：26-30.

［91］张茂聪．教育公共性的理论分析［J］．教育研究，2010，31（6）：23-29.

［92］张茂聪．政府主体：教育公共财政的政府职责担当［J］．中国教育学刊，2011（4）：1-4.

［93］张强，高向东．上海学龄人口空间分布及其对基础教育资源配置的影响［J］．上海教育科研，2016（4）：5-10.

［94］张荣馨．北京市义务教育财政充足现状、缺口及对策［J］．北京社会

科学，2018（6）：14-23.

［95］张晓娣．公共教育投资与延长人口红利——基于人力资本动态投入产出模型和 SAM 的预测［J］．南方经济，2013（11）：17-26.

［96］郅庭瑾，尚伟伟．新型城镇化背景下义务教育基本公共服务均等的现实困境与政策构想［J］．华东师范大学学报（教育科学版），2015，33（2）：17-24.

［97］周海银．我国区域基础教育资源配置对新型城镇化影响的实证研究［J］．西北师大学报（社会科学版），2016，53（2）：93-98.

［98］周亚虹，宗庆庆，陈曦明．财政分权体制下地市级政府教育支出的标尺竞争［J］．经济研究，2013（11）：127-139.

［99］宗晓华，陈静漪．义务教育投入的县际差距与影响因素研究——以东部某省为例［J］．教育科学，2015，31（1）：1-9.

［100］赵丹．农村小规模学校公用经费投入体制研究［J］．中国教育学刊，2017（8）：15-19.

［101］赵力涛，李玲，黄宸，宋乃庆，赵怡然．省级教育经费统筹改革的分配效果［J］．中国社会科学，2015（11）：111-127.

［102］赵琦．基于 DEA 的义务教育资源配置效率实证研究——以东部某市小学为例［J］．教育研究，2015，36（3）：84-90.

［103］朱文辉．城乡义务教育一体化发展：困境剖析与出路分析——政府职能的视角［J］．当代教育论坛，2019（1）：11-17.

［104］朱健，刘艺晴，陈盼．湖南省教育财政支出对经济增长的影响研究［J］．当代教育论坛，2020（1）：27-35.

［105］Agasisti T, Longobardi S, Regoli A. A cross-country panel approach to exploring the determinants of educational equity through PISA data［J］. Quality & Quantity, 2017, 51（3）：1243-1260.

［106］Ahlin M. Effects of decentralization on school resources［J］. Economics of Education Review, 2008, 27（3）：276-284.

［107］Anselin L. The Formal Expression of Spatial Effects［M］//Spatial Econometrics: Methods and Models. Springer Netherlands, 1988.

［108］Anselin L, Getis A. Spatial statistical analysis and geographic information systems［J］. Annals of Regional Ence, 1992, 26（1）：19-33.

［109］Arcalean C, Schiopu I. Inequality, opting-out and public education funding［J］. Social Choice & Welfare, 2016, 46（4）：811-837.

［110］Artiles A J. Toward an interdisciplinary understanding of educational equity and difference: The case of the racialization of ability [J]. Educational Researcher, 2011, 40 (9): 431-445.

[111] Baker B D. Within-district resource allocation and the marginal costs of providing equal educational opportunity: Evidence from Texas and Ohio. [J]. Education Policy Analysis Archives, 2009, 17 (3): 1-28.

[112] Castelli L, Ragazzi S, Crescentini A. Equity in education: A general overview [J]. Procedia - Social and Behavioral Sciences, 2012, 69 (2): 2243-2250.

[113] Catalina Gutiérrez, Tanaka R. Inequality and education decisions in developing countries [J]. Journal of Economic Inequality, 2009, 7 (1): 55-81.

[114] Chakraborty K, Chakraborty B. Low level equilibrium trap, unemployment, efficiency of education system, child labour and human capital formation [J]. Journal of Economics, 2018, 125 (1): 69-95.

[115] Croix D D L, Monfort P. Education funding and regional convergence [J]. Journal of Population Economics, 2000, 13 (3): 403-424.

[116] Duncombe W, Yinger J. Making do: State constraints and local responses in California's education finance system [J]. International Tax & Public Finance, 2011, 18 (3): 337-368.

[117] Egger H, Falkinger J, Grossmann V. Brain drain, fiscal competition, and public education expenditure [J]. Review of International Economics, 2012, 20 (2747): 81-94.

[118] Faguet J P. Does decentralization increase responsiveness to local needs? Evidence from Bolivia [J]. Journal of Public Economics, 2004 (3-4): 867-893.

[119] Fernandez R, Rogerson R. Education finance reform: A dynamic perspective [J]. Journal of Policy Analysis & Management, 1997, 16 (1): 67-84.

[120] Fuchs T, Wmann L. What accounts for international differences in student performance? A re-examination using PISA data [J]. Empirical Economics, 2007, 32 (2-3): 433-464.

[121] Gilraine M, Macartney H, Mcmillan R. Education reform in general equilibrium: Evidence from california's class size reduction [J]. Nber Working Papers, 2018 (1): 7-14.

[122] Glomm G, Ravikumar B, Schiopu I C. The political economy of education funding 1 [J]. Handbook of the Economics of Education, 2011 (4): 615-680.

[123] Hidalgo-Hidalgo M, Iturbe-Ormaetxe I. Should we transfer resources from

college to basic education? [J] . Journal of Economics, 2012, 105 (1): 1-27.

[124] Hoxby C. M. All school finance equalizations are not created equal [J] . The Quarterly Journal of Economics, 2001 (1): 1-53.

[125] Karpouzis K, Caridakis G, Fotinea S E, et al. Educational resources and implementation of a Greek sign language synthesis architecture [J] . Computers & Education, 2007, 49 (1): 54-74.

[126] Kirabo J C, Johnson R C, Claudia P. The effects of school spending on educational and economic outcomes: Evidence from school finance reforms [J] . Quarterly Journal of Economics, 2016 (1): 1-52.

[127] Ladd, Helen F, Chalk, Rosemary, Hansen, Janet S, Equity and adequacy in education finance: Issues and perspectives [J] . Court Litigation, 2005, 103 (1): 327.

[128] Loeb S. Estimating the effects of school finance reform: A framework for a federalist system [J] . Journal of Public Economics, 2001, 80 (2): 225-247.

[129] Meghir C, Rivkin S. Econometric methods for research in education [J] . Handbook of the Economics of Education, 2010, 3 (10): 1-87.

[130] Narsey, Wadan L. Academic outcomes and resources for basic education in Fiji: Disparities by region, ethnicity, gender and economic background [J] . 2004 (1): 7-14.

[131] Nguyen-Hoang P. Fiscal effects of budget referendums: Evidence from New York school districts [J] . Public Choice, 2012, 150 (1-2): 77-95.

[132] Olk T. Educational landscapes and the reduction of socio-spatial educational inequality in the city [M] //Education, Space and Urban Planning, 2017.

[133] Ready D D, Lee V E, Welner K G. Educational equity and school structure: School size, overcrowding, and schools-within-schools [J] . Teachers College Record, 2004, 106 (10): 1989-2014.

[134] Redding S J, Rossi-Hansberg E. Quantitative spatial economics [J] . Social Ence Electronic Publishing, 2017, 9 (1): 21-58.

[135] Robert Manwaring. Litigation, school finance reform, and aggregate educational spending [J] . International Tax & Public Finance, 1997, 4 (2): 107-127.

[136] Schindler, Steffen. School tracking, educational mobility and inequality in German secondary education: Developments across cohorts [J] . European Societies, 2016 (1): 1-21.

[137] Unnever, James D, Kerckhoff, Allan C, Robinson, Timothy J. District variations in educational resources and student outcomes [J]. Economics of Education Review, 2000, 19 (3): 245-259.

[138] Wasserman S, Chang H. Spatial data analysis in the social and environmental sciences [J]. Chance, 1995, 8 (1): 42-43.

[139] Wyckoff J H, Naples M. Educational finance to support high learning standards: A synthesis [J]. Economics of Education Review, 2000, 19 (4): 305-318.

[140] Yeom M H, Acedo C, Utomo E. The reform of secondary education in indonesia during the 1990s: Basic education expansion and quality improvement through curriculum decentralization [J]. Asia Pacific Education Review, 2002, 3 (1): 56-68.

[141] Zhuravskaya E V. Incentives to provide local public goods: Fiscal federalism, Russian style [J]. Journal of Public Economics, 2000 (3): 337-368.

附录一　基础教育生均教学及辅助用房建筑面积

附表1.1　小学阶段生均教学及辅助用房建筑面积（平方米）

年份 省份	2012	2013	2014	2015	2016	2017
北　京	3.87	3.81	3.89	3.73	3.69	3.84
天　津	3.78	4.06	4.11	4.03	3.90	3.85
河　北	3.31	3.62	3.75	3.74	3.78	3.88
山　西	3.44	3.92	3.89	3.92	4.00	3.99
内蒙古	3.59	3.89	4.08	4.30	4.81	5.00
辽　宁	2.91	3.15	3.25	3.23	3.30	3.41
吉　林	3.55	3.74	3.98	4.13	4.25	4.35
黑龙江	3.24	3.78	3.67	3.64	3.56	3.77
上　海	3.49	3.51	3.44	3.65	3.80	3.97
江　苏	4.14	4.42	4.37	4.26	4.18	4.26
浙　江	3.46	3.69	3.86	4.04	4.23	4.72
安　徽	3.86	3.93	3.95	4.03	4.23	4.38
福　建	4.14	4.21	4.13	4.03	4.07	4.07
江　西	3.18	3.51	3.49	3.52	3.77	3.92
山　东	2.92	3.29	3.38	3.41	3.45	3.62
河　南	2.88	3.34	3.47	3.51	3.55	3.73
湖　北	4.01	4.25	4.26	4.10	4.11	4.12
湖　南	3.51	3.63	3.60	3.58	3.50	3.59
广　东	3.93	4.22	4.29	4.24	4.06	3.98
广　西	3.86	3.92	3.99	4.14	4.52	4.94
海　南	3.58	3.86	3.66	3.93	3.87	4.02

续表

年份 省份	2012	2013	2014	2015	2016	2017
重　庆	4.67	4.83	4.86	4.80	4.64	4.72
四　川	2.98	3.25	3.29	3.40	3.50	3.67
贵　州	3.04	3.28	3.42	3.42	3.45	3.41
云　南	3.38	3.58	3.63	3.71	4.06	4.24
西　藏	3.05	3.24	3.56	4.11	4.28	4.57
陕　西	3.98	4.12	4.05	4.02	3.94	3.84
甘　肃	3.82	4.23	4.37	4.40	4.40	4.37
青　海	3.05	3.46	3.64	3.80	3.93	3.86
宁　夏	3.20	3.61	3.95	4.12	4.36	4.48
新　疆	2.43	2.87	3.09	3.35	3.49	3.57

附表1.2　初中阶段生均教学及辅助用房建筑面积（平方米）

年份 省份	2012	2013	2014	2015	2016	2017
北　京	4.35	4.57	5.01	5.79	6.14	6.42
天　津	4.35	4.62	4.67	4.95	5.11	5.09
河　北	4.33	4.66	4.49	4.56	4.60	4.46
山　西	3.63	4.39	4.37	5.02	5.09	5.16
内蒙古	4.56	5.33	5.65	6.27	6.98	7.16
辽　宁	5.16	5.59	5.66	5.94	6.38	6.64
吉　林	4.78	5.26	5.59	6.29	6.22	6.13
黑龙江	4.31	5.44	5.28	5.41	5.32	5.66
上　海	7.26	7.57	7.57	8.21	8.57	9.08
江　苏	7.05	7.93	8.54	8.73	8.40	8.27
浙　江	6.45	6.86	6.97	7.56	7.73	8.28
安　徽	4.25	4.74	5.10	5.62	5.94	6.15
福　建	3.93	4.09	4.14	4.18	4.38	4.16
江　西	3.39	3.96	4.11	4.25	4.40	4.42
山　东	4.36	5.02	5.40	5.64	5.58	5.85
河　南	3.21	3.87	4.00	3.97	4.02	4.23
湖　北	5.13	5.65	5.90	6.09	5.98	5.91

续表

年份 省份	2012	2013	2014	2015	2016	2017
湖　南	5.16	5.31	5.25	5.42	5.37	5.41
广　东	4.09	5.00	5.88	6.55	6.75	6.95
广　西	3.06	3.15	3.31	3.66	4.12	4.51
海　南	3.43	3.78	4.27	4.88	5.10	5.18
重　庆	3.63	3.97	4.17	4.17	4.19	4.36
四　川	4.08	4.68	5.07	5.58	5.77	5.88
贵　州	2.75	2.93	3.23	3.49	3.86	4.11
云　南	2.97	3.25	3.27	3.29	3.69	3.81
西　藏	4.13	4.39	4.72	5.17	5.28	5.21
陕　西	4.45	4.93	5.06	5.46	5.51	5.41
甘　肃	3.49	4.16	4.60	5.11	5.49	5.63
青　海	5.26	5.42	5.93	6.02	6.38	6.72
宁　夏	4.38	4.75	5.23	5.40	5.75	5.76
新　疆	4.55	5.23	5.77	6.37	7.12	7.22

附表1.3　普通高中阶段生均教学及辅助用房建筑面积（平方米）

年份 省份	2012	2013	2014	2015	2016	2017
北　京	14.59	15.73	17.81	19.78	20.92	21.21
天　津	9.07	9.28	9.72	10.26	10.75	11.18
河　北	6.56	7.08	7.04	6.98	6.97	6.93
山　西	6.47	6.72	7.11	7.67	8.32	8.68
内蒙古	6.21	6.98	7.43	8.18	8.78	9.31
辽　宁	5.43	5.60	5.96	6.05	6.16	6.28
吉　林	4.36	4.76	5.39	5.57	4.85	5.03
黑龙江	5.86	5.98	5.69	5.96	6.06	5.96
上　海	15.62	16.34	16.04	17.09	17.48	18.65
江　苏	9.58	10.62	12.03	12.83	12.89	13.08
浙　江	9.50	10.18	10.82	11.25	11.83	12.20
安　徽	6.24	6.69	7.15	7.83	8.10	8.56
福　建	10.07	11.17	11.83	12.29	12.52	12.55

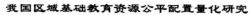

续表

年份 省份	2012	2013	2014	2015	2016	2017
江　西	7.18	7.34	7.13	7.26	7.51	7.48
山　东	5.43	5.30	5.70	6.10	6.27	6.60
河　南	4.88	4.98	5.19	5.10	5.03	5.09
湖　北	5.58	6.23	6.24	6.62	6.88	7.22
湖　南	7.71	7.95	8.25	8.23	7.00	7.13
广　东	7.54	8.25	9.26	9.99	10.23	10.69
广　西	5.17	5.41	5.51	5.58	5.91	6.20
海　南	7.80	7.79	8.21	9.61	10.63	11.37
重　庆	6.48	7.13	7.15	7.64	8.48	8.70
四　川	6.32	6.29	6.58	7.04	7.60	8.20
贵　州	4.58	4.69	4.77	5.04	5.34	5.65
云　南	6.71	6.66	6.78	7.15	7.78	8.02
西　藏	7.62	6.76	6.69	7.28	7.47	7.35
陕　西	5.21	5.63	5.92	6.53	6.82	6.95
甘　肃	5.32	5.32	5.52	5.87	6.03	6.31
青　海	6.76	6.73	6.64	7.22	7.54	7.48
宁　夏	7.24	6.97	6.75	7.10	7.70	7.91
新　疆	6.82	8.18	8.76	9.14	8.83	8.77

附录二 基础教育单台计算机共用人数

附表 2.1 小学阶段单台计算机共用人数（人/台）

年份 省份	2012	2013	2014	2015	2016	2017
北　京	4.0	3.9	3.7	3.7	3.6	3.5
天　津	7.1	6.8	6.6	6.4	6.3	6.0
河　北	14.4	12.2	10.3	9.4	8.8	7.8
山　西	18.4	13.9	10.7	8.6	6.9	6.4
内蒙古	15.9	13.9	11.4	9.6	7.2	6.5
辽　宁	9.7	8.7	7.8	7.1	6.3	5.8
吉　林	15.5	14.3	12.1	9.5	8.4	8.0
黑龙江	16.5	13.4	12.4	11.4	9.4	7.9
上　海	5.6	5.4	5.3	4.8	4.6	4.4
江　苏	7.4	7.1	7.2	7.3	7.2	7.0
浙　江	7.1	6.4	6.1	5.8	5.5	5.1
安　徽	21.7	16.2	12.9	10.7	8.4	7.5
福　建	10.2	9.3	8.8	8.3	8.0	7.7
江　西	36.0	28.5	24.4	21.2	17.3	15.3
山　东	10.7	8.8	7.6	7.2	6.8	6.5
河　南	40.0	30.6	26.7	23.0	18.0	13.4
湖　北	14.1	10.5	10.0	9.9	9.2	8.9
湖　南	24.9	21.2	19.5	18.0	16.2	14.3
广　东	12.7	10.8	8.6	7.5	7.2	6.7
广　西	36.9	31.7	27.4	22.3	16.1	10.7
海　南	20.3	17.3	14.1	11.7	10.5	9.6
重　庆	13.9	12.9	12.0	9.7	8.2	7.6
四　川	21.3	17.2	15.3	13.0	11.7	10.2

续表

年份 省份	2012	2013	2014	2015	2016	2017
贵 州	32.5	24.0	17.3	13.4	11.6	10.5
云 南	24.3	20.0	17.5	14.5	11.1	8.8
西 藏	10.3	8.9	7.9	7.1	6.5	6.1
陕 西	12.8	10.7	8.4	7.5	6.5	6.1
甘 肃	17.2	14.0	12.0	10.0	8.7	7.6
青 海	14.9	10.9	10.1	9.3	7.4	7.0
宁 夏	11.8	9.8	8.0	7.1	6.0	5.7
新 疆	18.1	13.7	11.8	11.2	10.2	9.8

附表 2.2 初中阶段单台计算机共用人数（人／台）

年份 省份	2012	2013	2014	2015	2016	2017
北 京	4.2	3.9	3.7	3.1	2.8	2.6
天 津	6.9	6.4	6.3	5.9	5.5	5.3
河 北	10.0	8.8	8.5	8.0	7.5	7.2
山 西	12.3	9.7	8.0	6.4	5.5	5.1
内蒙古	11.8	10.0	8.3	7.0	5.2	4.8
辽 宁	5.3	4.7	4.4	4.0	3.5	3.2
吉 林	8.1	7.5	6.7	5.7	5.3	5.1
黑龙江	9.8	7.5	7.1	6.6	5.9	5.3
上 海	3.1	3.0	2.8	2.6	2.5	2.3
江 苏	4.7	4.2	4.1	4.0	3.9	4.0
浙 江	4.4	4.0	3.8	3.5	3.3	3.3
安 徽	10.8	9.5	8.6	7.3	6.2	5.7
福 建	10.2	9.5	9.1	8.4	8.1	7.9
江 西	16.4	13.6	12.9	11.4	10.2	9.5
山 东	6.9	5.8	5.2	4.9	4.7	4.6
河 南	17.0	13.2	12.6	11.8	10.5	9.0
湖 北	9.2	7.5	6.8	6.5	6.3	6.2
湖 南	11.2	10.4	10.1	9.5	9.1	8.5
广 东	9.9	8.2	6.1	5.0	4.4	4.1

年份 省份	2012	2013	2014	2015	2016	2017
广　西	15.9	14.6	13.7	12.4	10.7	9.3
海　南	13.2	11.0	9.6	8.3	7.5	7.1
重　庆	13.5	11.5	11.2	9.6	9.1	8.8
四　川	11.7	9.5	8.5	7.1	6.4	6.0
贵　州	18.1	15.3	11.9	9.5	8.0	7.1
云　南	15.2	13.0	12.1	10.7	8.7	7.6
西　藏	13.8	10.7	8.9	7.7	6.8	6.6
陕　西	9.1	7.7	6.7	5.9	5.3	4.9
甘　肃	11.2	9.2	8.0	6.8	6.0	5.4
青　海	8.4	6.5	6.0	5.5	4.7	4.2
宁　夏	8.1	7.1	5.8	5.4	4.8	4.7
新　疆	8.9	7.5	6.6	6.1	5.4	5.0

附表2.3　普通高中阶段单台计算机共用人数（人／台）

年份 省份	2012	2013	2014	2015	2016	2017
北　京	1.3	1.2	1.0	0.9	0.8	0.8
天　津	3.3	3.2	3.0	2.6	2.5	2.4
河　北	7.0	6.4	6.0	6.0	5.9	5.8
山　西	7.6	7.1	6.5	5.8	5.2	4.8
内蒙古	8.4	7.6	6.8	6.1	5.3	4.8
辽　宁	6.6	6.2	5.6	5.3	5.1	5.0
吉　林	8.8	8.2	7.4	7.1	6.7	6.6
黑龙江	8.2	7.8	7.4	6.8	6.5	6.1
上　海	1.6	1.5	1.4	1.3	1.3	1.2
江　苏	4.1	3.7	3.4	3.2	3.1	3.0
浙　江	4.0	3.6	3.3	3.2	3.0	3.0
安　徽	8.4	7.8	7.1	6.2	5.4	4.9
福　建	4.2	3.9	3.6	3.4	3.3	3.1
江　西	7.1	7.1	6.8	6.5	6.0	5.7
山　东	6.5	6.4	5.9	5.7	5.3	5.0

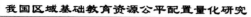

续表

年份 省份	2012	2013	2014	2015	2016	2017
河　南	13.2	12.3	12.0	11.9	11.6	11.0
湖　北	10.0	8.6	8.1	7.6	7.0	6.7
湖　南	7.2	7.1	6.9	6.9	6.9	6.6
广　东	5.7	3.8	4.3	3.6	3.2	2.9
广　西	9.1	8.9	8.6	8.5	8.2	7.8
海　南	6.6	5.9	5.5	4.5	3.9	3.6
重　庆	7.3	6.7	6.4	5.4	5.0	4.8
四　川	8.4	7.5	6.6	5.8	5.1	4.6
贵　州	11.7	10.9	9.7	8.8	7.7	6.8
云　南	7.4	7.0	6.5	6.0	5.2	4.7
西　藏	8.9	8.8	8.5	8.1	7.2	6.9
陕　西	7.6	6.7	5.9	5.2	4.7	4.3
甘　肃	8.4	8.0	7.6	7.0	6.4	5.8
青　海	5.3	4.8	5.0	4.5	4.2	4.2
宁　夏	6.0	5.6	5.3	4.9	4.6	4.3
新　疆	6.2	5.4	5.0	5.0	5.1	5.0

附录三　基础教育多媒体教室共用人数

附表 3.1　小学阶段多媒体教室共用人数（人/间）

省份＼年份	2013	2014	2015	2016	2017
北　京	29.3	29.3	29.9	29.5	28.9
天　津	56.1	48.9	39.6	38.0	33.9
河　北	104.7	87.7	71.7	62.7	44.0
山　西	91.3	56.3	49.8	43.9	39.7
内蒙古	100.6	71.4	54.8	38.7	35.5
辽　宁	91.4	71.5	61.4	55.2	48.8
吉　林	159.7	119.6	87.9	70.6	56.2
黑龙江	128.7	92.9	76.4	58.6	45.9
上　海	38.9	36.7	35.1	34.2	33.4
江　苏	54.1	49.5	47.7	44.7	41.6
浙　江	39.1	37.2	36.0	34.5	32.9
安　徽	103.5	61.9	51.5	44.2	40.4
福　建	72.0	56.1	48.6	40.7	37.5
江　西	237.1	132.8	88.1	62.8	50.8
山　东	64.9	48.5	43.1	38.8	35.3
河　南	166.1	130.7	102.8	82.4	65.6
湖　北	74.1	65.4	59.2	52.5	48.6
湖　南	237.5	159.3	134.4	107.6	87.7
广　东	85.3	65.9	53.4	49.4	43.0
广　西	248.1	154.3	111.6	74.9	51.2
海　南	253.0	152.9	116.2	90.4	71.6
重　庆	73.9	53.5	44.5	34.8	32.6

续表

年份 省份	2013	2014	2015	2016	2017
四 川	188.0	132.8	106.8	88.6	70.3
贵 州	201.8	79.3	55.5	45.5	40.8
云 南	214.6	132.9	102.1	69.9	49.7
西 藏	436.1	162.2	118.5	75.6	61.0
陕 西	129.9	83.7	68.3	58.5	42.5
甘 肃	172.3	117.0	79.9	43.7	34.0
青 海	137.4	116.2	104.7	82.5	61.6
宁 夏	91.1	67.1	53.3	45.3	37.2
新 疆	76.9	71.4	62.8	57.0	50.1

附表3.2 初中阶段多媒体教室共用人数 （人/间）

年份 省份	2013	2014	2015	2016	2017
北 京	33.7	31.0	25.8	23.7	22.1
天 津	62.4	56.1	43.8	39.8	36.1
河 北	67.7	63.6	58.8	53.9	45.7
山 西	85.3	58.3	48.9	44.2	40.4
内蒙古	89.6	63.3	48.1	33.3	31.0
辽 宁	52.9	46.3	38.5	33.0	29.7
吉 林	90.1	64.7	51.4	46.3	39.2
黑龙江	77.0	60.4	52.1	42.4	35.2
上 海	24.1	23.2	21.5	20.7	19.6
江 苏	36.1	32.9	30.4	28.7	27.9
浙 江	30.3	28.3	25.7	24.6	24.3
安 徽	79.9	54.1	45.1	40.3	37.0
福 建	89.1	69.9	59.0	52.1	49.7
江 西	140.1	89.7	67.7	54.7	49.3
山 东	44.9	36.9	33.9	31.4	29.4
河 南	92.2	76.2	66.2	59.1	52.3
湖 北	53.1	45.3	41.1	39.4	38.8
湖 南	134.1	96.6	84.6	69.2	57.8

续表

年份 省份	2013	2014	2015	2016	2017
广　东	64.5	46.4	37.3	32.8	29.9
广　西	105.3	75.0	67.9	61.1	55.5
海　南	170.9	99.6	78.8	67.8	55.0
重　庆	85.0	58.9	50.9	42.9	41.6
四　川	113.0	80.7	62.3	51.4	44.1
贵　州	178.7	74.2	54.9	45.7	41.3
云　南	136.7	98.3	86.8	70.9	60.0
西　藏	314.5	179.9	128.7	79.7	60.4
陕　西	98.5	67.0	54.7	48.0	37.2
甘　肃	102.9	73.2	54.6	39.4	34.3
青　海	80.0	76.2	71.5	53.3	37.4
宁　夏	94.1	58.4	47.3	42.4	37.6
新　疆	54.4	46.9	39.5	33.3	30.3

附表 3.3　普通高中阶段多媒体教室共用人数（人/间）

年份 省份	2013	2014	2015	2016	2017
北　京	11.2	9.7	8.7	8.1	7.7
天　津	33.6	26.2	21.9	20.9	19.1
河　北	52.3	41.3	40.7	41.9	36.8
山　西	56.8	44.5	40.6	34.7	32.0
内蒙古	55.0	46.9	41.5	36.3	32.3
辽　宁	63.3	56.0	47.0	44.3	42.7
吉　林	91.7	69.0	57.8	55.2	50.4
黑龙江	79.8	65.6	56.4	50.1	46.6
上　海	15.4	14.6	13.7	13.4	13.1
江　苏	35.0	30.9	28.7	26.4	25.0
浙　江	32.3	28.6	27.1	25.5	24.2
安　徽	83.4	57.8	48.2	41.9	37.2
福　建	31.3	26.4	24.3	22.6	21.5
江　西	74.8	53.3	46.8	41.4	35.9

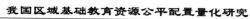

续表

年份 省份	2013	2014	2015	2016	2017
山 东	51.5	46.4	44.8	40.5	35.7
河 南	91.1	75.8	70.2	65.7	61.2
湖 北	79.5	63.9	56.7	51.5	45.1
湖 南	65.4	51.0	48.6	44.6	41.3
广 东	42.0	36.2	30.8	27.8	24.5
广 西	87.5	67.9	60.4	59.6	55.1
海 南	51.1	37.9	30.8	29.4	26.7
重 庆	51.6	39.6	32.9	29.6	28.1
四 川	71.8	55.1	46.9	40.7	35.0
贵 州	90.5	61.9	51.9	44.8	41.3
云 南	65.4	54.5	48.3	41.6	37.2
西 藏	154.8	112.7	67.9	51.6	46.9
陕 西	67.7	50.7	42.4	37.4	30.5
甘 肃	68.5	56.0	51.6	44.0	38.9
青 海	59.3	59.7	55.2	46.1	42.6
宁 夏	52.8	47.2	43.6	40.6	38.0
新 疆	48.2	39.9	36.4	35.9	32.8

附录四　基础教育生均图书数量

附表4.1　小学阶段生均图书数量（册）

省份 ＼ 年份	2012	2013	2014	2015	2016	2017
北　京	35.62	33.65	32.56	33.28	31.80	31.91
天　津	28.53	31.11	31.30	31.33	31.19	32.11
河　北	21.41	22.39	23.39	24.35	25.08	26.80
山　西	16.05	19.34	19.37	19.54	20.22	20.41
内蒙古	17.18	17.84	18.06	17.43	19.01	19.64
辽　宁	19.17	21.59	23.66	25.23	27.22	28.75
吉　林	16.33	18.13	21.84	25.46	27.90	28.57
黑龙江	11.10	13.17	13.19	13.97	15.52	16.69
上　海	28.14	28.60	29.35	31.09	32.76	33.65
江　苏	21.98	22.49	22.02	22.28	23.26	24.45
浙　江	24.73	25.55	25.89	26.78	27.84	29.81
安　徽	16.64	17.76	18.02	16.98	17.51	17.57
福　建	23.00	24.15	23.64	24.26	24.62	25.48
江　西	10.69	11.73	12.01	13.21	14.82	15.86
山　东	18.02	21.41	24.14	24.68	26.57	27.72
河　南	13.39	15.30	15.78	16.16	17.31	18.93
湖　北	20.55	25.04	26.25	26.18	26.51	26.62
湖　南	16.19	17.28	17.67	17.87	19.09	20.49
广　东	21.11	21.67	21.55	21.62	21.70	21.66
广　西	12.25	13.20	13.85	16.50	21.11	27.74
海　南	14.85	15.47	15.83	15.58	16.06	17.26
重　庆	12.84	13.62	12.79	14.53	15.14	15.72

续表

省份＼年份	2012	2013	2014	2015	2016	2017
四 川	13.86	15.74	15.83	15.91	15.59	15.50
贵 州	12.99	15.25	18.93	21.07	22.05	23.00
云 南	13.18	15.93	17.57	19.42	21.66	23.56
西 藏	15.87	15.58	15.80	16.33	16.31	16.67
陕 西	23.88	26.72	28.62	29.68	31.24	31.58
甘 肃	16.61	18.96	19.49	20.14	20.12	20.31
青 海	15.65	18.94	20.09	22.11	23.37	23.89
宁 夏	16.11	17.50	17.95	18.73	20.18	20.95
新 疆	11.92	12.77	13.92	14.33	14.46	13.71

附表4.2 初中阶段生均图书数量（册）

省份＼年份	2012	2013	2014	2015	2016	2017
北 京	30.47	30.17	30.95	36.07	36.80	38.14
天 津	32.14	34.94	35.27	37.79	39.33	39.35
河 北	32.00	34.23	34.44	36.73	37.85	38.90
山 西	19.86	24.99	26.90	29.23	30.62	30.77
内蒙古	22.32	24.63	25.58	26.80	31.08	31.61
辽 宁	33.89	37.31	39.55	45.44	50.75	53.85
吉 林	22.26	25.61	33.44	39.87	43.69	43.56
黑龙江	15.85	20.55	21.44	24.13	27.73	30.19
上 海	49.85	52.03	55.24	59.26	60.76	62.41
江 苏	37.11	40.51	41.59	42.57	43.37	42.87
浙 江	38.73	41.31	42.20	45.70	47.40	48.63
安 徽	24.00	26.42	27.90	28.30	29.15	29.58
福 建	23.60	24.45	24.14	24.98	25.53	25.16
江 西	17.66	20.39	20.79	22.29	24.64	26.02
山 东	28.40	34.53	39.22	41.16	43.13	43.76
河 南	21.20	24.68	24.06	24.79	26.47	28.87
湖 北	31.34	38.60	41.70	43.28	42.95	42.32
湖 南	30.48	30.79	29.98	30.33	30.90	31.96

续表

年份 省份	2012	2013	2014	2015	2016	2017
广　东	23.57	27.25	31.97	35.11	37.40	38.01
广　西	16.63	18.75	20.46	24.65	30.06	37.30
海　南	18.17	21.72	23.57	25.34	26.03	27.93
重　庆	12.70	14.39	14.38	16.92	18.65	18.96
四　川	23.34	28.13	30.44	31.91	32.28	31.87
贵　州	20.04	22.29	26.88	30.71	34.47	36.84
云　南	15.20	18.69	20.28	22.31	25.76	28.22
西　藏	19.79	20.84	21.69	22.83	24.52	25.66
陕　西	31.26	36.62	39.46	43.92	44.28	45.52
甘　肃	20.64	24.64	28.06	30.72	32.73	34.22
青　海	24.90	33.28	34.69	37.45	42.08	45.90
宁　夏	20.42	21.73	25.34	27.92	30.76	31.56
新　疆	24.13	25.80	28.67	31.91	33.62	32.84

附表4.3　普通高中阶段生均图书数量（册）

年份 省份	2012	2013	2014	2015	2016	2017
北　京	89.42	95.70	105.09	114.30	119.15	121.49
天　津	47.96	54.72	62.85	66.08	69.01	73.62
河　北	25.72	28.65	30.79	32.88	33.49	34.22
山　西	22.09	22.99	26.12	28.12	31.63	34.27
内蒙古	21.42	22.71	25.39	27.34	29.55	32.66
辽　宁	21.58	22.51	23.91	25.21	25.91	26.09
吉　林	18.21	18.80	22.10	25.08	26.71	27.80
黑龙江	12.08	12.71	13.87	15.44	17.71	18.60
上　海	82.96	83.83	86.39	89.65	92.70	93.34
江　苏	42.50	46.14	50.26	53.07	54.74	55.70
浙　江	41.55	44.34	48.82	50.99	53.39	55.71
安　徽	22.70	24.36	27.04	29.47	30.12	31.10
福　建	59.20	65.07	68.92	71.49	71.55	72.40
江　西	26.46	26.74	27.54	30.15	33.16	36.92

续表

年份 省份	2012	2013	2014	2015	2016	2017
山 东	25.80	29.37	31.67	33.28	34.86	35.93
河 南	17.34	17.30	17.19	17.01	17.08	17.13
湖 北	18.70	20.39	21.94	23.96	25.18	25.62
湖 南	26.84	26.51	26.50	27.01	27.27	29.86
广 东	40.25	44.75	50.17	55.15	58.41	61.76
广 西	25.53	26.38	26.76	27.59	27.55	30.07
海 南	28.02	30.32	33.89	44.13	46.61	48.06
重 庆	21.26	22.62	23.15	27.92	33.30	33.92
四 川	26.06	28.90	33.74	37.95	42.19	45.97
贵 州	25.09	26.04	27.82	29.92	33.75	35.49
云 南	24.16	25.30	27.15	30.33	34.69	38.21
西 藏	24.06	30.71	26.58	27.80	28.61	28.11
陕 西	26.31	29.31	34.50	40.38	44.91	49.27
甘 肃	22.70	23.51	25.08	27.64	29.97	32.78
青 海	30.68	37.83	38.51	42.40	45.70	44.69
宁 夏	25.99	27.94	30.89	32.87	36.21	37.69
新 疆	24.81	25.03	27.64	28.13	28.15	29.81

附录五 基础教育生均教学仪器设备资产值

附表5.1 小学阶段生均教学仪器设备资产值（元）

年份 省份	2012	2013	2014	2015	2016	2017
北 京	4774	5574	6155	6797	7562	8350
天 津	1417	1433	1452	1687	1752	1965
河 北	486	564	651	749	820	917
山 西	466	619	836	907	1114	1256
内蒙古	574	722	969	1394	1905	2348
辽 宁	847	1091	1265	1423	1610	1789
吉 林	510	724	1045	1402	1599	1791
黑龙江	496	738	780	931	1267	1679
上 海	2559	2671	2857	3147	3404	3794
江 苏	1192	1367	1410	1465	1512	1602
浙 江	1045	1258	1404	1597	1918	2401
安 徽	351	492	654	840	976	1231
福 建	715	1049	1248	1377	1580	1825
江 西	203	287	390	482	705	940
山 东	571	722	889	954	1044	1236
河 南	223	319	432	465	546	688
湖 北	689	924	1026	1076	1146	1236
湖 南	367	483	552	594	715	878
广 东	891	1116	1261	1348	1404	1484
广 西	284	393	480	642	960	1377
海 南	534	706	965	1136	1332	1445

续表

年份 省份	2012	2013	2014	2015	2016	2017
重　庆	616	773	866	1077	1239	1385
四　川	533	722	886	1112	1316	1550
贵　州	266	403	541	683	789	1018
云　南	330	448	578	693	939	1293
西　藏	607	796	1019	1273	1361	1529
陕　西	652	812	1073	1230	1315	1491
甘　肃	463	618	758	1004	1273	1505
青　海	520	675	729	782	765	1127
宁　夏	649	1147	1717	2164	2619	2769
新　疆	532	816	1004	1126	1275	1381

附表 5.2　初中阶段生均教学仪器设备资产值（元）

年份 省份	2012	2013	2014	2015	2016	2017
北　京	4331	5357	6026	8114	9813	11498
天　津	1812	2017	1963	2276	2417	2529
河　北	877	1033	1066	1172	1289	1326
山　西	692	960	1165	1392	1596	1736
内蒙古	909	1211	1438	2022	2906	3387
辽　宁	1704	2173	2398	2762	3414	3779
吉　林	1039	1329	1951	2377	2649	2783
黑龙江	921	1470	1511	1723	2295	2908
上　海	4849	5195	5690	6388	6778	7491
江　苏	2223	2659	2919	3090	3189	3238
浙　江	2024	2259	2496	2972	3533	4179
安　徽	642	898	1088	1369	1569	1842
福　建	839	1102	1293	1453	1715	1851
江　西	498	694	779	917	1130	1358
山　东	1145	1366	1625	1775	1908	2162
河　南	468	645	782	866	974	1141
湖　北	1303	1730	1931	2020	2080	2156

续表

省份＼年份	2012	2013	2014	2015	2016	2017
湖 南	895	1048	1140	1256	1487	1839
广 东	1219	1659	2074	2394	2721	2972
广 西	632	709	758	969	1338	1603
海 南	758	1194	1630	2047	2266	2611
重 庆	680	906	1064	1267	1382	1493
四 川	959	1311	1631	2071	2520	2828
贵 州	468	606	805	1018	1186	1481
云 南	481	642	722	831	1073	1331
西 藏	694	1050	1062	1387	1536	1567
陕 西	996	1287	1620	1849	2010	2277
甘 肃	806	989	1179	1521	1892	2225
青 海	924	1310	1892	1556	1621	2430
宁 夏	1208	1746	2604	3062	3631	3811
新 疆	1215	1598	1878	2269	2690	2879

附表5.3　普通高中阶段生均教学仪器设备资产值（元）

省份＼年份	2012	2013	2014	2015	2016	2017
北 京	17157	20860	25236	31784	37150	41875
天 津	3355	4649	4580	5677	6135	6855
河 北	1421	1718	1794	1955	2090	2202
山 西	1923	1994	2338	2541	2912	3294
内蒙古	1829	2018	2418	3210	3553	4279
辽 宁	2035	2196	2342	2733	2911	3042
吉 林	1354	1503	2073	2228	2342	2444
黑龙江	1748	1845	2066	2404	2486	2765
上 海	13235	14483	15150	16487	17452	18453
江 苏	3694	4034	4534	4884	5229	5742
浙 江	3232	3681	4041	4659	5504	6283
安 徽	1423	1755	1963	2231	2461	2799
福 建	2938	3586	4263	4589	5287	5868

续表

年份 省份	2012	2013	2014	2015	2016	2017
江 西	1410	1566	1740	2027	2156	2474
山 东	1870	2022	2190	2390	2597	2918
河 南	843	907	999	1043	1149	1213
湖 北	1765	2057	2148	2181	2671	2940
湖 南	2139	2385	2260	2318	2395	2890
广 东	2906	3068	3973	3992	4592	5122
广 西	1244	1337	1439	1623	1841	2167
海 南	2439	3022	4479	5242	5690	6386
重 庆	1717	2034	2273	2486	2739	2940
四 川	1885	2255	2879	3403	3912	4513
贵 州	1124	1454	1645	1717	2098	2568
云 南	1545	1658	1855	2094	2165	2812
西 藏	2039	1445	1688	2570	2435	2492
陕 西	1833	2374	2864	3106	3635	4291
甘 肃	1269	1343	1597	1774	2041	2499
青 海	2300	2461	2368	2373	2632	3257
宁 夏	1920	2206	2868	3014	3458	3931
新 疆	1808	2315	2793	3002	3057	3148

附录六 基础教育研究生毕业的专任教师数占比

附表6.1 小学阶段研究生毕业的专任教师数占比（%）

年份 省份	2012	2013	2014	2015	2016	2017
北 京	1.71	2.34	3.49	4.92	5.89	7.01
天 津	0.93	1.30	1.91	2.81	3.81	4.94
河 北	0.14	0.18	0.25	0.33	0.47	0.58
山 西	0.11	0.20	0.19	0.28	0.35	0.52
内蒙古	0.30	0.38	0.59	0.71	0.85	1.06
辽 宁	0.40	0.59	0.80	1.10	1.43	1.82
吉 林	0.44	0.51	0.74	0.85	1.04	1.19
黑龙江	0.12	0.15	0.24	0.19	0.26	0.42
上 海	1.60	2.24	2.95	3.82	4.76	5.66
江 苏	0.50	0.76	1.03	1.30	1.60	1.89
浙 江	0.44	0.58	0.74	1.01	1.18	1.49
安 徽	0.13	0.14	0.19	0.27	0.41	0.49
福 建	0.16	0.25	0.33	0.42	0.51	0.59
江 西	0.14	0.15	0.16	0.21	0.21	0.25
山 东	0.51	0.73	0.91	1.18	1.45	1.74
河 南	0.14	0.19	0.30	0.38	0.43	0.51
湖 北	0.25	0.35	0.44	0.57	0.69	0.95
湖 南	0.20	0.29	0.37	0.43	0.55	0.63
广 东	0.37	0.45	0.58	0.74	0.89	1.09
广 西	0.14	0.21	0.22	0.27	0.36	0.38
海 南	0.03	0.06	0.10	0.13	0.16	0.25

续表

年份 省份	2012	2013	2014	2015	2016	2017
重　庆	0.20	0.41	0.45	0.58	0.78	0.95
四　川	0.13	0.18	0.26	0.34	0.41	0.49
贵　州	0.07	0.05	0.09	0.08	0.10	0.10
云　南	0.10	0.18	0.19	0.20	0.26	0.31
西　藏	0.10	0.09	0.09	0.08	0.16	0.19
陕　西	0.23	0.38	0.44	0.59	0.77	1.03
甘　肃	0.11	0.21	0.22	0.27	0.33	0.44
青　海	0.30	0.39	0.44	0.54	0.71	0.78
宁　夏	0.11	0.17	0.24	0.24	0.30	0.36
新　疆	0.07	0.07	0.10	0.12	0.16	0.20

附表6.2　初中阶段研究生毕业的专任教师数占比（%）

年份 省份	2012	2013	2014	2015	2016	2017
北　京	8.34	10.13	12.17	14.13	16.02	17.60
天　津	3.82	4.91	6.10	7.35	8.00	8.73
河　北	0.65	0.95	1.27	1.57	1.80	2.10
山　西	0.60	0.87	0.95	1.09	1.40	1.80
内蒙古	1.40	1.92	2.31	2.75	3.52	4.12
辽　宁	1.25	1.63	1.99	2.43	2.82	3.24
吉　林	1.49	1.57	1.91	2.29	2.61	3.00
黑龙江	0.64	0.71	0.96	0.86	1.06	1.38
上　海	4.70	5.97	7.34	8.53	10.07	11.69
江　苏	1.67	2.31	2.86	3.60	4.27	4.97
浙　江	1.25	1.50	1.82	2.19	2.50	3.20
安　徽	0.75	0.83	0.91	1.17	1.30	1.46
福　建	0.79	1.00	1.29	1.60	1.90	2.23
江　西	0.65	0.87	0.92	0.98	1.10	1.33
山　东	1.37	1.72	2.06	2.41	2.88	3.49
河　南	0.69	0.85	1.15	1.35	1.63	1.96
湖　北	0.98	1.13	1.30	1.57	1.74	2.17

续表

年份 省份	2012	2013	2014	2015	2016	2017
湖　南	0.79	1.03	1.18	1.41	1.79	2.13
广　东	1.47	1.66	1.97	2.27	2.61	2.97
广　西	0.62	0.69	0.80	0.97	1.09	1.21
海　南	0.32	0.69	0.41	0.94	0.84	1.04
重　庆	0.85	1.06	1.45	1.63	2.04	2.45
四　川	0.48	0.54	0.73	0.91	1.13	1.41
贵　州	0.27	0.32	0.33	0.41	0.47	0.62
云　南	0.45	0.54	0.65	0.79	0.97	1.10
西　藏	1.08	1.15	1.20	1.52	1.50	1.69
陕　西	1.40	1.85	2.04	2.50	2.87	3.45
甘　肃	0.46	0.61	0.83	1.09	1.19	1.54
青　海	1.37	1.46	1.53	1.89	2.17	2.32
宁　夏	0.79	1.00	1.21	1.46	1.76	1.93
新　疆	0.36	0.48	0.58	0.72	0.94	1.14

附表6.3　普通高中阶段研究生毕业的专任教师数占比（%）

年份 省份	2012	2013	2014	2015	2016	2017
北　京	16.5	19.2	21.1	23.5	26.0	28.3
天　津	9.4	11.8	12.9	14.7	15.7	16.7
河　北	3.8	4.8	5.8	6.4	7.1	8.3
山　西	5.1	6.4	7.0	7.7	8.6	9.4
内蒙古	6.0	7.3	8.3	9.5	10.7	12.2
辽　宁	6.2	7.3	8.1	8.9	9.6	10.3
吉　林	7.0	7.5	7.9	8.1	8.7	9.2
黑龙江	4.2	5.0	5.8	6.2	6.4	6.9
上　海	10.7	12.7	15.0	17.4	19.7	21.7
江　苏	7.9	9.2	9.9	11.8	14.2	15.8
浙　江	5.9	6.8	7.2	7.9	8.7	9.6
安　徽	3.9	4.5	4.9	5.5	6.3	6.8

续表

省份 \ 年份	2012	2013	2014	2015	2016	2017
福　建	3.4	3.8	4.2	4.9	5.4	6.3
江　西	4.8	5.4	5.9	7.1	7.1	8.4
山　东	4.5	5.7	6.8	7.7	9.1	10.5
河　南	5.9	6.3	7.0	7.6	8.1	9.1
湖　北	5.4	5.8	6.1	6.6	6.9	7.6
湖　南	2.6	3.2	3.4	4.1	4.9	5.7
广　东	6.3	6.8	7.4	8.4	9.4	11.4
广　西	5.2	5.3	5.8	5.9	6.4	6.7
海　南	3.0	3.3	4.0	4.6	5.3	5.5
重　庆	4.2	4.8	5.2	5.7	6.2	7.2
四　川	2.5	3.3	3.7	4.4	4.8	5.5
贵　州	1.7	2.3	2.6	3.1	3.3	3.9
云　南	2.6	2.9	3.3	3.7	4.1	4.4
西　藏	3.8	4.8	4.6	4.8	5.0	5.8
陕　西	6.0	6.6	7.0	8.3	9.4	10.6
甘　肃	2.9	3.8	4.6	5.2	6.0	6.7
青　海	2.9	2.8	3.3	3.8	4.8	4.9
宁　夏	4.1	4.4	4.2	5.0	5.9	7.5
新　疆	1.9	2.0	2.2	2.6	3.2	3.5

附录七　基础教育生均教育事业费

附表 7.1　小学阶段生均教育事业费（元）

省份 \ 年份	2012	2013	2014	2015	2016	2017	2018
北　京	20408	21728	23442	23757	25794	30017	31376
天　津	14718	15447	17234	18128	18284	18684	19092
河　北	4786	4937	5349	6753	7300	7914	8368
山　西	5816	6517	7359	9269	9451	10152	10366
内蒙古	8896	9838	10181	11972	13109	13110	13198
辽　宁	8067	8305	8354	9138	9736	10218	9702
吉　林	8694	9174	10193	12137	13088	13847	13294
黑龙江	7894	8895	11063	12939	14066	14384	13868
上　海	18544	19518	19520	20688	22125	20677	21887
江　苏	9548	10585	11175	11989	12503	13082	12364
浙　江	8198	8875	9812	11600	12909	13937	15109
安　徽	5587	6438	6658	7767	8574	9036	9851
福　建	6747	7523	8176	9103	9636	10111	10519
江　西	4849	5817	6852	7462	7990	8501	9201
山　东	6095	6642	7254	8135	8791	9152	9384
河　南	3458	3914	4448	4575	5036	5759	6370
湖　北	4818	5408	7021	8791	10077	11031	10604
湖　南	4893	5721	6363	7154	7861	8378	8617
广　东	5681	6743	7739	8758	9997	11268	11831
广　西	4864	5472	5946	7061	7690	7898	8013
海　南	7359	8347	8826	10461	11353	11296	12171
重　庆	6378	6309	7260	8432	9180	10533	11380

续表

年份 省份	2012	2013	2014	2015	2016	2017	2018
四 川	6108	6823	7530	8985	9003	9621	9983
贵 州	5038	5976	6790	8646	9659	9753	10156
云 南	4980	6145	6201	7532	8931	10491	11479
西 藏	11728	12820	17906	25750	24237	26247	26598
陕 西	8747	9633	10197	10896	11172	11017	11330
甘 肃	5372	6192	7289	9118	10322	10776	11040
青 海	8037	8201	9438	10473	11949	13192	13929
宁 夏	5312	6011	6470	8035	8720	9503	9877
新 疆	9095	10463	11292	12930	12133	11739	11912

附表7.2 初中阶段生均教育事业费（元）

年份 省份	2012	2013	2014	2015	2016	2017	2018
北 京	28822	32544	36507	40444	45516	57636	59768
天 津	20797	22841	26956	28209	29962	30950	31983
河 北	7252	7471	7749	9558	10533	11441	11840
山 西	6638	7765	9017	11403	12267	13524	14373
内蒙古	10207	11415	11955	14363	16302	16380	16469
辽 宁	11489	11463	11163	12707	13710	14564	13870
吉 林	10515	11451	12708	15540	16879	17747	16966
黑龙江	8689	10334	12188	14436	15515	15921	15706
上 海	23772	25445	25457	27636	30285	30573	33285
江 苏	12480	15141	16690	19049	21195	22365	21525
浙 江	11500	12617	14205	16616	18798	20564	22126
安 徽	7457	8830	9211	11115	12435	13239	15021
福 建	9232	10511	11544	13199	14692	16100	16982
江 西	6536	7882	9003	9665	10513	11346	12224
山 东	9308	10171	11334	13409	14630	15228	15494
河 南	5762	6454	7140	7263	7812	8998	9863
湖 北	7328	8543	11348	14436	17272	18636	17416
湖 南	8146	8835	10068	10473	11879	12575	12803

续表

年份 省份	2012	2013	2014	2015	2016	2017	2018
广　东	6117	7509	9264	11457	13726	16084	17090
广　西	6361	6751	7361	8746	9508	10029	10424
海　南	8851	10077	10595	13206	14586	14983	16166
重　庆	7423	7607	9225	10835	11917	14692	15390
四　川	7025	8337	9111	11477	12063	13394	13762
贵　州	5403	6140	6925	8705	10132	11273	12242
云　南	6132	7190	7587	9336	10822	12731	13782
西　藏	10633	12784	16632	23845	24606	27342	28525
陕　西	10503	11359	12331	13619	14155	15164	15732
甘　肃	6411	7494	8378	10187	11721	12551	13052
青　海	10062	10495	11950	13295	14915	16911	17882
宁　夏	7887	8479	9690	11047	11929	12920	13313
新　疆	12022	14549	14452	17000	17410	17949	18414

附表 7.3　普通高中阶段生均教育事业费（元）

年份 省份	2012	2013	2014	2015	2016	2017	2018
北　京	31884	36763	40748	42193	50803	61409	66084
天　津	17667	21104	30090	32848	31425	34528	35788
河　北	7041	7105	7748	9992	10859	12099	12718
山　西	7358	7121	7405	9123	10653	11739	13477
内蒙古	10069	10671	10614	13192	14334	14875	15632
辽　宁	8980	8960	8727	10347	11403	11951	12130
吉　林	7583	7882	7940	10472	11761	11759	11897
黑龙江	7518	8217	9062	10862	11495	11844	11655
上　海	27271	30594	30819	35632	37769	38966	39237
江　苏	10793	12788	14642	18039	21134	23902	25451
浙　江	9870	12193	13772	18281	21742	23965	26377
安　徽	6685	7040	6669	7789	8924	10301	11954
福　建	7617	8718	9595	11646	12947	14831	16568
江　西	7270	8587	9241	9784	10820	11892	12942

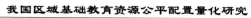

续表

年份 省份	2012	2013	2014	2015	2016	2017	2018
山 东	8726	8973	9060	11183	12546	13484	14843
河 南	5313	5618	5990	5871	6398	8149	9350
湖 北	5275	6278	7835	11536	14174	16372	17637
湖 南	6143	6544	6800	7694	9740	11495	12369
广 东	7253	8028	8980	10863	13479	15643	17423
广 西	6031	6713	6835	8177	9327	9897	10071
海 南	10902	10306	12147	13716	15630	16847	18062
重 庆	6981	7418	7793	9414	10932	12848	13910
四 川	5882	6253	6956	9054	9588	10950	11710
贵 州	6185	6313	6820	8185	9638	10638	12795
云 南	6475	6803	6796	8232	10370	11688	13331
西 藏	13514	15316	20187	26542	27454	32086	29688
陕 西	8303	8577	9120	10704	11740	13002	14235
甘 肃	5869	7306	6678	8220	9840	11041	11745
青 海	10635	11674	11727	12795	14063	15581	17430
宁 夏	7771	8408	8623	9845	10899	12613	13757
新 疆	10853	11772	11992	14630	14772	14471	15738

附录八　基础教育生均公用经费

附表 8.1　小学阶段生均公用经费（元）

年份 省份	2012	2013	2014	2015	2016	2017	2018
北　京	8732	9939	9951	9753	10309	10855	11092
天　津	3354	3789	3969	4361	4245	3649	3997
河　北	1363	1391	1439	1771	1862	1922	2184
山　西	1570	1639	1842	2021	2159	2221	2404
内蒙古	2099	2299	2527	2885	3352	3122	3165
辽　宁	2638	2847	2445	1967	2057	2076	2085
吉　林	2318	2294	2680	2882	3081	3177	3064
黑龙江	2443	2650	2641	2737	2950	2883	2882
上　海	6021	6417	7384	6984	6985	6474	6396
江　苏	1964	2664	2958	3081	2844	2897	2650
浙　江	1333	1493	1693	2229	2741	2939	3361
安　徽	2124	2451	2364	2521	2871	2963	2993
福　建	1625	1849	2201	2500	2705	2783	2826
江　西	1896	2536	2789	2673	2949	3352	3635
山　东	1837	2019	2179	2054	2192	2243	2220
河　南	1605	1807	2037	1955	1981	2040	2165
湖　北	1451	1581	1643	2825	2843	2993	3022
湖　南	2032	2222	2187	2383	2378	2472	2411
广　东	1264	1482	1851	2251	2489	2700	2753
广　西	1339	1440	1640	1749	2049	2414	2482
海　南	2399	3234	3092	3486	4172	4277	4508
重　庆	2219	2310	2513	2941	3417	3163	3176

续表

年份 省份	2012	2013	2014	2015	2016	2017	2018
四　川	1717	1772	1824	1983	2337	2727	2778
贵　州	1236	1400	1386	1785	2024	2225	2180
云　南	1461	1670	1713	1949	2188	2206	2283
西　藏	3258	3435	6641	8728	7600	7939	8012
陕　西	2934	3344	3590	3563	3554	3913	3938
甘　肃	1395	1585	1816	2117	2588	2473	2577
青　海	3033	2741	3176	3260	3028	3147	3181
宁　夏	1961	2035	2426	3159	3140	3318	3336
新　疆	2072	2475	2587	2390	2529	2493	2313

附表8.2　初中阶段生均公用经费（元）

年份 省份	2012	2013	2014	2015	2016	2017	2018
北　京	11268	13747	14128	15945	16708	21282	21604
天　津	4478	5380	6134	6357	5791	5015	6539
河　北	2050	2084	2121	2534	2695	2797	2991
山　西	2176	2403	2546	2536	2822	2895	3127
内蒙古	3015	3168	3284	4011	4546	4145	4137
辽　宁	4212	3937	3404	2809	2689	2700	2661
吉　林	3110	2975	3406	3771	4031	4210	4345
黑龙江	3427	3564	3519	3527	3679	3786	3598
上　海	7795	8333	9279	8643	9042	9423	11330
江　苏	2274	3368	3731	4246	4076	4333	4198
浙　江	1981	2133	2639	3225	3851	4184	4966
安　徽	3097	3618	3329	3612	4073	4245	4287
福　建	2343	2581	2916	3235	3677	3862	4067
江　西	2795	3770	3954	3931	4065	4604	5109
山　东	3162	3333	3587	3527	3602	3609	3556
河　南	2821	3047	3296	3168	3082	3214	3408
湖　北	2090	2320	2309	3899	4083	4234	4054
湖　南	3481	3265	3433	3069	3216	3271	3377

续表

年份 省份	2012	2013	2014	2015	2016	2017	2018
广 东	1639	1867	2382	2947	3278	3597	3718
广 西	2223	2239	2353	2546	2864	3129	3205
海 南	3903	4702	3943	4924	5939	6055	6359
重 庆	2685	2887	3050	3340	3906	4322	4113
四 川	2125	2508	2322	2515	2906	3375	3465
贵 州	1740	1887	1725	2234	2499	2820	2707
云 南	1929	2120	2166	2695	2841	2877	2888
西 藏	2576	3727	4952	5751	5981	6279	7211
陕 西	3989	4082	4389	4196	4094	4725	4647
甘 肃	1998	2272	2382	2499	2828	2725	2815
青 海	4212	3915	4267	4344	3907	3915	3971
宁 夏	3611	3182	4168	4535	4359	4751	4585
新 疆	4069	5293	4239	4167	4253	4713	4416

附表8.3 普通高中阶段生均公用经费（元）

年份 省份	2012	2013	2014	2015	2016	2017	2018
北 京	13660	16644	16716	14807	18425	21677	22721
天 津	3749	5563	10412	10678	7977	8078	9180
河 北	2193	2075	2208	2614	2428	2597	2613
山 西	2677	2128	1925	1998	2527	2640	3289
内蒙古	3670	3812	3585	4388	4329	4196	4394
辽 宁	3552	3228	2611	2273	2276	2326	2423
吉 林	2764	2365	2202	2812	3373	2818	2938
黑龙江	3059	3211	2687	2796	2631	2685	2597
上 海	8959	9155	9380	10183	11061	11327	11031
江 苏	2023	2792	3442	4009	4108	4349	4992
浙 江	1990	2717	2621	4104	4772	5077	5652
安 徽	3068	3105	2177	2161	2440	2442	2477
福 建	1375	1659	1775	2178	2533	3048	3647
江 西	3398	4755	4599	4271	4436	4977	5418

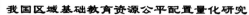

续表

年份 省份	2012	2013	2014	2015	2016	2017	2018
山 东	2964	3000	2623	2632	2711	2641	2886
河 南	2521	2574	2751	2261	2304	2726	2974
湖 北	1575	1699	1818	3718	4063	4023	4520
湖 南	2292	1971	1714	1632	2254	2472	2812
广 东	1916	2051	2253	2601	3093	3242	3312
广 西	2171	2066	1901	2088	2735	3121	3050
海 南	5765	5143	5651	6051	7376	7604	7960
重 庆	2740	3243	2987	3144	3811	3628	3728
四 川	1628	1618	1593	1858	1960	2415	2413
贵 州	1651	1608	1885	2100	2338	2716	3812
云 南	2158	2032	2033	2213	2885	2391	2673
西 藏	3530	4373	7713	7208	8298	8264	6392
陕 西	3452	3424	3547	4076	4048	4712	4899
甘 肃	1666	2513	1686	1711	2111	2295	2320
青 海	4578	4862	4208	4229	3816	3625	3779
宁 夏	2904	2963	2639	2662	2614	3257	3928
新 疆	3147	3084	3086	3001	3463	3181	2957